21世纪高等学校
经济管理类规划教材
高校系列

广告学

袁胜军 主编
邱重植 宋亮 刘义才 副主编

Advertising

人民邮电出版社
北京

图书在版编目（CIP）数据

广告学 / 袁胜军主编. -- 北京 : 人民邮电出版社,
2015.2（2021.7重印）
21世纪高等学校经济管理类规划教材. 高校系列
ISBN 978-7-115-33082-6

Ⅰ. ①广… Ⅱ. ①袁… Ⅲ. ①广告学－高等学校－教材 Ⅳ. ①F713.80

中国版本图书馆CIP数据核字(2015)第031636号

内容提要

新媒体的出现对于现有广告学的知识体系既是一种挑战，也是一种补充。本书结合当前广告业发展的趋势和特点，按照大学人才培养规律和社会需求，系统介绍了五部分的内容。第一部分为广告学基础，主要介绍广告学的基本概念及发展历程；第二部分为广告学理论基础，主要介绍广告学和传播学、市场营销学、消费者心理学之间的关系；第三部分为广告战略，主要介绍广告战略的制订及前期调查；第四部分为广告的创作及实施，涵盖了从广告创意到广告效果测定的全过程；第五部分为国际广告，主要介绍国际广告的策略、典型发达国家的广告管理及广告业的发展新趋势。

本书立足广告学知识体系的系统性、易读性和趣味性。相对于传统教材而言，本书在每一章增加了知识框架图，并在章尾增加了阅读案例，希望通过这种方式提高学生的理解能力和应用能力。本书既适用于普通本科和高职高专的教学，也适用于广告从业者或相关工作者，对于一般的社会读者也有一定的价值。

◆ 主　　编　袁胜军
副 主 编　邱重植　宋　亮　刘义才
责任编辑　武恩玉
执行编辑　孙燕燕
责任印制　沈　蓉　彭志环
◆ 人民邮电出版社出版发行　　北京市丰台区成寿寺路 11 号
邮编　100164　　电子邮件　315@ptpress.com.cn
网址　http://www.ptpress.com.cn
固安县铭成印刷有限公司印刷
◆ 开本：787×1092　1/16
印张：15.5　　2015 年 2 月第 1 版
字数：354 千字　　2021 年 7 月河北第 10 次印刷

定价：38.00 元

读者服务热线：(010)81055256　印装质量热线：(010)81055316
反盗版热线：(010)81055315

前言 FOREWORD

今天，随处可见的广告已经成为我们生活中的一部分，无论您喜欢还是讨厌它，我们都无法回避。作为一种产业，我国的广告业也经历了从无到有的过程。2011 年我国广告营业额达到 3125 亿元，成为全球第二大广告市场。作为一门学科，由于受早期计划经济体制的影响，我国的广告学起步相对较晚。而当今小到个人生活，大到国家经济发展，广告都已成为社会的一部分。但不能否认的是，无论从产业的视角还是从知识传播的视角，我国广告业的现状都不能匹配我国作为全球第二大广告市场的地位。本书编写的初衷就源于上述的认知和共识。

和传统教材相比，本书具有以下特点：一是在每章开始学习之前，增加了本章知识框架图。该思维导图以点为中心，沿顺时针方向向四周围扩散，以帮助读者整体上把握该章的内容；二是每章都有两个相对较长、系统的案例，分别为引导案例和章末案例，前者在案例结束时附有案例思考，希望引起读者对该章学习内容的兴趣，后者则是为了增加学生的案例阅读，进一步加强学生对该章知识点的理解和掌握；三是在编写团队的选择上，增加咨询公司的管理层人员来把握该书的易读性和实用性；四是力求知识的系统性和通俗性。

本书由桂林电子科技大学的袁胜军教授进行总体方案的策划和统稿，桂林电子科技大学的邱重植老师、宿州学院的宋亮老师、向明咨询公司的刘义才总经理担任副主编。具体分工为，袁胜军教授负责总体框架的构建和第一章、第二章、第三章内容的撰写；邱重植老师负责第七章、第八章、第九章、第十章内容的撰写；宋亮老师负责第四章、第五章、第六章、第十一章的撰写；刘义才总经理负责总体内容的审定和部分案例的提供；硕士研究生刘蕙荟、王世超也参与了相关资料的查找和知识框架图的绘制工作。

在本书的编写过程中，我们参阅了大量的广告学教材和书刊资料，也从各类网站上摘录并整理了相关资料，在此特致谢意。另外，由于作者水平有限，疏漏和不足之处在所难免，还请广大读者不吝批评与指正。

编　者

2015 年 1 月

目录 CONTENTS

第一篇

广告学基础

第一章　广告学概述

学习要点

① 广告的概念

② 广告的分类

③ 广告主体与客体

④ 不同媒体形式广告的构成要素

⑤ 广告活动的构成要素

本章知识框架图

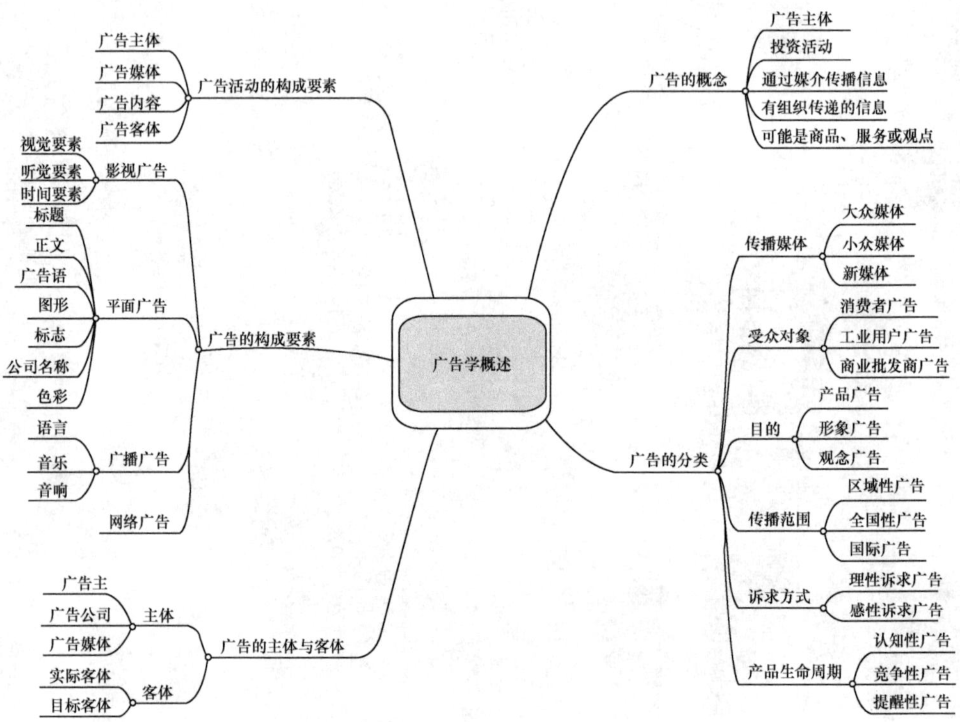

引导案例

广告是神奇的，但不是万能的

健力宝是中国品牌广告史上的一朵“奇葩”，它的一夜成名足以说明广告的神奇，但它的衰落直至被收购也说明广告并不是万能的。

1984 年，第 23 届奥林匹克运动会在美国洛杉矶举行。在这届奥运会上，中国体育健儿频频夺得金牌。一位日本记者密切关注中国运动员的情况，他怎么也不明白，第一次参加奥运会的中国队，不但轻而易举地实现了奥运会金牌零的突破，而且获得的金牌数量大大超过人们的想象，中国人有什么秘诀吗？在中美女排大赛现场，这位日本记者看到在中间休息时，中国女排运动员都在喝一种白罐子红字的饮料，上面赫然印着“健力宝”三个大字。于是他恍然大悟，当日在《东京新闻》刊发了题为《中国靠“魔水”加快了出击》的新闻。日本人毫不怀疑地宣布：“在中国队加快出击的背后，有一种魔水在起作用，喝上一口这种魔水，马上就觉得精力充沛。这是一种新型饮料，今后世界各国将努力分析这种妙药的成分，并很可能在运动饮料方面由此引起一场革命。”日本人所说的这个魔水就是健力宝。

健力宝和中国 15 枚金牌的出现一时引起了整个奥运会的轰动。一夜之间，健力宝成了奥运会的超级明星，为世人所瞩目。更令人想不到的是，健力宝是仅仅诞生几个月的新饮料，其生产厂家前身不过是一个不足百人的作坊式小酒厂，坐落在离广州不远的小县城里。

健力宝的成功有多方面的因素，但其有计划、有组织地开展广告宣传活动（见图 1-1）是非常重要的一环。健力宝善于借助重大体育赛事进行广告宣传，从而使其经济效益频升。公司产值在 1983 年是 130 万元，1985 年就跃升为 1659 万元，1986 年达到 4408 万元，1987 年超过 1 亿元，1988 年达到 2.7 亿元，1989 年高达 5 亿元。在第 23 届奥运会初战告捷后，健力宝与 12 个国家级体育运动队签了合同，直到第 24 届奥运会，免费供应他们健力宝饮料。1990 年健力宝出资 1600 万元资助第 11 届亚运会，其广告布满了所有体育场的最佳位置。成功的广告传播给健力宝带来了 7.5 亿元的订货单，使其拿走了全国糖酒交易会总额的 1/4。亚运会开幕式第三天，一位法国商人就要求作为健力宝在法国市场的代理商，这一切令人惊叹，令人信服。

几十年来，多项荣誉记载着健力宝的成长历程。1988 年，健力宝饮料已获国家科技进步二等奖，该奖是迄今饮料行业唯一最高奖项；1995 年，健力宝系列饮料作为中国唯一的软饮料产品，以“健康、天然、口感纯正”荣获美国“纽约食品节”金奖，更被美国《财富》杂志评选为中国 50 家整体最受赞赏的企业，排名第 5 位；1997 年，健力宝获得“中国驰名商标”称号；2006 年，健力宝更是夺得“2006 年中国食品行业领军企业”及“2006 年食品行业十大影响力品牌”等饮料行业年度大奖；世界品牌实验室根据国际惯例评出中国最具价值品牌 50 强，健力宝位居第 43 位。2010 年，健力宝成为广州亚运会指定运动饮料。

时至今日，健力宝品牌虽然还在，但其在 2005 年就已经被统一企业集团中国投资公司收购。昔日那个一夜成名的中国第一品牌已经易主，其中原因颇为复杂。但无法否认的是，当年健力宝的无限风光在很大程度上的确为其当年成功的广告策略所赐。

思考：我们每天都在面对广告，无论是打开电视、登录网络，还是坐在舒适的电影院里看电影，广告几乎是无处不在。我们也经常听到依靠广告而一夜爆红的品牌，从早期的秦池酒、三株口服液，到今天的王老吉等。广告真的有这么神奇吗？为什么一夜爆红的广告也可能仅仅是昙花一现？那么，什么是广告呢？一次广告活动应该包括哪些要素呢？

图 1-1　健力宝宣传海报

第一节　广告的概念与分类

广告是社会经济发展的产物，伴随商品交换的出现而产生。它最早源于拉丁语“Advertere”，后来演变为英语“Advertise”，有唤起大众对某种事物的注意并诱导其朝着某一方向行动的初衷。在英文词汇中，除了“Advertise”之外，“Advertising”和“Advertisement”两个词也有广告之意，但二者意义不同。“Advertising”通常指一次完整的广告活动，就是通常所讲的广告，譬如为某个品牌开展的一系列广告行为；而“Advertisement”通常指一件独立的广告作品，譬如一个海报或一段电视台播出的视频广告。

尽管广告的发展有着悠久的历史，但广告在我国的出现却相对较晚。我国古代并没有“广告”一词。中文“广告”一词的出现是在近代。日本明治维新年间，有学者首次用汉字“广告”翻译英文的 Advertising，此后逐渐成为日本统一使用的名词。19 世纪末日本的这种用法传到我国，并被广泛使用。我国早期应用较早的关于广告的描述多是使用“广而告之”一词。

一、广告的概念

广告有广义和狭义之分。广义广告包括非经济广告和经济广告。非经济广告是指不以经济利益为目的的广告，它是为了倡导一种正确的价值观或行为规范，譬如我们经常在电视上看到的公益广告（见图 1-2）；经济广告指的是以营利为目的的广告，有时也被称为商业广告，此类广告也是最为常见的广告。本书主要研究对象为经济广告。

国内外关于广告的定义有很多种，比较有代表性的包括以下几个。①英国《简明不列颠百科全书》把广告定义为：“广告是传播信息的一种方式，其目的在于推销商品、劳务，影响舆论，博得政治支持，推进一种事业，或引起刊登广告者所希望的其他反应。”②美国市场营销协会（American Marketing Association，AMA）把广告定义为：“广告是由明确的广告主在付费的基础上，采用非人际传播形式对观念、商品或服务进行介绍、宣传的活动。”③美国广告主协会对广告的定义为："广告是付费的大众传播，其最终目的为传递情报，改变人们对广告商品的态度，诱发其行动，而使广告主得到利益。"④我国广告法规定："广告是指商品经营者或者服务提供者承担费用，通过一定媒介和形式直接或间接地介绍自己所推销的商品或者所提供服务的商品广告。"⑤唐忠朴等人在《实用广告学》一书中把广告定义为："广告是一种宣传方式，它通过一定的媒体，把有关商品、服务的知识或情报有计划地传递给人们，其目的在于扩大销售、影响舆论。"⑥苗杰等人在《现代广告学》一书中如此定义广告："广告是以营利为目的的广告主，通过大众传播媒体所进行的有关商品、劳务和观念等信息的有说服力的销售促进和信息传播活动。"

图 1-2 Family 公益广告

结合上述定义，本书把广告定义为：所谓广告，就是以营利为目的的广告主通过各种媒介，有组织地、以有偿的方式所进行的有关商品、服务和观点的信息传播活动。要理解上述广告定义的内涵，可以从以下几个方面思考。

（一）广告有特定的广告主体

广告一定具有服务对象，这个对象就是广告主体。广告主体是为了推销商品、服务或观点，自行或委托他人设计、制作、发行广告的法人、其他经济组织或者个人。任何一个广告都是由一定的人或组织为了达到某个特定的目的而制作的，特定的广告主体一方面能够使消费者放心地购买商品和接收服务，并在受到广告欺诈等违法行为的侵害时有明确的索赔对象；另一方面特定的广告主体有利于国家对广告的管理，当出现广告欺诈等违法行为时，也有利于追究广告主的法律责任。因此，任何一个广告都一定有特定的广告主体。

（二）广告是一种投资活动

这里把广告定义为是一种投资活动，是因为广告主投放广告一定是有偿的，是需要广告主付费的。广告的目的有多种，但无论是为了促进销售还是树立企业或品牌形象，其根本目的都是为了给企业带来短期的或长期的经济效益，是企业整体营销的一部分，因此，广告本身属于企业的一项投资活动。广告主必须为发布广告向广告经营单位支付一定的费用，包括广告的策划、制作、媒体传播、效果测定等各个环节所发生的费用。作为一项投资活动，广告是否成功的标志就是广告是否给企业带来了经济效益。

（三）广告通过媒介传播信息

广告本身是一种信息传播活动，而信息的传播就必须借助某种媒介。人类的信息传播方式通常被分为两种：一种是人际传播，即个人与个人之间的信息交流，譬如口碑传播。另一种则是非人际传播，即要通过一定的媒介来传播有关信息。广告属于非人际传播，它必须借助于传播工具，尤其是大众媒体才能把信息传达给消费者，进而达到其预期的传播目的。这种媒介包括广播、电视、报纸、网络等多种形式。

（四）广告活动是有组织的

由于广告活动是广告主的一种投资活动，因此，为了获得更加理想的广告效果，广告活动就必须进行有效的组织。这个组织过程可能包括广告费的预算、广告经营单位的选择、广告的创意、广告的拍摄及投放等一个环节或全部环节。

（五）广告传递的信息可能是商品、服务或观点

大多数广告活动的劝说行为，都是希望说服某人接受某一种商品、服务或观点。譬如“加多宝”凉茶的广告是希望人们借助凉茶来去火，推销的是具体的商品——凉茶；工商银行小额贷款的广告是希望小企业主们向工商银行申请小额贷款，银行贷款和一般的商品销售不同，是一种无形的服务；而公益广告“Family”则是希望人们能够感受到父母的爱，并把这种爱传递下去，推销的是一种观点。

二、广告的分类

根据不同的分类标准，可以把广告分成不同的类别，而对广告进行分类的目的就是希望读者更好地理解广告。通常可以根据广告“传播的媒介”“广告受众对象”“内容”“目的”“传播的范围”“诉求的方式”“产品的生命周期”等分成不同的类别。

（一）根据广告传播媒体分类

根据传播媒体对广告的分类见表 1-1。

表 1-1　根据传播媒体对广告的分类

分类		举例或说明
大众媒体	电视广告	最常见，电视上每天都在播出
	广播	通过收音机播出
	印刷广告	报纸、杂志上刊登的广告，或宣传小册子或单页
小众媒体	户外广告	大街两旁林立的灯箱、霓虹灯广告
	直接邮寄广告	不时收到的小册子，如麦考林的宣传
	销售点广告（POP）	立在商业空间、购买场所或零售店门口或内部的广告

续表

分类		举例或说明
新媒体	网络	各种网站广告
	手机	借助手机的移动网络、通信功能发布的广告
	其他智能终端	借助 iPad 等移动智能终端发布的广告

（二）根据广告受众对象分类

根据受众对象对广告的分类见表 1-2。

表 1-2　根据受众对象对广告的分类

分类	举例或说明
消费者广告	一般消费者，如日常生活用品的广告多属于此类，如洗发水广告
工业用户广告	专业人员，譬如大型挖掘机的广告
商业批发商广告	针对渠道中的小商店或批发商

（三）根据广告目的分类

根据广告目的对广告的分类见表 1-3。

表 1-3　根据广告目的对广告的分类

分类	举例或说明
产品广告	目的是为了使目标受众了解产品特性，进而产生好感并购买
形象广告	目的是树立企业或品牌形象，如康美药业在桂林拍摄的《康美之恋》广告
观念广告	为了改变消费者的消费观点或理念，譬如一些推崇环保、健康的广告

（四）根据广告传播范围分类

根据传播范围对广告的分类见表 1-4。

表 1-4　根据传播范围对广告的分类

分类	举例或说明
区域性广告	以特定地区作为传播目标，如针对某个县、某个省份或某个大区，如华北
全国性广告	针对全国范围，如在央视播出的广告一定是针对全国性市场的
国际广告	一般是跨国企业进行的针对多个国家的广告，如可口可乐在全球发布的广告

（五）根据广告诉求方式分类

根据广告诉求方式对广告的分类见表 1-5。

表 1-5　根据诉求方式对广告的分类

分类	举例或说明
理性诉求广告	有理有据地论证产品优点，如用检测的五星级安全标志证明车的安全性能
感性诉求广告	以亲情、友情、爱情以及道德感等激发人们购买的情绪，如雕牌广告中的亲情

（六）根据产品生命周期分类

根据产品生命周期对广告的分类见表 1-6。

表 1-6　根据产品生命周期对广告的分类

分类	举例或说明
认知性广告	强调产品的性能、价格、用途等，增加消费者对产品的认知，一般用在产品引入时期
竞争性广告	强化对产品的深刻印象，刺激消费者需求，一般用在成长期，譬如王老吉的广告
提醒性广告	提醒消费者不要忘记，刺激其重复购买，一般用在成熟期

第二节　广告的构成要素

由于广告的目标客体不同，其生活习惯、阅读习惯不同，为了吸引不同类型的目标客体，广告就需要有不同的表现形式。例如，对于儿童，动画片形式的广告可能更具吸引力；对于针对老年人的健康产品广告，采用专家讲座形式会取得更为理想的效果。因此，由于广告表现形式存在差异，不同类型的广告会有不同的要素要求，本节内容将就四种比较常见的广告形式的构成要素加以介绍。

一、影视广告的构成要素

影视广告主要由三要素构成，分别是视觉要素、听觉要素和时间要素。

① **视觉要素**　即呈现在电视荧幕上的反映，它们是以现实生活中具体的、动态的景物的形状和颜色为基础，借助现代光影处理技术加工而成。影视广告中的图像逼真生动，人们只要视觉健全就可以感受它的存在，因为这是摄像机对影像的忠实记录，可以达到乱真的地步，它给观众的感受简直就像面对客观现实一样。科学家们经过调查发现，视与听是人类接受外界信息的两条最主要的生理渠道。有资料表明，人们通过视觉获得的信息约占人们所获信息总量的 83%，而来自听觉渠道的约占 11%。

② **听觉要素**　作为一种视听两用媒体，影视广告不仅具备视觉媒体的画面要求，而且也具备听觉媒体的声音要素。电视广告中的声音包括人声、音乐和音响三种。人声分演白和旁白两类。演白即广告演员所说的话，它具有与观众直接交流的优势。旁白即画外音，也就是在画面上看不到人所说的话，包括演员内心独白、回忆、梦幻以及讲解等，它可以对画面进行说明和补充。音乐和音响则是借助多种专门器具和特殊技法模拟或再现的各种声响，融入广告中，从而对广告受众产生震撼，使其对广告诉求留下深刻的印象。

③ **时间要素**　由于影视广告的传播需要时间，因此，时间要素无疑对影视广告的传播效果具有重要影响。离开了时间要素，广告片的信息就无从传达。影视广告以时间来架构和传达信息有三重含义：广告信息出现的顺序不同，其显示出的含义也就不同；信息出现的时间长短给人的感受和印象深浅不同，一般来讲，同一个信息（某一画面或声音）如果出现的视

觉时间长、次数多，就容易给人留下深刻印象，譬如恒源祥的“羊羊羊”广告和脑白金的“今年过节不收礼，收礼还收脑白金”广告，就是因为高频次播放给人留下了深刻的印象；一般视频广告片出现的时间越长，相对来说，信息含量就会多一些；时间越短，则包含的信息相对就少一些。

二、平面广告的构成要素

和影视广告不同，平面广告要想获得好的信息传递效果，就需要在更多方面加以思考。由于平面广告的载体是平面媒体，其无法用声音来传递信息，这就需要视觉效果更具冲击力，因此，在制作平面广告时，通常要考虑广告的标题、正文、广告语、图形、标志、公司名称、色彩7个要素。

① **标题** 主要是表达广告主题的短句，一般在平面设计中起画龙点睛的作用，获取瞬间的打动效果，经常是运用文学的手法，以生动精彩的短句和一些形象夸张的手法来唤起消费者的购买欲望。标题的设计不仅要争取吸引消费者的注意，还要考虑到满足消费者的心理。标题选择上应该简洁明了，易记，概括力强，不一定是一个完整的句子，也有只用一两个字的短语，但它是广告中最重要的部分。

② **正文** 广告正文是说明广告内容的文本，基本上是对标题的解读与发挥。广告正文具体地叙述真实的事实，使读者心悦诚服地走向广告宣传的目标。正文要通俗易懂、内容真实、文笔流畅，概括力强，常常利用专家的证明、名人的推荐、名店的选择来抬高档次，以及用销售成绩和获奖情况来树立企业的美誉度。

③ **广告语** 广告语是配合广告标题、加强商品形象而运用的短句，广告语要求顺口易读、富有韵味、具有想象力、指向明确、有一定的口号性和警告性。例如，王老吉广告中的“怕上火，喝王老吉”就是非常具有穿透力的一句话，就是这样简单的一句话，一下就把凉茶的精髓概括了，一夜之间大家都知道上火了可以喝王老吉去火。这样一句简单的话，有时候比一大段解释的文字效果还要好。

④ **图形** 图形是影响平面广告效果最重要的因素之一，相比文字，图形表达更直接，更具有视觉冲击力，因此，很多平面广告在设计时非常注重图形的使用。有实验统计证明，图形与文字同时出现时，图形占 78%的注意度，而文字只占 22%。图形在平面广告中又分为直接图形和间接图形。直接图形就是直接把广告产品和商标用摄影或绘画形式表现在平面广告中的图形，也称为产品图形。间接图形就是根据广告创意与主题所选择的为了帮助广告受众更好理解广告主题或创意的表现图形，也称为广告图形。直接图形多用在受众没有充裕时间观看，瞬时即过的媒体上，如路牌、车身广告等。直接图形使用的目的主要用来推荐和提醒人们使用该产品。而在相对宽裕时间的媒体上，如报纸、杂志、样本和招贴等，往往是直接、间接图形同时使用。

⑤ **标志** 标志有商品标志和企业形象标志两类。标志是广告对象借以识别商品或企业的主要符号。在广告设计中，标志不是广告版面的装饰物，而是重要的构成要素。在整个广告版面中，标志造型最单纯、最简洁，其视觉效果也最强烈、最具冲击力，因此，消费者在接触标志瞬间就能识别并能留下深刻的印象。

⑥ **公司名称** 公司名称可以指引消费者到何处购买广告所宣传的商品，和公司标志结合起来也就相当于把品牌和公司结合了起来，因此也是整个广告中不可缺的部分，一般放置在整个版面下方较次要的位置。公司地址、电话号码、网址、邮箱、微博、二维扫描码等，可安排在公司名称的下方或左右，当公司的标志深深吸引了消费者的注意力后，消费者就会主动寻找这些信息。

⑦ **色彩** 色彩是广告表现的一个重要因素，广告色彩的功能不但是为了产生视觉的冲击力，同时也是向消费者传递某一种商品信息。因此，广告色彩的选择必须与目标消费者的生理和心理反应相一致。色彩对广告环境、对人们感性活动都具有深刻影响。广告色彩对商品具有象征意义，通过不同商品独具特色的色彩语言，消费者更易识别和产生亲近感，商品的色彩效果对人们有一定的诱导作用。例如，夏天饮料的平面广告较多地使用绿色和蓝色，是为了给人一种凉爽的感觉；而冬天使用红色除了有吉庆之意外，还给人一种温暖、热情的感觉。

三、广播广告的构成要素

和影视广告、平面广告不同，广播广告主要依赖声觉冲击力来影响消费者，因此在传播效果上要略逊于它们，但广播广告也有其传播便捷的优势。广播广告的主要构成要素包括语言、音乐和音响。随着网络及视频媒体的普及，广播广告的受众在逐渐减少，但在某些影视广告或平面广告无法到达或到达成本较高的地方，广播广告则具有得天独厚的优势。

① **语言** 广播广告是语言的艺术。一般表现为播音员的播读或广告中人物的对话，有时也表现为旁白。广播语言实际上就是以声音的形式出现的广告词，是广播广告的核心要素。除了语言的内涵以外，人的声音还有音色、音调、力度、节奏等声音表情特征。识别人声主要靠音色，不同的音色给人的心理感受不同，如明亮的女声能让人感到青春的活力，浑厚的男声具有深沉的感觉。音调的高低可以表现人的情绪，力度的大小可以表现强调，节奏的快慢可以反映人的性格和心理状态。因此，语言运用的好坏直接会影响到广播广告的效果。

② **音乐** 音乐是一种采用有组织的、和谐的乐声来表达思想感情和社会生活的艺术。音乐最主要的功能是表象功能。人们能够利用音乐构造“形象图画”。但是，音乐的表象功能同听众的个人受教育程度、经历、性格、修养等有着密切关系，直接影响到个人的联想。音乐的基本构成要素是旋律和节奏，因此，音乐同语言等艺术紧密相结合，就决定了广播广告的语言表达也要讲究旋律和节奏。因此，在播放广播广告时，无论是播音员的播读、广告中的人物对话还是旁白，如能合理地配上背景音乐，有时候也能收到事半功倍的效果。

③ **音响** 广播广告中的音响是指运用多种专门器具和特殊技法模拟或再现的各种声响，是根据广告表现主题的需要创作出来的。它分为自然声响和生活声响两大类，它的作用是创造真实感，烘托环境，增强艺术感染力。广播广告常用的音响有：自然环境音响，如风声、雨声、雷声和波涛声等；生产环境音响，如机床轰鸣、汽车飞驰、汽笛长鸣；人物环境音响，如市场喧嚣、掌声四起、雀跃欢呼等。

四、网络广告的构成要素

所谓网络广告，就是以网络为媒介发布的广告。网络广告是指利用网站上的广告横幅、文本链接、视频播放等方式在互联网网站刊登或发布广告，通过网络传递到互联网用户的一种高科技广告运作方式。

网络广告是随着网络的发展而发展起来的一种全新广告方式。近年来随着各种智能移动终端的普及，网络广告也出现了新的方式和应用。从本质上讲，网络广告并没有本质上的创新，如对于网络上的广告横幅，其实和平面广告是基本一致的，而视频广告则本质上就是影视广告。因此，本节内容不再对网络广告做过多篇幅的论述。

第三节　广告活动的构成要素

广告存在于市场环境之中，是市场经济的产物，也是市场环境中的子系统，受市场经济环境、社会环境、文化环境、技术环境、法律法规、政治环境等因素的影响。但是，作为一个整体，广告活动本身也是一个系统，包括广告主体、广告媒体、广告内容和广告客体四个构成要素，它们缺一不可。

广告的构成和广告活动的构成不同，广告的构成是指一幅广告作品的构成；而广告活动的构成，则是从广告主确定广告需求开始到广告发布的整个活动，广告只是广告活动的一个部分而已。

如图 1-3 所示，一个完整的广告活动可以描述为：广告主根据企业自身发展需要，产生广告需求；然后根据企业自身资源条件决定是自身完成广告的制作还是委托广告公司完成广告制作并最终形成广告内容；在广告内容形成后，选择广告媒体进行发布，并把广告信息传递给广告客体，也就是广告受众。

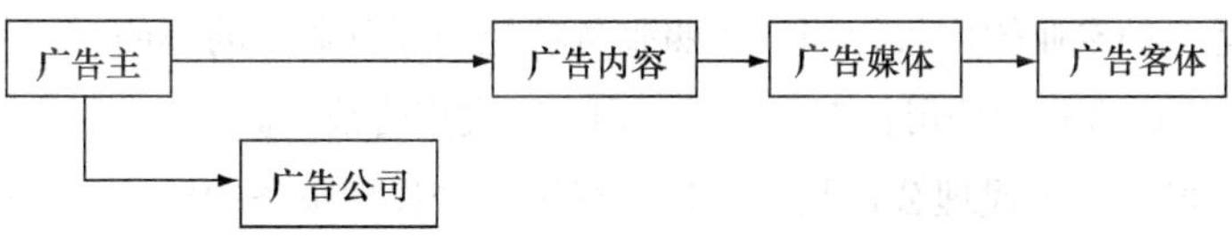

图 1-3　广告活动及其构成要素

一、广告主体

广告主体，一般是指广告信息传播活动中的传送者，也即广告活动的提议者、策划者、创意者和实施者。

广告主体一般有三种形式：广告主、广告公司（又称广告代理公司）、广告媒体（或称为广告发布者）。是谁对广告有需求呢？不是消费者，是广告主。当广告主产生了广告需求以后，一般会委托广告代理公司制作和发布广告。广告代理公司制作完广告以后就要选择某类媒体（电视、广播、报纸或网络等）进行广告发布，这里的媒体就是广告媒体。

（一）广告主

广告主是指为推销商品或服务，自行或者委托他人设计、制作、发布广告的法人、其他经济组织或者个人。因此，广告主的组织形式可以是企业、事业单位，也可以是机关、社会团体和自然人。广告主是市场经济活动的主要参与者，也通常是广告活动的重要发起者，正是因为有了广告主的需求，才产生了广告行业。

由于广告主通常缺乏专业知识，因此，广告主会把监督和组织工作交由本单位的广告部或市场部来负责，而把策划、创意、制作等业务委托给外界的专业广告公司，委托广告媒体进行宣传，并向它们支付相应的费用。但是，由于广告是一件复杂的工作，需要各方面的专业知识，因此，企业在广告管理的组织形式上，也存在很多种形式。但不管企业采取何种广告管理模式，其广告运作的基本程序是一致的。

在广告管理的具体运作上，我国企业广告的组织形式主要有自我执行和委托代理执行两种方式。自我执行，就是企业配置了功能齐全的广告部门，该部门承担了企业广告运作的一切工作和职责。这种方式的流行与我国的广告代理制度还未完全成熟有关；现实执行过程中发现，企业进行广告运作时要想达到完全自我执行是相当困难的。因此，广告代理公司也就应运而生了。委托代理就是企业把依靠自身力量难以完成的广告运作环节如广告策划、广告创意与制作等委托广告代理公司来完成。委托代理顺应了社会专业化分工的要求，一方面完成了企业不能完成的任务；另一方面，也极大地提高了企业广告效率，增强了企业广告的投入产出比，这既符合现代广告发展的需要，也符合企业发展的根本利益。

（二）广告公司

广告公司是专门从事广告代理与广告经营的商业性服务组织。广告公司是广告经营的基本组织形态，是接收广告客户委托提供广告设计、制作或其他营销服务的法人机构，是具备必要的专业技术人员、制作设备并依法办理公司登记，从事广告代理活动的组织。在广告主、广告公司和广告媒体三种广告主体形式中，广告公司往往处于市场主导地位，也是实施广告代理制的核心环节。

广告公司是一种专业的广告组织，按照服务功能与经营业务的不同，广告公司又可以分为广告代理公司、广告制作公司和媒介购买公司等三类广告公司。

广告代理公司　广告代理公司是为广告主提供广告代理服务的机构，一般又可根据规模大小分为综合型广告代理公司和专业型广告代理公司两类。综合型广告代理公司，能够为广告客户提供全方位的广告代理服务，包括产品的市场调查和研究、广告战略的策划与执行、广告计划的具体设计与制作，广告媒体的选用与发布、广告效果的跟踪与反馈等一系列的活动。它还能为广告客户提供信息咨询、企业形象设计、大型公关活动等战略层面的服务和建议。而专业型广告代理公司的业务范围则较为狭窄，服务项目也较为单一，一般不承担广告运作的整体策划和实施。但它在满足特定广告客户的特殊需要时，往往更具专业优势，同时顺应了广告专业化分工的趋势，有利于广告专业水平的提高。一般来说，专业型广告代理公司又可分为三种：一是提供某一特定产业或行业的广告代理公司，如房地产广告代理公司；二是提供广告活动中某一环节的专业型广告代理公司，如广告调查公司、广告创意公司、广告设计公司；三是提供特定媒介服务的广告公司，如户外广告、公交汽车车身广告等。

广告制作公司 广告制作公司一般只提供广告设计与广告制作方面的服务。由于广告制作具有较强的专业性，因此很多从事广告制作的公司从一开始就与广告代理分离，成为独立的广告业务服务机构。例如，常见的平面广告制作公司、影视广告制作公司及路牌、霓虹灯、喷绘等专营或兼营制作机构都属于这一类。广告制作公司既可以直接为广告客户提供广告设计和制作服务，也可以接受广告代理公司的委托，接受一些外包的广告制作服务并收取相应的广告制作费用。和综合型广告代理公司不同，广告制作公司往往具有更为精良的设备和专业化的技术人员。尤其是随着科技和现代广告业的飞速发展，广告客户对广告制作的要求也越来越高，广告制作设备和人员的投入也越来越大。因此，即使是大型的广告代理公司，也更愿意委托专门的广告制作公司来完成其广告设计，而不再设置专门的广告制作部门，这也符合专业化分工的趋势要求。

媒介购买公司 媒介购买公司是专门从事媒介研究、媒介购买、媒介策划与实施等与媒介相关的业务服务机构。它是早期广告代理中媒介代理职能的一种延续，又是适应现代广告业与广告市场变化的一种新发展。媒介购买公司一般设有媒介研究、媒介策划、媒介购买与媒介执行等几大业务部门，对媒介资讯有系统的掌握，能为广告公司选择媒介提供依据，能有效实施媒介资源的合理配置和利用，并有很强的媒介购买能力和价格优势。因此，媒介购买能力、媒介策划与实施能力以及巨额资本的支持是媒介购买公司生存和发展的必备条件。

（三）广告媒体

广告媒体，就是指能够借以实现广告主与广告对象之间信息传播的物质工具，是从事广告发布业务的机构或主体。企业通过广告公司的创意策划、设计制作出广告后，还要通过媒体广告部门的作业才能最后完成。因此，广告媒体在广告主体中占有重要的地位，也为广告的传播发挥着重要作用。广告媒体包括报纸、广播、电视、电影、互联网等大众传播机构和以提供广告刊播媒介为主要业务的经济组织，每个传播机构都设有广告部门，负责媒体机构的广告业务，媒体机构的广告部门就是媒介广告组织。广告媒体的主要职能包括以下几点。

承揽广告业务 广告媒体会向广告公司和广告主出售媒体空间与时间，是媒介广告部门的业务重点，也是其主要经济来源。拥有众多广告客户的专业广告公司，是媒体广告部门的最大客户。媒介广告部门会通过展示自己在覆盖率、收视率、发行量、受众群体以及广告价格等要素方面的独特之处，向广告公司宣传自己在广告传播方面的优势和特点，以吸引他们选择自己的媒体进行广告发布。

设计制作广告 广告媒体的广告部门还常常借助广告的制作与设计实现盈利。广告媒体的广告通常有两个来源。一是广告公司或其他代理机构的推荐；二是直接承揽的广告业务。前者的广告业务，大都由广告公司基本完成，媒介广告部门主要是协助安排广告发布日程及广告排期；对于后者，媒介广告部门则要负责策划、设计和制作广告作品的全过程。一些大型的、影响力较高的媒介机构多是属于后者。

发布广告 在我国广告业发展的早期，广告媒体的广告部门是集承揽、发布等多种职能于一身，但随着现代广告业的不断发展成熟和广告经营机制的确定，媒体广告部门的职能和角色也相应地转变为以发布广告为主。这种职能的转变与广告代理制度的发展进程有着紧密联系。在实行广告代理制的国家和地区，广告媒体机构在广告经营中一般只承担广告发布的职能，而媒介广告时间和空间的出售业务则由媒介的销售部门负责。美国是最早实现广告媒体机构的职能和角色转换的国家，实行的是完全的广告代理制度，在此制度下，广告媒体结构并不与广告主直接洽谈业务，只承担广告发布职责。而在没有推行广告代理制或没有实行完全广告代理制的国家和地区，广告媒体机构的业务线则较长，不但承担广告的发布业务，还承担广告承揽与广告代理的职能。

审查广告内容 任何广告的发布都必须合法合规，这就需要有相关部门负责审查广告的内容。在接受政府主管部门（工商管理部门）的审查之前，广告媒体机构需要首先审查广告公司代理资格和广告主刊登广告证明文件的合法性，审查广告内容是否真实、合法，是否符合本媒介的要求，并自觉抵制和杜绝违法广告与不良广告的传播。但有时即使是通过广告媒体机构审查的广告也未必会通过工商管理部门的审核通过。例如，2007 年襄樊市某楼盘的墙体广告画面充斥着钞票和钱袋，被当地很多民众议论认为会对青少年的价值观产生负面影响。但这一广告其实已通过了广告媒体机构的内容审查，却因为没有通过工商管理部门的内容审核，最后还是被撤销了。

收集资讯并反馈信息 广告发布后，广告效果如何往往是广告客户十分关注的事情，因此，广告媒体机构必须及时收集本媒介的受众构成、收视率/收听率及传播效果等信息并反馈给客户，以增进客户的了解。例如，汽车销售商在当地晚报上刊发了一则汽车促销的广告，为了让汽车销售商了解广告的效果，晚报的广告运营部门就必须收集可能会看到该广告的人群的年龄段、收入水平等信息，并将其反馈给广告客户。

二、广告内容

广告内容是广告宣传的基本信息，广告内容质量的高低对广告效果有着重要的影响。在广告宣传中，广告主总是希望把最为翔实的信息传递给广告受众。无论是企业过去、现在和未来的信息还是和企业或产品相关的社会信息，只要能够影响广告受众，都是广告传播的内容。但很多情况下，受制于播出时间（如电视广告、广播广告）和版面（如报纸广告、杂志广告）以及广告预算的限制，广告主不可能也没必要进行面面俱到的宣传，往往根据目标受众的特性做出选择。因此，在一次广告宣传活动中，其涉及的内容是十分有限的。这些被广告策划者选用的信息，才是真正意义的广告内容。这些经过策划者精心挑选的内容，意图明确，特点鲜明，材料集中，具有较强的说服力和感染力，能够有效冲击公众的感觉系统和心理世界，进而产生较好的市场效应。

近年来，随着网络技术的应用和推广，网络广告正逐渐成为一种普遍的广告形式被越来越多的广告主采用。从技术上讲，网络广告的信息容量得以大幅提升，企业借助自己网站主页和各种专题页面可以全方位地宣传企业和产品，可以说在网络上发布广告的空间和时间限制几乎消失了，企业花较少的钱便可以在网络上提供企业、商品的百科全书式的信息。但是，企业需要注意的是，和传统的广告形式不同，在网络广告中，广告受众不再是信息的被动接受者，而是信息的主动寻求者，他们不会点击、访问自己不感兴趣的网页信息。这样，企业的信息源尽管很庞大，但是如果广告受众不点击、不访问企业的网站或网页，那么企业所发布的各种信息也仅仅是“内部信息”而已，仍不是面向大众的广告内容。为了引导公众搜寻、查看企业网页上的信息，网络广告也需要筛选信息，精心组织，使之成为真正影响公众心灵的广告内容。

三、广告客体

广告客体，就是指广告作用的对象，即接收广告信息的受众，也就是广告主期望接触到广告的人。广告活动由广告主和广告公司来运作，针对目标市场中的消费者进行有关信息的发布。一个完整的广告活动一定包含着信息的发送方和接受方，广告主和广告公司通常是信息的发送方，而受众是信息的接受方。没有广告受众的存在，就没有广告信息传播的必要，也就不需要信息发送方进行广告运作。信息发送方和接受方的沟通，是通过传播过程来完成的。

从表面上看，广告通过各种媒介的传播，期望能够影响到所有通过媒介接触到广告的媒介受众。但实际上，按照科学的广告观念，广告的目的是针对特定的目标消费者进行诉求，并对他们发生作用，并不是针对所有人进行的。因此，我们一般意义上谈论的广告客体实际上可以分为广告的实际客体和广告的目标客体。

所谓广告的实际客体，就是指通过一种或几种媒介接触到广告的所有媒介受众。与一般的大众传播受众相比，广告的媒介受众涵盖面更为广泛。除了一般电视、广播、报纸等大众媒介的受众，一些小众媒介，如传单、路牌、橱窗、霓虹灯、空中飘浮物等的受众也同样属于广告客体的一部分。按照媒介使用情况考虑，媒介受众又可以分为报纸广告受众、电视广告受众、网络广告受众、户外广告受众等。了解不同媒介的广告受众，有助于受众的市场细分，以制定相应的传播战略和策略。

所谓广告的目标客体，则是指广告的诉求对象，也就是根据广告的目标要求，来确定广告活动的特定诉求对象。举例来说，吉利全球鹰 GX5（见图 1-4）定位为年轻人的座驾，但吉利在为 GX5 做平面媒体广告时，其广告的实际客体是所有看到该广告的人，无论是年轻人、儿童还是老年人，而该广告的目标客体实际上是年轻人。

图 1-4　吉利 GX5

就我们常见的电视商业广告而言，广告的目标客体又可以分为四种类型：普通消费者、工商组织成员、商业渠道成员和专业人员。

① **普通消费者** 即为满足个人生活需要而购买商品的消费者大众，由个人和家庭组成，是广告活动的主要传播对象，这个庞大的受众群体正是广告的行动对象。在极其宽泛的“消费者广告”这个名目下，广告主可以根据受众特征对其进行更为精细的区分，如男性、24～45岁、年收入超过5万元等。（本章后续内容所涉及的广告客体，也主要是以这类普通消费者为研究和分析对象。）

② **工商组织成员** 包括生产资料（诸如办公设备、生产机械、原材料和软件）的生产企业、社会组织等，是区别于一般消费者的大宗货物购买者。针对这类受众的产品和服务往往需要人员销售。另一方面，由于广告诉求不是面对团体全部成员，通常是团体特定的决策者。因此，可以利用广告在潜在买主中创造知名度，培养有利态度。

③ **商业渠道成员** 包括零售商、批发商和经销商，他们既是日用产品和服务生产商的受众，又是生产资料生产商的受众。生产商只有从商业渠道获得足够的零售量，产品才会到达买主，因此，广告必须针对市场的商业环节。各种广告和促销形式均有助于满足特定商业渠道成员的需求。广告的条款在代理政策中也占有很重要的地位，有没有广告支持，将影响到产品的销售状况。一般情况下，如果厂商不能提供良好的广告支持，经销商为了扩大销售量，只好自己出钱进行广告宣传，这样就加大了经销商的经营成本，因此，能够获得更多的广告支持，实际上也相当于获得了部分利润。很多时候，商业渠道成员在选择供应商时，会非常在意该供应商的媒体广告是否有影响力，因为这决定了其所销售商品的难易程度。

④ **专业人员** 指医生、律师、会计、教师或其他任何接受过特殊培训或持有证书的专业人员，他们构成了广告的特殊目标受众。一方面，由于这类受众具有特殊的兴趣和需求，因此针对专业人员的广告应注重于表现专门为满足他们的需求而设计的产品和服务，且在广告中使用来源于专业人员公认的专业术语和特殊的环境。另一方面，这些具备专业背景的人员的权威性，又使得他们成为对企业目标顾客购买行为有影响的人员。例如，在购买婴儿尿布和其他婴儿护理品时，很多消费者从儿科护士那里寻求建议；而购买药品和营养食品的消费者则较为信任医生的建议；小学生家长在选择培训机构时则更相信学校老师的推荐。因此，将这类人员单独划分并进行研究具有十分重要的意义。

第四节 广告活动基础

在当今社会，广告不仅是商家进行商品促销的手段，也是重要的信息传播行为和文化现象，是社会文化的重要组成部分。广告以最为高效的传播媒介为载体，强大的资金为后盾，它的一言一行，无时无刻不在深刻影响着人们的物质生活和精神生活。

正是由于广告无处不在，它几乎影响着人们的每一刻。打开电视、收音机，翻开纸质媒体，随便登录某个网站，我们唯一无法拒绝的就是广告。正因为如此，广告和我们生活的方方面面都存在紧密的联系，无论是社会伦理、法制还是社会责任。本章将主要就广告与伦理、广告与法制、广告与社会责任的关系进行论述。

一、广告与伦理

在市场经济条件下，广告已成为人们经济生活中不可或缺的东西，树立品牌，促进销售的经济功能仍是广告的首要功能。但作为一种信息传播的形式，广告在推销产品或服务的同时，也在推销一种生活方式、价值观念。它也在教导人们应该如何去消费、如何去享受生活、如何去确立自己的生活方式、行为方式和价值观念等。因此，广告除承担着经济生活中的功能外，还应履行自己的社会伦理责任。

（一）广告的伦理问题表现形式

在现代社会生活中，人们每天面临着接踵而至的各类广告。一系列伦理问题纷纷浮出水面，其中虚假广告、歧视广告、恶俗广告、广告新闻化是其主要表现。

1．虚假广告

所谓虚假广告，就是指广告内容是虚假的或者是容易引人误解的。一种是商品宣传的内容与商品的客观事实不符；另一种是指可能使宣传对象或受宣传影响的人对商品的真实情况产生错误的联想，从而影响其购买决策的商品宣传。常见的形式包括：借助名人过分夸大，隐瞒问题；文字游戏，误导消费者；借助公益和科普为禁止商品发布广告。

2．歧视广告

虽然我国《中华人民共和国广告法》（简称《广告法》）明确规定，广告不得“妨碍社会公共秩序和违背社会良好风尚”、不得“含有民族、种族、宗教、性别歧视的内容”，但一些商家为了所谓的出奇制胜，常置社会道德伦理于不顾，极尽恶俗炒作之能事，在广告中包含歧视性内容。按照广告内容来分，歧视广告可以分为种族歧视广告、宗教歧视广告、性别歧视广告、文化歧视广告、社会阶层地位歧视广告等。

3．恶俗广告

恶俗广告的具体表现形式常见的有以下几种。其一，充满性暗示、性挑逗的言语、文字及画面，严重败坏了社会风气。其二，牵强附会。美国广告大师威廉·伯恩巴克指出，好的广告创意要使广告与产品之间紧密相关，巧妙关联。但这种关联不是牵强附会，否则便会“画虎不成反类犬”。目前很多缺乏创意的广告，为了达到顺畅的传播效果，采用随意篡改常用方式，将人们约定俗成的成语、名句等中的某些文字或读音篡改。其三，宣扬封建糟粕，渲染社会不良风气和生活方式。越来越多的广告选用古代皇上或是宫廷为代言人或者广告背景，表现出对封建社会不良风俗的向往，奴才意识、献媚作风频频出现。其四，过度恐吓。在传播学研究中，恐吓被实验证明是一种较好的劝说方式，但过度的恐吓往往会导致受众逆反心理的产生，反而不利于有效劝说。广告传播关键在于要把握“度”，然而在一些广告中的过度恐吓使人无法接受。

4．广告新闻化

广告新闻化是指一些广告主体为增加广告的可信度，体现广告的分量，采用新闻报道的形式进行广告宣传。和普通广告相比，新闻化广告欺骗性更严重，更容易让广告受众在不知不觉、不明不白、没有丝毫防范中上当受骗。

（二）广告伦理问题解决方式

广告伦理有弘扬正确的消费文化、传播先进的价值理念、倡导精神文明和社会美德的功能，但有些人就是不顾伦理道德的规范，宣扬不符合正确伦理道德的思想。直接的商业信息传播已经足以改变社会公众价值观，再加上各路媒体铺天盖地的广告宣传，受众很难抵御不良信息的诱惑与侵害。广告伦理的这种负面功能，误导了人们正确的价值观取向，削减了社会道德的正面引导作用，阻碍了社会精神文明建设。这需要从以下几个方面加以解决。

一是健全社会舆论监督体系。广告的社会监督，是指来自广大民众的、通过某些社会组织、社会团体、舆论机关、各种群众自治组织或者由公民自行地对广告活动的各个方面进行的监督。它包括消费者协会的投诉处理、新闻媒介对不正当广告的披露、消费者的呼声、社会公众的谴责等。社会监督发动广大民众的力量，督促企业自觉履行广告的社会责任、遵纪守法和重视广告的社会宣传效果，是加强广告管理的有效方法。譬如，中央电视台每年的3·15节目就是一种很好的社会监督方式，从某种程度上威慑了一些不法企业。

二是完善广告行业自律机制。国外广告实践证明，广告行业的自律具有法律无法替代的作用。由于时间上的滞后、概念模糊以及执行不力等原因，法律法规的调控往往不到位。因此，当前有必要强化广告行业的自律。可以通过加强广告从业人员职业道德教育，加强广告经营单位的伦理道德建设和广泛建立各级广告行业自律组织并充分发挥行业协会的作用等方式来弥补法律监管的不足。伦理在社会生活中的作用要比法律大得多，广告伦理调整的范围也比广告法规调整的范围大：凡是受到法律制裁的广告违法行为都应受到社会主义广告伦理的谴责。

三是建立与完善广告法律法规。我国的《广告法》颁布已有20年，随着市场经济和广告业迅速发展，广告传播中的社会问题尤其是伦理问题也日益突出。因此，必须及时修改和完善广告法，从而在法律层面上对广告活动作出更全面合理的规范。在广告活动的规范管理过程中还应该严格执法，依法办事，真正做到“有法可依，有法必依，执法必严，违法必究”。

二、广告与消费者

在科学技术高度发展的今天，广告备受社会各界的广泛关注。在促进生产、扩大流通、指导消费和传递信息等方面，广告起着举足轻重的作用。20世纪以来，世界上一些发达国家的消费者已逐步形成对广告的依赖性。这是由于广告可以不断地向广大消费者提供许多有关生活的信息，为消费者的消费活动创造便利，从而丰富消费者的生活、增长消费者的知识、开阔消费者的视野。

在我们每天打开电视、计算机，痛恨那些挥之不去的广告时，其实广告对于我们的生活也承载了许多积极的意义。这主要体现在以下几个方面。

（一）广告刺激消费者的消费

从影响消费行为的心理因素讲，消费者的需求动机是最为关键的一环，因为动机可以导致行为。但在现实生活中，消费者的需求动机并非都是十分明确的，往往是以潜在的方式存在着。此时，如果广告迎合了消费者购买商品的潜在需求，唤起了消费者对商品的向往和追求，即通过大量的广告宣传，消费者潜在的需求被激发或事实的需求被强化，这样就会导致消费者的购买行为。例如，"怕上火，喝王老吉""飞亚达：一旦拥有，别无选择""海尔——真诚到永远"等广告语的长期重复，都成功运用了需求引起动机和强化认识的心理因素，对消费行为起到了一定的引导作用。

广告能够帮助消费者对个人消费品进行选购，指导消费者合理地采购物品以改善个人或家庭的生活条件和工作条件，这是广告最基本的功能。广告还有一项重要的功能，就是刺激消费者的个人消费。广告的连续出现就是对消费者的消费兴趣与物质欲求进行不断的刺激，从而激发消费者的购买欲望，进而促成其购买行为。

（二）广告为消费者提供信息指导

广告作为一种信息传播手段，不但为消费者提供了关于商品的信息，如商品的特性、外观、品质、价格或形象等，同时也给消费者提供了一个购买该商品的理由。广告可以告知市场上新商品的信息，让消费者了解该类商品的最新科技成果，特别是一些高科技含量的商品；可以告知商品的促销信息，让消费者购买到物美价廉的商品，得到实实在在的好处；广告还可以告知该商品能解决消费者某些方面的突出问题等。另外，广告在反映时尚潮流的同时，也在不断创造着流行文化。广告成为人们了解现代社会的一面镜子，消费者通过接触大量广告，可以增进与社会的联系，知道现在社会上流行什么，年轻人喜欢什么，不至于使自己落后于时代。

广告在为消费者提供消费信息指导的同时，也在帮助消费者节省收集信息的成本。当消费者产生某方面的需求时，消费者通过大量的免费广告信息来形成对商品的印象，根据这些印象以及消费者的具体需求，迅速作出购买决定，大大节省时间成本和经济成本。

（三）广告传授消费者知识

在现代社会中，广告绝不仅仅是一种简单的叫卖，其在传播各种产品和市场信息的同时，或多或少地带有知识性内容的传授。广告不仅可以简洁地把有关新发明、新创造的知识传授给消费者，还可以通过一幅图画或是一则文案将整个世界带到消费者面前。因此，经常注意广告的人，可以了解许多新的发明和创造，获得许多知识。例如，许多消费者正是通过广告了解到：变频空调是随着温度接近设定温度而逐渐降低转速，逐步达到设定温度并保持与冷量损失相平衡的低频运转，从而达到省电目的。

对众多的广告进行研究，消费者还可以知道现在市场上大概有什么新商品，哪类商品有些什么品牌，各个品牌有什么特点以及这些产品的用途。这样的潜移默化能够使消费者不断开阔思维视野，知晓大千世界，增加了许多新的生活知识。

（四）广告丰富消费者的生活

任何一种新产品的问世，都是为了满足消费者的某种需要，改善消费者的生活条件，丰富消费者的物质与文化生活，提高消费者的生活水平。每一项新产品的问世和投放市场，都必须通过广告把有关产品和市场的信息传播给消费者，使消费者产生购买行为，才能达到满足消费者需要的目的。广告通过传播信息，为消费者提供衣食住行等方方面面的消费指导。例如，“威猛先生”“蓝月亮”的出现，“苏泊尔”“红双喜”高压锅的使用，大大减轻了家务劳动的艰辛劳累。正是广告的造势，使我们认同了中国 2010 年上海世界博览会的“城市，让生活更美好”的理念，更使全国人民对“去上海，看世博”充满了期待。此外，人们在日常生活中，如家具的采购、食物的选择、医药的择用，以及旅行、游乐等，无不借助于广告所提供的信息进行选择。

广告还可以为广大消费者介绍各种能够丰富人民生活、改善生活环境、提高生活水平所需的生活用品的信息，如防晒霜、电磁炉、保暖服、速冻食品、节能灯等，并告诉人们，如何利用这些商品去改善自己的生活。消费者根据自己的实际情况和实际需要，选择适合自己生活的日用消费品和耐用消费品。

（五）广告降低了消费者认知风险

消费者在选择商品时有很多的考虑因素，之所以非常谨慎，是因为其在购买商品时存在一个认知风险的问题。行为学家认为认知风险有五种类型：金钱风险、功能风险、身体风险、社交风险、心理风险。

消费者很少去购买那些没有做过广告的商品，原因很简单，就是购买的风险成本太高。在现代社会，广告商品意味着企业对消费者做出承诺，作为一种公众消费品，它必然受到社会的监督，品质应该是有保证的，它是一种知名的品牌，拥有广泛的消费群。以高档汽车为例，我们来看看广告是如何来降低这些认知风险的：虽然汽车价格很昂贵，但广告提供了商品的全部信息，包括汽车性能、外观和安全舒适等，让你感觉物有所值，降低金钱风险；广告中用企业的研发人员以及车主的现身说法来表明汽车的安全性能，降低功能风险和身体风险；由于广告塑造这款汽车高档的品牌形象，驾驶这款汽车的车主显得特别有身份地位，降低社交风险；此外，由于广告中宣称这款新车燃油对环境造成的污染比其他车型要小得多，从而降低购买的心理风险。由此可见，广告一定程度上消除了商品信息的不确定性，大大降低了消费者的购买风险。

（六）广告向消费者传播正确价值观

广告作为一种大众化的信息传播活动，它与其他传播活动一样，也受到文化的观照，折射出一定的文化特征，其中所包含的社会价值更是不可估量。例如，“雕牌”洗衣粉“懂事篇”的广告，一句“妈妈，我能帮您干活了!”不知感动了多少母亲，又教育了多少儿女，引起了人们对家庭、对自身的思考，并且在对儿童的教育上也起到了潜移默化的作用。

更有数不胜数的关注社会发展、提升人类素质等的公益广告，这些广告着眼于公共利益的信息传递，引发人们的思考。它们用真实的情感召唤了人们内心中最柔软的一块领土，在消费者心中激起最美丽的涟漪，在唤起消费者内心深处美好情感之后，引发消费者的共鸣。而这种共鸣除了表现在消费者对产品本身的认可上，更有其对于社会、对于家庭、对于自身的思考。

广告还是媒介产业的重要收入来源，正因为有了广告的支持，消费者才能以廉价甚至是免费地获得媒介信息。广告还可以促进商品大规模销售，由于规模经济的效应，使分摊到单位商品中的成本减少，从而使商品销售价格下降，消费者从中获益等。

三、广告的运作理念

广告运作，是指在现代广告中广告发起、规划、执行的全过程，是广告主体的主要行为。它是一种动态的过程，是一种按一定顺序接续的行为，它由各种必要的环节构成，各个环节都包含丰富的内容。广告运作是广告主、广告公司、广告媒体三者密切协作，明确分工，按照一定的顺序共同影响受众的过程。

（一）广告运作的参与者

广告运作参与者包括发布广告信息的企业、团体或个人的广告主；专门提供广告创意并从事广告策划、广告设计以及其他促销工具的广告公司；运用一定的物质技术手段广泛传播信息的广告媒介，以及直接接收广告信息的受众。

广告主是指商品生产者、服务机构、转卖商（包括零售商、批发商和经销商）以及政府机构和社会团体，它是整个广告活动的起点。广告主发起广告活动，它寻找代理商，通过与广告代理商的交换与合作，达成自身的广告目标，满足经济利益，获得更多效益。

广告公司是广告市场的经营主体之一。目前有综合型的全面代理公司，专门化的代理公司包括创意公司、媒介购买公司以及企业和媒介专属的广告公司。在广告市场的整体活动中，广告公司居于核心的地位。通过承揽广告业务，广告公司与广告主形成了合作关系，通过自身的专业化广告运作，广告公司完成整个广告的策划活动；通过代理，广告主向广告媒体购买广告版面和时段，将广告信息向最广大人群投放，争取目标受众，以达成广告目标。通过自身的服务代理行为，广告公司获取经济效益。目前，我国广告市场的现状是，尚未建立起以广告代理为核心的合理运作机制，以及以广告代理为主干的合理的市场结构和体系，广告市场仍处于发育阶段。

广告媒介在规范化的广告市场运行中，担当的角色主要是广告信息的发布者。媒介是广告媒体资源的供应者，通过出卖版面和时段来获取经济效益。媒介组织主要包括电子媒介、印刷媒介、互动媒介以及一些辅助性媒介和媒介集团。在广告信息的传播过程中，广告媒介起到了重要的渠道作用。对于广告市场而言，它往往形成渠道提供和制约。借助媒介渠道，广告公司向广告目标受众传播广告信息；不同媒介发送广告信息，会到达不同受众。

广告活动的目的是通过改变或强化广告受众的观念来达成广告目标。受众是整个广告活动的终点，也是广告全过程的重要评价者。在广告活动中，受众是无需付出任何物质代价的直接受益者。同时，广大受众通过广告了解商品或服务信息，依据自身需求产生广告媒介购买行为，使广告目标得以实现。这是推动广告市场发展的重要条件。

（二）广告运作的基本内容

从信息论的角度来看，广告是一种信息传播活动，而广告运作在本质上就是信息采集、加工、传递的过程。这个过程由广告主、广告公司和广告媒体共同完成。如何把有关产品或服务信息有效传达到目标消费对象是广告运作所要完成的任务。下面，我们从传播学的角度来分析现代广告运作的核心内容。

1．对谁说

广告诉求对象是谁？随之而来的问题就是：他们是男是女？是老是少？什么职业？多少收入？如何消费？在哪儿消费？喜欢什么？不喜欢什么？

例如，一家售卖婴儿尿布的企业，那么它的广告应该对谁说呢？是婴儿？是婴儿的父母？还是婴儿父母的父母？这是广告必须解决的问题。

2．说什么

广告以什么信息为诉求重点？随之而来的问题就是：在所有可传达的信息中哪些信息是重要的？哪些信息是次要的？哪些信息是诉求对象感兴趣的？哪些信息是诉求对象不感兴趣的？如何确定诉求重点？

许多产品可能都不止一个或更多优点，但是由于受到广告时段和版面的限制，广告主很难把所有的优点都讲清楚，而且即使都讲清楚，但是由于优点太多，也可能会让受众忘记。说什么就是要解决这个问题，就是既要讲优点，又要让消费者记得住。

3．怎样说

广告以什么样的方式进行诉求？随之而来的问题就是：为什么采取这种方式？如何将诉求重点以这种方式组织起来？广告是一门说的艺术，不同的艺术水准会收到不同的广告效果。

4．何时说

广告诉求的时机策略如何？随之而来的问题就是：广告在什么时间开始播出？以什么样的频率进行？哪些具体的时间是诉求对象接触广告的最佳时间？营销学中的饥饿营销就是利用了广告和产品投放上的时间差异。

5．通过什么渠道说

广告的媒体策略如何？随之而来的问题就是：诉求对象主要接触哪些媒体？哪些媒体最能够对他们产生影响？媒体的价格如何？

回答上述 5 个问题，就可以很好地了解广告运作的精髓。在广告运作中，这些问题分别通过消费者分析、广告诉求策略决策、广告表现策略决策、广告创意、广告传播策略决策、广告时间计划、广告媒体计划来回答。而广告运作过程中的各个环节——广告调查、广告策划（包括市场和消费者分析、广告策略决策、广告计划）、广告创意、广告发布也是围绕着这些问题来进行。

（三）广告运作的一般程序

现代广告运作是广告主根据自己的营销需求提出广告目的或目标之后，广告代理公司会同广告主及其有关部门决定达成这一目标的最佳方法。在此基础上将形成达成广告目标的阶段、手法及措施，把以上这些努力与企业的其他营销努力相结合，然后去执行所计划的这些活动。换句话说，广告运作就是制订广告目的、制订广告策略，然后在市场上执行这些策略的过程。按照美国广告专家丹 • E. 舒尔茨的观点，广告运作最简单的方式至少包括四个要点，即“制订出适当的销售信息；使此一信息达到适当的视听受众；选择适当的时机；花费合理的成本”。一般来说，科学的广告运作有以下七个环节。

1．广告战略计划的确立

广告主依据营销战略目标和计划制订总体的广告策略和广告计划，包括广告目标、广告费用预算、广告时机、广告规模等。

2．市场调查

市场调查是广告活动的起点。调查的任务就是详尽准确地了解市场、产品、消费者和环境的动态，从而为如何开展广告活动打下基础。通过搜集、分析资料，才能发现问题，找出解决企业难题的钥匙，使广告活动有的放矢。这一环节有时由广告主委托调查公司进行，有时由广告代理公司纳入广告策划环节中进行，有时也可能是广告主自己进行。

3．广告策划

策划是广告活动的核心，主要由广告代理公司进行。策划的任务是在调查的基础上对如何开展广告活动提出具体的建议和设想，从而拟订广告计划书。策划的过程是确立广告战略与战术的阶段，这里解决的是广告的宏观设想与具体手段结合的问题。

4．广告创意

广告创意主要由广告代理公司或者代理公司下游机构进行，根据广告战略的需要将广告信息转化成富有创造性的广告表现概念。

5．广告设计制作

广告设计制作主要由广告代理公司或代理公司下游机构进行，主要负责将创意过程中产生的广告表现概念转化成具体的广告作品。

6．广告运动的执行和广告作品发布

广告运动的执行主要由广告代理公司负责。广告作品发布是把广告作品通过一定的媒体刊播出去。广告发布由广告媒体负责。发布的主要任务，就是选择、组合媒体并落实具体刊播事宜。发布也是策划思想的体现，需要考虑各种因素。

7．广告效果测定

广告效果测定主要内容是对广告效果进行测定并反馈给广告主，由广告代理公司或者专门的调查机构负责。从时间及阶段上看，广告效果测定包括事前测定、事中测定及事后测定。广告效果的事后测定，目的是检查广告的效益，为新的广告活动提供必要的依据。

广告运作不是静态的，它是一个动态的过程，广告运作的各个环节根据各个方面情况的变化，始终处在调整、变化之中，一成不变的广告运作是不存在的。

（四）广告运作的特点

现代企业的生产规模空前扩大，经营观念由大生产时的单纯的销售观念转向以顾客为中心的营销观念，营销的范围从本国家、本地区向国际化、全球化演进。产品种类空前增加，并且从无品牌观念发展到有相当强的品牌观念，企业之间的竞争日趋激烈，这一切，都使现代的市场变得非常复杂。

在广告媒体方面，变化也非常突出，不但原有的大众传播媒体规模扩大，传播方式上趋于复杂，而且新的广告传播媒体也不断出现，为现代广告的传播提供了更好的媒体条件。另一方面，传播媒体的增加、信息的爆炸也使受众处于一个传播过度的社会，广告要取得预期的效果变得比以往更加困难。受众的变化还表现在受众生活和价值观念的多元化，这种变化又带来了受众消费观念和媒体接触行为的变化。

由于现代市场在不断发生变化，广告主、广告代理公司、广告媒体、广告受众也随之发生了新的变化，这些变化的产生将直接影响到现代广告运作。因此，现代广告运作也就呈现出以下新特点。

1．现代广告运作的复杂性

现代广告运作的复杂性是由市场的复杂化带来的。在进行广告运作时，不但要对消费者进行分析，而且要把握整个市场的背景、广告主的营销策略、竞争对手的营销和广告策略，媒体的受众覆盖面、受众特性及受众的媒体接触习惯。在分析这些复杂因素的基础上，制订出比以往有更加丰富的内涵的广告策略和广告计划，同时广告对受众发生作用的过程也受到更加复杂的因素的影响。

2．现代广告运作的综合性

现代广告运作的综合性特点体现在：在广告信息采集、加工和传播过程中，都使用多种手段和多种传播媒体。以往很少使用的市场调查手段越来越多地介入广告运作，成为广告运作的起点。广告主不再满足于通过单一的媒体传播广告信息，新的媒体不断被发现并采纳。广告代理公司的业务也从单纯的代理转向策划、创意、制作的全方位的服务。新兴的整合营销传播的应用更使现代广告运作的综合性有鲜明的表现。

3．现代广告运作的规模性

现代广告运作的规模性体现在：广告不但配合广告主在大规模的市场上进行营销，而且广告主逐渐增加的广告费用投入也使得广告可以广泛地利用多种传播媒体，并且持续相当长的时间。原来的广告主、广告代理公司、广告媒体的运作核心链条也因各种机构的介入而成为一个庞大的运作体系。

4．现代广告运作的多变性

现代广告运作需要配合广告主的营销活动，而营销则要随着市场的变化而变化，因此广告运作也不能一成不变，而在所传播的信息、传播的手段、传播的总体策略、广告运作的进程安排等方面具有一定的调适性，这是现代广告在运作内容和运作程序上表现出来的多变性。另外，在广告主、广告代理公司和广告媒体三者之间的关系上也发生了变化，即广告主很少再像从前一样与固定的广告代理公司维持稳定的关系，客户业务的频繁转移使原来的“一对一”广告代理的关系变得非常脆弱，可选择的媒体增加，也导致了媒体间竞争的激烈，广告主也不再倾向于将大量的广告费用长期投入单一的媒体。

本章习题

1. 如何理解广告的内涵？
2. 广告可分为哪些类型？
3. 什么是广告的主体与客体？

4. 广告的构成要素是什么?

5. 请你快速回忆一个最令你难忘的广告，这个广告的哪个部分给你留下了深刻的印象?这部分属于广告的什么要素?

6. 广告活动中要注意的伦理问题有哪些?

7. 法律法规如何规范广告活动?

8. 广告活动中的相关企业或个人应担负的社会责任是什么?

章末案例

宝洁公司的营销与广告策略

“世界一流产品，美化您的生活”——这是宝洁公司在世界各地推广其品牌的承诺。始创于1837年的宝洁公司，是世界最大的日用消费品公司之一。2004—2005财政年度，实现销售额567亿美元。在《财富》杂志评选出的全球500家最大工业/服务业企业中，排名第86位。该公司全球雇员近11万人，并在80多个国家设有工厂及分公司，所经营的300多个品牌的产品畅销160多个国家和地区，其中包括织物及家居护理、美发美容、婴儿及家庭护理、健康护理、食品及饮料等。

宝洁自从1988年进入中国市场以来，其旗下的众多产品，如飘柔、海飞丝、潘婷、舒肤佳、玉兰油、汰渍和佳洁士等，都已经成为家喻户晓的品牌。宝洁从2003年到2006年，在央视广告招标中四度蝉联标王。业界认为宝洁的广告投放很专业，在传播领域有“西点军校”之称。其旗下的SK-Ⅱ虽经历了“金属门事件”的重创，但很快于2006年12月初在中国内地部分百货商场恢复了其全线产品销售，目前公司正在为SK-Ⅱ品牌制订一个相对长期的营销策略。分析这一典型的成功案例，以及其应对危机的部署等，我们可以汲取许多经验，特别是营销和广告策略的制定与实施，更需要我们很好地借鉴。

1. 进行概念营销

1.1 制造概念

在宝洁的广告策略中，每个品牌都被赋予了一个概念，如海飞丝的去屑、潘婷的保养、飘柔的柔顺等，然后通过广告传播不断强化。例如，海飞丝使用“头屑去无踪，秀发更干净”的广告语彰显个性；潘婷的个性在于对头发的营养保护，于是就有“富含维他命原B5，能由发根渗透至发梢，补充养分”；而“洗发护发一次完成，令头发飘逸柔顺”的广告，则强调了飘柔的个性。不仅如此，宝洁还把概念的攻略延伸应用到与竞争对手的广告中。例如，在舒肤佳香皂进入中国之前，力士香皂已是市场上的领导品牌，其产品定位是“美容护肤”。宝洁显然需要重新制造一个概念，通过市场分析与提炼，于是赋予舒肤佳香皂“美容+杀菌”的概念。后来在强大的广告攻势下舒肤佳的销量一直上涨。现在舒肤佳已经成为中国香皂市场的第一品牌。

事实上，制造概念成为宝洁打入中国日化市场的一个杀手锏。从宝洁在中国推出的第一个产品海飞丝开始屡获成功，这使我们应该认识到制造概念不是凭空捏造，而是切实找准产品与市场的定位及其表达，并且作为营销与广告的基础策略之一。

1.2 持续的广告攻势，宝洁广告的时间策略

宝洁一旦确立了一个营销的概念后，相应便会采取持续时间较长的广告攻势。即使是市场占有率很高的海飞丝、飘柔等品牌，也继续投入大量的广告费。这让人有些费解，一般认为应该随产品生命周期的变化而调整广告投入。但是，如果没有持续的广告攻势，宝洁所推崇的概念是难以形成并根深蒂固的。如果你只是推销产品，或许可以凭一阶段轰动性的广告而速成；如果你要营销概念，就需要反复锤炼公众的观念意识，而当概念逐步转化为普遍的消费观念时，才是真正的营销成功。

当然，宝洁的无间断广告策略也与其产品特性有关，持续的广告渲染，使得概念深入人心，逐步培养了品牌的忠诚度，从而也稳固了市场占有率。

2. 策略比创意更重要

宝洁的广告所塑造的产品形象，清新简洁，着重于理性诉求，甚至带有某种模式化。因此，有人总结为：宝洁广告 = 提出问题 + 解决问题。通常是指出你所面临的一个问题来吸引你的注意，紧接着会告诉你适宜的解决方案，这就是宝洁的策略及其特有功效。

在广告界普遍存在着重创意而又缺失策略的现象，结果往往达不到预期的目标。宝洁的广告几乎都是在向消费者直接陈述产品的功能，每一个产品都牢牢把握策略的支撑然后进行传播，由此在全世界取得了巨大的成功。同时，也验证了策略比创意更重要。

宝洁的营销与广告策略有很多是成效显著的，其中运用较多的是比较法、数据法和证言法，有时也会组合使用。

2.1 比较法

一般是指在广告中将自身产品与同类其他竞争产品相比较，以突出自我产品某方面的特性或优势。因此，它更容易吸引消费者的注意力，较快地提高自己的知名度。在宝洁的经典策略里，比较方式应用较多，而且比较得当。无论是洗发水还是香皂等，从横比到纵比，显示自己的产品比其他同类产品或目前与过去相比更有效、更便宜，十分奏效。

舒肤佳：有效消灭细菌　舒肤佳广告的诉求点是香皂既要去污，也要杀菌，同时宣扬一种新的皮肤清洁观念。在电视广告中，通过显微镜下的明显对比，使用舒肤佳比使用普通香皂皮肤上残留的细菌少得多，显示了它强有力的杀菌能力。尽管这则舒肤佳广告创意手法平平，但冲击力却极强，帮助舒肤佳在香皂市场的占有率很快达到 41%。

佳洁士：没有蛀牙　佳洁士的广告采用了另一种“比较”形式。如用鸡蛋的两半来对比，“鸡蛋为什么会一半变软了呢”；“因为一半受到了酸的腐蚀，就像我们的牙齿，时间长了不注意保护也会像这个鸡蛋一样”；“现在有佳洁士牙膏，其中独特的配方，可以有效地防止蛀牙”。

潘婷与海飞丝：现在对比以前　宝洁在洗发水市场上的四大品牌，即飘柔、潘婷、海飞丝、沙宣占我国市场份额的 60%以上。虽然产品定位各有不同，但在广告策略上比较方式不可少。如潘婷的广告，频繁有章子怡在说“以前我的头发……现在我的头发……”，不禁使人又联想起海飞丝的广告：叶童在讲着“以前我有头皮屑，不敢……用了海飞丝后，穿上黑色的衣服也不怕”。

全新玉兰油，惊喜你自己　宝洁旗下的玉兰油产品广告，两个美女在灿烂的阳光下进行强烈的肤色对比，"为什么我也美白，却不像你牛奶般白皙呢?""因为我用了全新的玉兰油的美白防晒乳……"

以上罗列的案例不难看出，宝洁对比较广告的偏爱。的确，比较式广告最易产生效果，可谓"不比不精彩"。

2.2 数据法

罗列数据是一些广告常用的表现手法，但真正运用得技巧娴熟的还是宝洁。玉兰油洁面乳的广告如是说：它含有 BHA 活肤精华……只需七天，就能让肌肤得到改善。玉兰油多效修复霜的广告中，更是不厌其烦地列举皮肤的干燥粗糙、细纹、色斑等"七种痕迹"，然后声称：能帮助抵御七种岁月痕迹，令肌肤焕发青春光彩。

玉兰油活肤沐浴乳的广告也不例外：24 小时不断滋润，令肌肤持续得以改善；一星期内，肌肤会更有光泽，更富弹性。润肤沐浴乳则阐述其独有之处：含 75%的玉兰油滋润成分，使用 14 天后，能体验到肤质的明显改善和滋润……

广告中的数字运用，科学的功能解释，巧妙的理性诉求，增强了说服力量，同时也在提升其产品信任度。

2.3 证言法

证言法通常是通过产品使用者来证明产品的良好品质与效果。研究 SK-Ⅱ广告可以发现，刘嘉玲、关之琳等名人证言产生了极大的推助作用。在杂志、电视广告、产品推广活动上的主题无一例外都是围绕"晶莹剔透"进行的，耗费其中的广告费不计其数，"晶莹剔透"几乎成为 SK-II 的代名词。有了上述证言，虽然 SK-Ⅱ的面膜 6 片卖到 660 元，但还是受到了市场的追捧。

（资料来源：根据网络整理改编而成）

第二章　广告的起源与发展

学习要点

① 中外广告的发展历史

② 当代广告面临的挑战：互动广告的崛起、整合营销传播观念的盛行、消费者的变化、全球化及分众化

③ 广告未来发展趋势：广告内涵与外延的变化

本章知识框架图

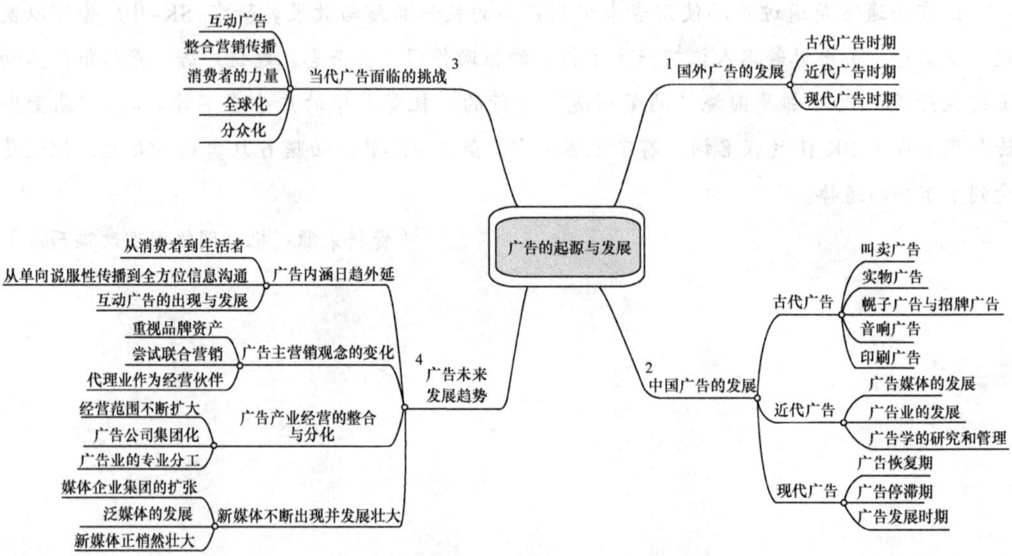

引导案例

中国早期明星商业广告

曾几何时，中国的电影明星们对做商业广告还很忌讳，似乎一上广告就有损身份；然而时至今日，这种观念的闸门已渐渐被改革开放的洪流冲开了。如果有人能为做过商业广告的明星制作个名单，那阵容一定是颇为可观的。明星做广告在 20 世纪三四十年代是屡见不鲜

的。时下中央电视台里播出的每一个具有影响力的商业广告几乎都和明星有关。1933 年，英商中国肥皂有限公司为打开力士香皂在中国的销路，决定出资举行“电影明星选举”，经投票结果选出明星影片公司的胡蝶为第一名。于是，他们征得“明星”和胡蝶的同意，在各报刊上大做广告，云：“力士香皂，色白质纯，芬芳滋润。日用洗濯，可保肌肤白嫩，容貌秀丽，因此中外明星都爱用。兹将今年力士香皂主办电影明星选举第一名胡蝶女士倩影及签名刊登于上，以志纪念。”获得其他名次的演员，如徐来、黎明晖、谈瑛、朱秋痕等，也都陆续在广告中出现，使力士香皂在中国的知名度获得了很大提高。

20 世纪三四十年代时，影星做商业广告非常普遍，其中尤以荣膺“电影皇后”之称的胡蝶最受厂家青睐，因为明星越来越红，拥有的观众也越多，具有的号召力相应也越大。正因为胡蝶拥有这样的魅力，因此，虽然胡蝶本人并不热衷于做广告，但主动找上门来的客户却也不少。如有一家沪江照相馆就曾上门找胡蝶商量，表示愿意免费为她拍摄照片，并承担所有影迷索要照片的回复寄照义务，条件是胡蝶的照片由他们制成广告明信片出售。鉴于回复众多影迷的索照信函是一件既费时又麻烦的事，而沪江的照片又拍得确实不错，因此，胡蝶答应了他们的请求。还有一次，胡蝶在一次集会上被人问及：“你最喜欢哪一家商店的服装？”胡蝶不假思索地回答：“鸿翔服装商店的衣服做工很考究，我经常去那里买衣服。”这本是一句很平常的话，但出自著名影星胡蝶之口，所产生的影响当然就非同一般了。话传到鸿翔服装店老板的耳里，其喜出望外是可想而知的。据说这位老板此后曾和胡蝶达成过一种默契：胡蝶以后所需的所有服装，鸿翔愿意优惠供应，而胡蝶也应在适当的时机为鸿翔多做宣传。这大概可算是一种“口头广告”吧。其实，现在明星们的服装也都是其代言的服装品牌免费定制提供。

当时影星做商业广告，大致有这样两种形式：永久性广告和长期广告。

永久性广告。即厂家用明星的姓名做商品名称。例如，当时不少商品以“胡蝶”的谐音冠名，并印上胡蝶的照片做号召，当然其中有一些并未征得胡蝶同意，胡蝶为此还曾花费了不少精力与这些不法商人打官司。再如，20 世纪 30 年代杭州有一家蝶来饭店，是以胡蝶和徐来的名字做店名，开业时还特地请两位明星去揭幕剪彩，以示“正宗”。

长期广告。即厂家在报刊或影剧说明书等印刷品上，长期刊印某明星的照片及手迹，说明其爱用某种牌子的商品。当时的一些甜食点心、高档服饰、化妆品，以及私人医生等，都经常用这种形式做广告。如 20 世纪 40 年代初，报上常年刊出陈燕燕、黎明晖等为上海著名的采芝斋食品店做的广告：“我们顶爱吃采芝斋糖果。”陈云裳、童月娟等则在报上亲笔赞誉“亚米茄表，余等最信赖之设计式样！”

思考：打开电视，我们就无法回避刘翔、姚明、周杰伦、成龙等一大批体、娱明星，因为他们都是知名品牌炙手可热的代言人。现在的企业为什么总是喜欢用他们作代言呢？国内外早期的商业历史上有过类似行为吗？广告业发展到今天正面临着什么样的挑战呢？未来又会是一种什么样的趋势？了解这些对于你未来从事广告业、管理岗位或作为一个普通消费者有什么样的意义呢？

（资料来源：摘自百花文艺出版社出版的《读图时代》并略加改编）

第一节 国外广告的发展

广告是随着商品的产生而产生，随着经济和科学技术的进步而进步的。因此，广告在世界各国的产生和发展情况虽然不大一样，但却有着相同的或类似的成长经历。每一次传播手段的发明和更新，都对广告产生巨大的推动作用。依据广告的技术水平，可以把国外广告的发展分为以下三个阶段：古代广告时期、近代广告时期、现代广告时期。

一、古代广告时期

从广告的产生到 1450 年德国人古登堡发明金属活字印刷前，为原始广告时期。这一时期的广告多是简单的自然形式的广告，即使是文字广告，也多由手工抄写，数量有限。

国外的广告最早也是从叫卖和实物陈列发展起来的。在古希腊和古罗马时期，一些商业比较发达的沿海城市已有叫卖、陈列、音响、文图、诗歌、招牌等广告形式。如古代雅典的一首化妆品的叫卖诗，可称作最早的声响广告："为了两眸晶莹，为了两颊绯红，为了老珠不黄，也为了合理的价钱，每一个在行的女人都会购买埃斯克里普托制造的化妆品。"公元前 79 年，维苏威火山爆发，古代罗马的庞贝被埋在火山熔岩下。后来的考古发现，即使在当时，庞贝古城所使用的广告招牌已经很先进了：店外围墙上画有常青藤的店铺是油店，画有牛的地方表示是牛奶厂，画有骡子拉磨磨面的就是面包房，画有水壶把的就是茶馆，每一块招牌都能够很清晰地表达出该店所出售的商品。

文字广告的历史也很悠久。早在公元前 3000—前 2000 年，古代巴比伦就已经有了楔形文字，并能用苇子、骨头、木棍等物在潮湿的黏土板上刻文字，然后晒干成为瓦片保存起来，其中记载着国王修筑神殿、战胜碑以及国王的丰功伟绩等，由此可以推断那时可能已经产生了宣传商品的文字广告。现存最早的文字广告是在埃及尼罗河畔的古城底比斯发现的写在羊皮纸上的广告，其内容是："一个叫谢姆的男奴隶，从善良的织布匠哈浦家逃走，首都特贝一切善良的市民们，谁能把他领回来的话，有赏。谢姆身高 5 英尺 2 英寸，红脸，茶色眼睛，谁能提供他的下落，就赏给半个金币，如果谁能把谢姆送到技艺高超的织布匠哈浦的店铺来，就赏给他一个金币。"这个看似寻人的广告，谁知道是不是哈浦的广告技巧呢?

古希腊罗马时期，也有许多文字广告。庞贝古城除了有很多标记广告外，文字广告也很多。有一些官方规定的广告栏，一些白墙上写有文字广告，有推销商品的商业广告，也有文艺演出和寻人启事，还有用于竞选的政治广告。例如一则广告：一队造营房的武士，在 5 月 31 日比武，同时也斗野兽，有遮阳光的棚子。

公元 1141 年，法国贝星州出现了一个 12 人组成的口头广告组织，得到了国王路易斯七世的特许，与商店签订合同，收取一定的酬劳，专门进行口头广告宣传活动，他们的吆喝配上曲调后被小贩们广为流传。

上述一系列证据证明，广告的产生已经有非常久远的历史了，当然把广告作为一门系统学科进行研究，则是近代人们才开始着手的事情。

二、近代广告时期

（一）近代广告早期

我国的活字印刷术传入西方后，德国人约翰尼斯·谷登堡在 15 世纪 40 年代发明了金属活字印刷术。活字印刷术的出现不仅对广告的发展产生了重要的作用，也使人们的生活方式和工作方式发生了革命性变化，因此，活字印刷术成为近代广告变革中最重要的因素。过去西方书籍都用手抄在皮革上，所以读书写字的权利被垄断在少数统治阶级手中。纸张和印刷术的发明和应用，使文化传播向大众化方向发展有了物质和技术保证。尤其是约翰尼斯·谷登堡的活字印刷得到了广泛的应用，为印刷广告的发展提供了条件，使人类广告活动由原始古代的口头、招牌、文字广告传播进入了印刷广告的时代。

1472 年，英国人卡克斯顿在伦敦教会墙上张贴了一张长 12.5 厘米、宽 17.5 厘米的招贴式广告，取名为“Siquis”，Siquis 意指“如果有人（有兴趣的话）”。该广告的主要内容是告知市民如何廉价获取宗教仪式书籍。这则广告被大多数广告专家认定为最早的印刷广告，现在英国还保存着两张。

印刷术也导致了大众印刷传播媒体的诞生。1609 年，德国出现了世界上最初的报纸，叫 Aviso 和 Relation，1612 年 10 月法国巴黎有了叫 Journal General d’Affiches in Paris 的定期刊物，1620 年，在英国产生了叫 Courante 的报纸。除了报纸广告之外，这一时期，杂志广告也开始出现。1731 年，英国书商凯夫在伦敦创办了《绅士杂志》，内容从文学到政治无所不包，并第一次采用“Magazine”作为刊名，这是世界上最早的杂志。1645 年 1 月 15 日，《Thc Weekly Account》杂志第一次开辟了广告专栏，刊登广告。该杂志首次使用了“Advertisement”来表述“广告”这个意思。

除了报纸、杂志广告以外，还出现了类似广告代理的机构，它是 1610 年詹姆斯一世让两个骑士建立的。1612 年，在法国，J. 雷纳德创立了名为“高格德尔”的广告代理店。

（二）近代广告向现代广告过渡期

从 1850 年到 1911 年，广告传播媒体加速大众化，世界有影响的报纸先后创刊，如英国的《每日邮报》、美国的《纽约时报》、日本的《读卖新闻》和《朝日新闻》、法国的《镜报》等。在当时，所有报纸的主要收入来源都是广告，工厂企业也利用这个媒体来推销产品。以当时《纽约时报》为例，广告篇幅占整个篇幅的 62%左右。随着媒体的成熟和壮大，专业广告公司开始兴起，标志着广告向现代的过渡。近代广告向现代广告过渡的表现有三个方面。

一是专业广告公司的产生。1841 年伏而尼·帕尔默在美国费城开办了世界上最早的广告公司，以 25%的资金为客户购买报纸广告版面，大受企业客户欢迎，同时也使报业效率和收入大大提高。1865 年，帕尔默又在波士顿、纽约开办了分公司，到 1860 年已经有 30 多家广告公司为 4000 多种美国出版物出售版面。1869 年美国的“艾尔父子广告有限公司”在费城成立，这是第一家具有现代意义上的广告公司，其经营重点从单纯的推销广告版面，转到为客户策划、设计、制作广告等全面的服务业务。1875 年，广告公司正式采用合同制，加强同企业的联系。据统计，这一时期美国广告公司约 1200 家。

二是新媒体、新技术的出现和发展。1853 年，纽约《美国论坛报》为一家帽子店做广告时，采用摄影技术作为重要的表现手段。1891 年，可口可乐公司在投产 5 年后摄制了世界最早的挂历广告。1910 年，巴黎国际汽车展览会首次采用霓虹灯做广告。一年后，巴黎马特林荫大道首次成功安装霓虹灯广告招牌。

三是广告理论和广告管理的发展。19 世纪末，西方已经有人开始进行广告理论研究。1874 年，H.Sampson 写作《广告的历史》一书；1866 年 Laiwood 和 Hatton 合著《路牌广告的历史》；1898 年，美国的 E.S 路易斯提出了 AIDA 法则，认为一个广告要取得预期的效果，必须能够达到引起注意（Attention）、产生兴趣（Interest）、引起欲望（Desire）和促成行动（Action）的效果。后来有人对 AIDA 法则加以补充，增加了可信（Conviction）、记忆（Memory）和满意（Satisfaction）这几项内容。1900 年，美国学者略洛·盖尔在多年的调查研究的基础上写成了《广告心理学》；1903 年，美国西北大学校长、心理学家瓦尔特·狄尔·斯柯特写成了《广告学原理》一书，这些都为广告学的建立奠定了基础。可见，广告已经逐渐成为一门学科。

三、现代广告时期

随着资本主义经济的迅速发展，科学技术的日新月异，广播、电视、电子计算机和卫星通信等技术被相继发明和应用，人们使用信息技术的手段也得到了巨大发展。尤其是电视的发明，使广告进入现代化的电子技术时代，传统的纸质无声广告开始转向表现形式丰富多彩的视频广告。

（一）电子媒体的出现和广告媒体的多样化

1920 年 11 月 2 日，在美国宾夕法尼亚州的匹兹堡，无线电广播问世。1922 年，美国出现了第一家商业广播电台，1928 年开始出现无线电广播电台。1930 年美国有一半以上的家庭拥有收音机，所以广告效果十分显著，这就使广播很快成为当时大众传播的主要媒体。从 20 世纪初到第二次世界大战前，广播成为继印刷媒体之后的第二大媒体。

1936 年，世界上最早的电视台在英国出现。据统计，到了 1946 年，美国拥有电视机的家庭已经有了 8000 多户。20 世纪 50 年代，彩色电视机问世，电视越发受到大众的欢迎并得到快速发展。20 世纪 60 年代，美国拥有电视的家庭已经猛增到 4480 万户。由于电视集声、像于一体，能够形象、具体地表现商品的外观、功能、使用方法等，更由于电视广告可以运用多方面的艺术手法来感化、劝诱观众，可以取得较好的效果，因而电视一跃成为最大的广告媒体。

进入 20 世纪 90 年代以来，互联网的发展，缩小了世界的空间，使世界成为一个地球村。随之而来的网络广告的兴起，则完全打破了四大传统媒体一统天下的格局，也打破了原有的广告经营方式，广告受众从原来的不得不看广告转到选择性的主动看广告上来，“眼球经济”被越来越多的人认同。

除了电子传媒外，广告的其他形式也在不断创新。礼品广告、包装广告、直邮广告、空中广告、交通工具广告、大型实物模型广告等花样翻新，不一而足，甚至味道、色彩等也成为广告传递信息的媒体。尤其令人振奋的是微博广告、微信广告的出现，更是让人眼花缭乱。借助于多样化的广告媒体，广告已经渗透社会生活的各个角落。

2013 年 6 月，由郭敬明同名小说改编的电影《小时代》借助微博铆足了劲儿地进行了大规模的宣传，每一个相关消息的爆出都获得了广泛的关注。正是借助微博这个平台，《小时代》获得了空前关注，票房也是在短时间内超过了 5 亿元。如图 2-1 所示。

图 2-1　电影《小时代》用户关注度变化图

（二）广告经营走向现代化

随着生产规模的日益扩大，竞争的日益加剧，广告活动逐渐成为企业营销的重要组成部分，企业在广告活动中开始注重广告策略的运用。广告公司不再仅是一些厂家的附设机构和附属物，而成为一种可创造巨大价值的产业，并且增长速度很快。

计算机在市场调研、媒体购买和企业管理等各方面的广泛应用，大大提高了广告的工作效率，同时也使得现代广告公司发展成为一种集多种职能于一身的综合性信息服务机构，向企业提供从市场调研、新产品开发到售后信息分析的整体策划工作。

（三）广告管理日趋严格

由于广告对社会经济活动的影响日益广泛和深刻，不可避免地出现了一些虚假广告，它们受到了社会的谴责。美国《妇女家庭之友》杂志社对当时市场上的成药进行了调查，结果发现许多成药含有 40%的酒精，有的甚至有毒，这引起了美国报社联合会对报纸广告进行调查。美国联合广告俱乐部（美国广告联合会的前身）领导了一场“为广告的真实性和道德性而斗争”的运动。1911 年，该联合会为广告制定了道德法规，并提出了“广告就是事实”的论断。《印刷者幽默》杂志发行人聘请律师制定了一套规范性广告法规，即著名的“印刷油墨法规”。1945 年修改后，被美国 27 个州确定为广告法，并被另外 17 个州部分采用。世界其他国家尤其是发达国家也都相继建立了广告法规。

（四）广告理论研究趋于成熟

美国的历史学家大卫·波特曾指出："现在广告的社会影响力可以与具有悠久传统的教会及学校相匹配，广告主宰着宣传工具，它在公众标准形成中起着巨大的作用。"所以，一些杰出的广告理论家开始极力探索有关广告的原则和理论。1900 年，美国学者略洛·盖尔即在多年调查研究的基础上写成了《广告心理学》；1903 年，美国西北大学校长、心理学家瓦尔特·狄尔·斯科特写成了《广告原理》一书，为广告学的建立奠定了基础。20 世纪 50 年代，美国特德·贝茨广告公司的罗瑟·里夫斯倡导了独特的销售主张的广告观念；20 世纪 60 年代，美国广告又进入了大卫·奥格威倡导的品牌形象为主要策略的时代；20 世纪 70 年代定位观念在世界上得到迅速推广。其他许多学者从社会学、经济学、统计学、市场学、传播学、语言学等角度对广告进行了深入的探索，并出版了多种广告理论著作。广告学作为一门科学逐步走向成熟。

第二节　中国广告的发展

广告业在中国虽然年轻，但广告在中国的应用已经拥有了非常悠久的历史。研究我国广告的发展过程，是推动我国广告事业发展的基础之一。尤其是改革开放以来，中国经济逐步从计划经济向市场经济体制转变，不但企业越来越重视广告的作用，学者们也开始重视起对广告史的研究，尽管目前还比较薄弱，但已经取得了不小进步。广告史是现代广告学的一个组成部分，它的研究对于广告业的完善与发展起着至关重要的作用。

一、中国古代广告

中国是一个有着 5000 年悠久历史的古国，经历了长达 2000 多年的封建社会。在这期间，虽然以自给自足的自然经济为主，但商品经济也有一定的发展。因此，我国古代的广告不仅历史非常悠久，而且存在着多种形式，比较常见的包括叫卖广告、实物广告、幌子与招牌广告、音响广告、印刷广告等。

（一）叫卖广告

叫卖广告是我国古代最原始、最简单，也是最流行的广告形式之一。叫卖广告往往与实物广告相配合，即售卖商品者在陈列物品的同时，通过叫喊来吸引买主，卖什么吆喝什么。以叫卖来兜售商品，不同行业的吆喝叫卖往往声调不同，使人一听就知道在卖什么。与之相联系的是音响广告，有时二者相互配合。

在《楚辞·天问》中记载："师望在肆……鼓刀扬声。"《楚辞·离骚》中记载："吕望之鼓刀兮，遭周文而得举。"师望和吕望都是指姜太公，他在被文王起用之前，曾在朝歌做买卖，鼓刀扬声，高声叫卖，以招徕生意。

即使在今天，叫卖广告依然很流行，尤其是在一些农贸市场，卖主通过叫喊吸引行人注意并驻足，从而增加其购买的可能性。

（二）实物广告

有些商人把实物挂在店前，作为所卖货物的标志，如卖扫帚的门前挂一把扫帚，卖灯笼的店铺前挂灯笼。中国古语有“挂羊头卖狗肉”的说法，即源于《晏子春秋》：“君使服于内，犹悬牛首于门而卖马肉于内也。”可见当时实物悬挂广告已经很普遍。

但古代的广告和现代的室内陈列不同，尽管都是为了让潜在顾客看到商家售卖的商品，但前者的主要作用是招徕，而后者是展示。但毫无疑问的是，二者对促进商品的销售都有积极的作用。

（三）幌子广告与招牌广告

在实物陈列的基础上，后来又发展出了招牌、幌子等广告形式。

韩非子在《外储说右上》中记载：“宋人有酤酒者，升概甚平，遇客甚谨，为酒甚美，悬帜甚高，然而不售。”

招牌主要是用来指示店铺的名称和记号，可称为店标。招牌广告是从先秦的悬帜广告发展起来的，到唐五代时还只是集中于官府统一管理的市场内，至宋代时期已经遍布城乡，都市商店几乎每家都有自己的招牌名称，招牌广告是元明清时期主要广告形式。宋代张择端的《清明上河图》不仅展现了当时汴京的繁华，也展现了众多商店使用招牌和悬物、悬帜为幌子的情景，如图 2-2 所示。

在我国古代，招牌实际上也成为经营者的品牌标识，而且很多招牌都保留至今。例如，北京的“全聚德”“六必居”“都一处”等，得到经营者的珍爱和传承。不少招牌还蕴含着丰富的人文故事，成为我国特色文化的一部分。

招牌广告和幌子广告都是广告，因此它们在本质上是一样的，但制作上有所不同。招牌广告多是雕刻于硬物上，如木板、金属板上，古代多是木板，并固定在墙上或门楣上方。幌子广告则主要采用手绘或印刷于软体上，主要是布料上，并悬挂于旗杆上，随风而动。

图 2-2 《清明上河图》中的招牌广告与幌子广告

（四）音响广告

音响广告是在叫卖广告的基础上产生的。西周以前，经商者以走街串巷、贩运叫卖为主，由于吆喝不但费口舌，声音又传不远，于是“音响广告”就应运而生，音响广告主要是借助某种器具发声代替人声或配合人声来吸引人们注意。

在西周的时候，卖糖食的小贩就已经懂得以吹箫为音响媒体，引起人们的注意而招揽生意。行商不同，采用的器具也不同，摇、打、划、吹，以各种特殊音响来代表不同的行业。货郎打“小铜锣”，摇“拨浪鼓”；卖油郎敲打的“油梆子”；磨刀人拿的 4 块刀形铁片串成的“铁滑链”，让铁片相互撞击。这种音响广告，有些至今还流传于全国各地。

（五）印刷广告

随着印刷技术的发展，在宋朝庆历年间，还出现了世界上最早的广告印刷实物——北宋时期济南刘家针铺的广告铜版，现在保存于中国历史博物馆。刘家针铺的广告铜版上雕刻着“济南刘家功夫针铺”的标题，中间是白兔捣药的图案，于图案左右标注“认门前白兔儿为记”，下方则刻有说明商品质地和销售办法的广告文字：“收买上等钢条，造功夫细针，不偷工，民便用，若被兴贩，别有加饶，请记白。”整个版面图文并茂，白兔捣药相当于店铺的标志，广告化的文字宣传突出了针的质量和售卖方法，如图 2-3 所示。这幅广告既可以作针铺的包装纸，也可以作广告招贴，都起到广告宣传的作用。这块广告铜版比公认的世界上最早的印刷广告——1473 年英国的第一个出版商威廉·凯克斯顿为宣传宗教内容的书籍而印刷的广告还早三四百年。

另外，我国古代还有年画式广告、对联式广告等中国独具特色的广告形式。并且，当时人们对广告的宣传技巧和心理效果也有了一定的探索。据《战国策·燕二》记载：有人在市上卖马，三天无人问津，他厚礼将相马大师请去，只是让他在走过自己的马时回头望了一眼，再到马前端详一下，仅此一遭，马价就立即上升了 10 倍。

图 2-3　济南刘家功夫针铺

二、近代广告

随着帝国主义的军事入侵，西方资本主义国家展开了对中国的经济和文化的侵略，大批外国资本和商品流入我国。与此同时，大批商人、政客、传教士、冒险家也纷纷来到中国。

这些人的到来，不仅为中国带来了各种各样的商品，也带来了西式的报馆，而“广告”一词也正是在这时候传入我国的。现代形式的报纸在中国的出现，客观上促进了中国广告向现代形态的演进。可以说，中国现代意义上的广告起始于鸦片战争以后报纸在中国的应用。这一时期广告媒体、广告组织以及广告的教学和研究也都日益繁荣。

（一）广告媒体的发展

1815 年 8 月，英国传教士米怜在马来西亚创办了《察世俗每月统记传》，这是最早的中文定期刊物。在创刊号上，登有主编的《告贴》，宣传该刊为“奉送”的非卖品。1833 年，德国传教士郭士立在广州创办商务性中文杂志《东西洋考每月统记传》，每月出版一期，内容有社会新闻、宗教、政治、科学、商业等动态和议论，这些杂志均刊登中文广告。

鸦片战争以后，外国人在中国的办报活动日益增多。到 19 世纪末，外国人来华创办的中外文报刊已经近 200 家。其中在中国广告发展史上具有特殊意义的或者有代表性的报纸有《遐迩贯珍》《孖剌报》《申报》《新闻报》等。到 1853 年，由英国传教士马礼逊和麦都斯在中国香港地区创办并发行销售到广州、上海等地的《遐迩贯珍》，首先刊登了诚招广告商的启示：“若行商租船者等，得借此书以表白事款，较之遍贴街衢，传闻更远，获益至多。”1858 年，由外商首先在香港创办了《孖剌报》，增出了中文版的《中外新闻》，最早刊登商业广告。1861 年后，《孖剌报》成为专门刊登船期、物价的广告报。在《孖剌报》之后，一些报刊相继开辟了广告专栏，其中，《申报》和《新闻报》在广告经营方面具有一定的代表性。

1872 年 4 月 20 日，由英国人安纳斯脱·美查和菲尔特力·美查兄弟二人在上海创办的《申报》，在第五号刊登了诚招广告商的启事：“招刊告白引。”最早在《申报》上出现的广告是“戒烟丸”和“白鸽票”。而后各行各业的广告相继在《申报》上出现，其中洋行和银行的广告比较多。1872 年 9 月 28 日，《申报》刊登了我国报刊史上最早的一条戏剧广告。广告在版面中所占的比重逐渐增多，一般都在 50%左右。创办于 1893 年上海的《新闻报》在外商报刊中也有重要的影响，它的广告收入和经营情况，在《新闻报》30 周年纪念册中曾有记载：“今年广告几占篇幅十之六七，广告费的收入，每年几及百万元。”西方报纸的广告活动为中国从事报刊广告活动提供了经验和方法。

19 世纪末，中国人开始自办报纸。第一份报纸是 1858 年创刊于香港的《中外新报》。自 1895—1898 年，华人办了 32 种报纸。这些报纸多刊登国货广告，和外商展开商战。同时，一些外国人办的报刊，如《申报》《新闻报》等陆续转为中国人主办，开始增加广告篇幅，讲究广告编排与广告形式。到 1922 年，我国的中外文报纸即达 1100 多种。报纸广告的广泛出现，标志着我国近代广告发展进入一个新的时期。

随着报刊的分工，杂志开始走上独立发展之路，这其中杂志广告为刊物提供了独立于发展的经费。《生活周刊》《东方杂志》《妇女杂志》等在读者中影响较大，它们都刊登较大篇幅的广告。

无线电台的诞生使广告的发展有了新的飞跃，其传递信息之迅速与无孔不入是印刷媒体无法比拟的。1923 年 1 月 23 日，中国第一座广播电台在上海开播，它是美商奥斯邦的中国无线电公司创办的。随后又出现了美商新孚洋行和开洛公司开办的广播电台。中国人自己创办经营的电台是 1927 年开播的新新公司广播电台。当时，这些电台都是为客户播送广告，收取广告费。

此外，霓虹灯广告、交通广告、橱窗广告、日历广告等都在这一时期出现。

（二）广告业的发展

20 世纪三四十年代，我国广告业发展较快。在民族工商业反战的同时，许多大企业设立了广告部，如生产美丽牌香烟的华成烟草公司、生产三星牌牙膏的中国化学工业社，以及信谊药厂、上海新亚药厂都成立了广告部。

与此同时，广告公司也在迅速增加。中国最早的专业广告公司是以外商在华设立的广告公司为开端的。1915 年，意大利贝美在上海设立了贝美广告公司；1918 年，美国人克劳在上海开设了克劳广告公司；而英国人美灵登 1912 年在上海成立了美灵广告公司。在中国人自己开办的广告公司中，规模较大的有成立于 1926 年的华商广告公司和成立于 1930 年的联合广告公司。广告公司的兴起是我国广告发展史上的一个里程碑。

为了争取共同的利益和解决同行业之间的纠纷，1927 年，上海维罗广告公司等 6 家广告社组织了中华广告公会，这是广告同业最早的组织。1933 年形成了上海市广告业同业会，1946 年改为上海市广告商业同业会，会员有 40 家。

（三）广告学的研究和管理

我国广告学的研究、教学，在五四时期开始起步。起初，把广告作为新闻学的一部分来探讨。早在 1913 年，我国引进翻译了美国人休曼的新闻学专著《实用新闻学》，其中第 12 章“告白之文”，对我国广告学研究有较大启发。1918 年成立的北京大学新闻研究会，就把广告作为其中的研究内容。

1920—1925 年，上海圣约翰大学、厦门大学、北京平民大学、燕京大学相继设立了报学系，开设广告方面的课程。当时，已有专门论述广告的书籍出现，1919 年北京大学新闻学研究会出版了徐宝璜所著的《新闻学》一书，其中对广告做了探讨。

随着广告业的发展，广告管理和社会对广告的监督也被提上日程。有些报馆就对有碍社会风化的广告做出不予刊登的规定。在社会舆论的呼吁下，当时全国报界联合会还通过了《劝告禁载有恶影响于社会之广告案》。

三、现代广告

我国的现代广告是指中华人民共和国成立到目前为止这一时期的广告。新中国成立后，经济逐渐恢复，广告业有所发展。改革开放之后，传统广告再上台阶，在市场经济发展规律的推动下，广告业的发展速度之快前所未有。

（一）广告恢复期

此阶段指的是新中国成立到 20 世纪 60 年代初期。在中华人民共和国成立之后，党和政府首先对旧的广告业进行了社会主义改造，以使其适应经济恢复和发展的需要。

从传播媒体来看，《北京日报》《解放日报》《文汇报》《大众日报》等 253 种报纸从新中国成立初开始创刊、复刊，并陆续刊登广告。北京、上海、南京、天津等 83 座广播电台在新中国成立不久就开设了广告节目。各地传播媒体业的发展客观上促进了广告的恢复和发展，但发展速度较慢。这一时期的广告特点是突出“真实、美观、实用的社会主义观”，商业广告中的政治宣传、时事宣传的色彩较浓。广告形式多样，传统广告形式都存在，橱窗广告大放异彩。

从广告实务来看，1956 年 6 月刘少奇同志视察中央广播事业局，肯定了广告对于经济建设的积极作用，对轻视广告的思想提出了批评。1957 年，商业部派观察员赴布拉格出席由 13 个国家参加的国际广告工作者会议，这是新中国成立之后政府第一次与外国广告界的业务接触。1958 年，商业部在北京组织介绍了国际广告会议的情况，介绍了国外广告业的发展状况，并对我国广告业发展进行了讨论。

（二）广告发展时期

我国的广告理论和广告活动的腾飞发展是从党的十一届三中全会开始的。1978 年 12 月，党中央召开了十一届三中全会，提出了“对外开放和对内搞活经济”的政策，社会主义商品经济得以迅速发展，广告业也再上台阶。1979 年，被称为中国广告“元年”，许多标志性事件被载入史册。

1 月 4 日，《天津日报》刊登天津牙膏厂广告；

1 月 28 日，上海电视台播出了我国第一条电视广告——“参桂补酒”；

3 月 15 日，上海电视台播出我国第一条外商电视广告——“瑞士雷达表”；

8 月，北京广告公司成立；

11 月，中宣部下发文件《关于报刊、广播、电视刊登和播放外国商品广告的通知》。

1980 年 1 月 1 日，中央人民广播电台播出建台以来第一条商业广告。

此后，我国广告业驶入持续发展的快车道，1993 年 7 月，国家工商行政管理局和国家计划委员会共同制定了《关于加快广告业发展的规划纲要》，明确广告是知识密集、技术密集、人才密集的高新技术产业，提出我国广告业的发展战略和重点目标，进一步推动了我国广告业的发展进程。

在广告管理方面，除了《广告管理条例》和各级政府的广告管理办法之外，1994 年 10 月还颁布了《广告法》，形成了中国广告协会以及各省市广告协会等广告行业组织，对规范和促进广告业的发展起到了重要的作用。

在此期间，中国广告业取得了瞩目的成就，形成了一定的行业规模和分工比较细致、齐全的广告门类。在服务质量方面，由为客户提供简单的广告时间、版面，逐步转向以广告创意为中心，以全面策划为主导的全方位优质服务，广告运作水平和专业化程度普遍提高。在广告教育和人才培养方面，初步建立了院校专业教育、行业管理机关职业教育以及社会培训等多层次、立体化的人才培养体系。同时，在广告学研究领域，积极实践广告理论的本土化，出版了许多理论联系实际、国际规范与本土实情相结合的广告学专业书籍和杂志。

第三节 当代广告面临的挑战

如今的消费者比以往任何时候都拥有更多的媒体选择、更多的信息获取渠道和更多的主动选择权。媒体以及消费者需求的变化对传统的广告制作以及运作都提出了前所未有的挑战。当代广告面临的挑战可以概括为以下五个方面。

一是互动广告的广泛应用为广告的制作和设计提出了更高的要求。

二是竞争的激烈和新媒体的出现使得广告必须融入企业的整合营销过程。

三是消费者主动权的增加迫使企业的广告必须更能吸引消费者的注意力。

四是经济全球化要求企业广告必须和受众者当地的文化相匹配。

五是分众化趋势要求企业必须根据不同的受众制作出不同的广告。

面对上述五个方面的挑战，广告主体必须及时应对才能立足广告市场，否则就可能被淘汰而退出历史舞台。

一、互动广告

广义的互动广告是指所有互动形式的广告，包括传统媒体中的互动形式的广告。而狭义的互动广告则是指一种新型的网络广告。近几年来，随着互联网的快速发展，网络广告需求日益增长。尤其是移动终端的应用和普及，网络广告已经渗透到人们生活的方方面面。但正是互动广告的出现，大大增加了消费者广告选择的主动权。传统媒体广告多为强制性、单向“填鸭式”的信息传递并急于迫使消费者接受。特别是广告总是随时随地出现在各种时空中，对消费者形成极大的信息干扰。而互联网是个开放的系统，个性化是区别于传统媒体的主要特点。在网络传播的框架下，消费者接触到的广告信息多为与自己的兴趣和愿望相关联，是在自主检索的前提下形成对广告中产品的偏好和信赖。所以，网络广告不再是一相情愿的单向发布，而是要求得与消费者的心灵“共鸣”。弊端繁多的传统广告，已跟不上新网络时代的节奏。

互动广告不但应用了先进的互动传播技术，而且采用了更加合理的互动传播模式，因此能够突破时间和空间的限制，并大大提升信息传播的数量和速度。同时提升了消费者接收或传播广告信息的便利性、低成本性和时效性。尤其是互动广告全新建构的传受双方主体间性关系，无限释放了消费者的广告参与热情，激发了他们创作广告、传播广告的欲望。由此，也形成了互动广告相对于传统广告的诸多优势。

当然，互动广告的诸多优势也使得人们对互动广告的制作和设计提出了更高的要求。互动广告不但表现要更加生动，还要比传统电视广告给消费者提供更生动的视觉和听觉刺激，从而让消费者记忆犹新。相比传统媒体广告而言，互动媒体的广告时效性更强，效率要更高，也能更加精确地识别个体消费者的兴趣，然后设计有针对性的广告内容与形式，精确地投向对之感兴趣的目标消费者。而消费者尽管原本不喜欢广告信息，但这些个人化的，在适当的时间、适当的地点、适当的情形下出现的，投其所好的广告却往往能触动其神经末梢细胞。

二、整合营销传播

随着科学技术的进步，新媒体频频出现。从早期的网络媒体，到今天的移动终端（智能手机、平板电脑）等，都为广告的传播提供了新的机遇与挑战。与此同时，全球性市场地位上升，企业间的竞争更加激烈，消费者更精明，更挑剔，更个性化。在此情况下，企业各部门如果仍然各自为政，只顾实现本部门的目标而不顾消费者的需求和企业的整体目标，企业的竞争就很难获得优势。为了实现传播活动的完整性以产生协同效应，企业必须将各部门和消费者的互动协调起来。整合营销传播是一个过程，在这个过程中，传播变成了营销组合中的一个驱动性力量，并贯穿于整个组织之中。

广告作为一种有效的传播工具，也是整合营销传播过程中的一种营销工具，发挥着重要的作用。但是，在一段时期内，广告局限于自身的运作，广告策划、广告文案、广告表现……较少与其他营销工具相配合。然而，由于 20 世纪后期营销时代的到来，单一的广告形式已经不能满足于市场和消费者的需求。整合营销的提出，将广告归纳到营销传播范畴中，将广告作为整合营销传播活动的工具服务于消费者。

根据美国西北大学广告学教授唐.E.舒尔茨的理论，整合营销传播始于消费者的需求。他认为，现在营销人员有能力收集消费者的数据，这使得将以往从内到外的广告计划方式改变为从外到内的方式成为可能。从内到外的计划方式意味着，营销人员按照他们认为重要的信息来规划广告。例如，一家企业总是使用相同的创意格式而不管目标受众是否不同或已经发生了变化。而从外到内的计划则意味着，营销人员先分析来自消费者的数据，然后再计划广告信息。

三、消费者的力量

网络的普及和更多商品信息的轻易获得使得消费者在和商家的博弈中占据了更多的主动权。如那些正在考虑购买商品的消费者，他们可以轻易地找到先前购买了该商品的消费者的相关评论，只需单击按钮就可在在线零售商的网站上对不同产品的特点及价格进行比较，还可以加入“虚拟社区”来分享某些人的共同兴趣。他们充分应用“智能代理”来寻求产品或服务的最佳价格，对各种营销提供物进行出价，绕过分销渠道和中间商以及根据他们家庭生活的便利全天候地在全球购物。

以大众媒体作为主要载体的广告模式边际效益日渐下降，导致这种下降的原因包括以下几个方面。一是媒体和信息的多元化降低了信息不对称的程度，使得消费者在产品选择上更具主动性；二是传统的广告都是以承诺和创意为特征的广告，但这种广告创意承诺与实际行动之间存在巨大差距，导致广告可信度大大降低；三是中国市场经济的进一步完善使得众多品牌在同一市场上处于平等竞争地位，品牌与品牌之间的恶性干扰也减少了消费者的认同度，从而导致消费者对广告信息普遍报有怀疑心态，品牌忠诚度降低等。

面对以上情况，企业必须学会应对，否则就会处于不利的竞争地位。首先，企业要学会了解消费者的真正行为，他们是新的消费者还是老消费者？他们是如何消费？需求有什么新的变化？只有这样我们才能对每一个现实消费者或潜在消费者在财务效果上进行有效评估。

其次，企业要学会把营销信息有效地传播到目标消费者的脑海中去，这不仅需要传统广告发挥作用，更需要利用新技术创新广告形式。最后，企业需要的是一种以消费者为核心的思维构架，现在的问题是如何培养所有价值链上的环节或部门都要学会从目标消费者的角度出发，思考营销与传播。这样也许更能够帮助企业考虑到消费者的层面，让整个企业都来考虑营销的问题，而不是某个部门的事。

四、全球化

随着全球化进程的加快，企业所面对的市场环境日趋复杂，国际市场环境相比国内市场环境的差异性更加大。不同的国家由于经济体制、经济发展形态、市场化程度、竞争状况、市场容量等各个方面的不同，企业在进行跨国广告时就必须考虑各自的特殊性，并采取具有针对性并行之有效的策略。另外，广告也是一种文化，和商品世界一样浩如烟海，而一种商品到异地去营销，必须带去该商品原产地的文化，这势必同商品新的营销环境文化发生碰撞。因此，开展跨国广告传播不仅要注意广告创意的新颖独特、简洁明快、通俗易懂，更应该在不违反当地文化规范的前提下，尽可能地利用当地的文化情景和文化观念，消除品牌的文化隔阂。

除此之外，全球化对广告的挑战还必须解决好全球化和本地化的冲突。也就是说，广告主是应该在不同文化中实行标准化的广告，还是应该为每一种文化制定相应的广告，这都是企业在面对全球化中面临的挑战。

五、分众化

随着社会经济的进一步发展，人们的生活水平不断提高，生活方式及意识形态也发生了明显变化，消费者的消费方式和消费选择也随之发生了改变。传统观念中利用人口统计特征进行分类已很难把握愈加捉摸不定的受众市场，即使是年龄、教育、收入基本相同的消费阶层内部也可能由于态度观念的不同，呈现出逐步分化离散的“碎片化”状态，拥有相似生活形态的受众逐渐重新聚集，最终形成分众群体。媒体泛滥的时代，特别是网络化新兴媒体的崛起，事实上造成了媒体和受众的易位，现在不是媒体选择消费者，而是消费者选择媒体。这就要求媒体或者投放信息的客户，不能再盲目依赖媒体的轰炸作用，而是要掌握各种阶层、知识背景、生活习惯的人群的生活形态，创造他们和媒体的最佳接触点。

在这一形势下，分众化传播成为优化信息、规避信息同质化、实现传播效果最大化的重要手段，即通过集中媒体优势，整合传播内容，对信息进行分类加工，以特定的渠道传播到目标人群中，充分满足受众的需要，从而实现传播效果最大化。

第四节　广告未来发展趋势

20 世纪 90 年代末，国际经济活动的全球化和数字化两个特征越来越明显，经济活动的这两个倾向自然而然地影响到对新变化无比灵敏的广告活动，广告活动的变动反过来又促进经济活动朝全球化和数字化发展。因此，二者之间相互促进，实现良性循环。概括而言，广告未来的发展趋势可以概括为以下几个方面：广告内涵日趋外延，广告主营销观念发生变化，广告产业的经营出现整合和分化，新媒体不断出现并发展壮大。

一、广告内涵日趋外延

广告向来被认为是营销策略组合中促销的重要部分，并被界定为通过大众媒体向特定目标受众传递商品或服务信息的付费传播形式。因此，广告一般被限定在电视等四大媒体以及户外广告上。广告公司的经营除了整体策划外，就是媒体代理。但是 20 世纪 90 年代以来，消费市场和媒体都发生了很大变化。首先是市场总体上供过于求，消费者选择余地更大，选择主动权增强，在此情形下，仅仅单向性的说服性广告效果开始大打折扣。因此，广告主必须认真了解消费者的需求和反馈，并做好和消费者的良好沟通。其次，可供广告主选择用来传递信息的媒体形式日益增多，仅仅四大媒体已经无法满足广告主的需求。于是，人们谈到广告，其所指的内涵已经比原来大大扩大了。这主要表现在以下几个方面。

（一）从消费者到生活者

以前，广告业使用消费者这个概念，消费者一般指购买或使用某产品或服务的人。广告要影响的对象是消费者，于是，人们努力研究作为消费者的个体或群体的各种消费行为、消费心理，以及媒体接触习惯等，以期找到其消费活动规律，从而制定相应的策略，最终提升销售表现。

生活者概念的提出是一次巨大的观念转变，消费者被还原为实际生活中的人，消费活动仅仅是人们的日常生活中的一个小小组成部分，除此之外，还有娱乐、学习、交友、休息、社区活动等不同的生活方式，还有人们的生活态度、价值观等，这些活动显然与消费活动密不可分。

基于从消费者向生活者的转变，广告要达到良好的信息沟通，就必须深入人们的生活，研究生活者的生活方式、生活态度、行为方式，才能有良好的沟通效果，才能卖出自己的产品或服务。因此，广告显然已不是传递产品或服务信息那么简单了，而已经深深地融入人们的日常生活。

（二）从单向说服性传播到全方位信息沟通

随着人们生活方式及接触信息的方式发生改变，广告已经不再是广而告之一定的商品或服务信息就够了。在当今大数据时代，每位生活者获得的信息渠道都在增多，信息量也在增大，传统四大媒体仅仅是其获得信息的一小渠道而已。面对越来越多的信息，生活者只能凭主观感觉对接收到信息进行非常迅速、浅层的处理。在此情形下，作为信息发送者，广告主的信息很容易被生活者所忽略或误解，沟通也无从谈起。因此，广告主只有根据目标生活者的实际生活形态、采取全方位的信息沟通策略，也就是利用一切可能利用的信息渠道，尽可能地把同一信息传递给生活者。在这个过程中，还必须了解生活者的反馈，以便做出调整。这样，广告主可以利用的媒体就远远不止四大媒体，凡能够传递信息的载体，如体育、文艺、社会活动、SP（Service Provider 的缩写，是指电信增值服务提供商）、公关宣传等，都成为广告主与生活者沟通的有效媒体。

（三）互动广告的出现与发展

与广告内涵的变化紧密相关的是互动广告的出现与发展。互动广告使得生活者能够及时与广告进行深入的双向交流，使其与品牌的对话随心所欲。一方面，互动广告能够让生活者减少无用广告的骚扰，从而只对他感兴趣的内容深入接触；另一方面，广告主也可以通过互动广告，搜集对其产品进行过深度了解的生活者的情况，以便与这些具有购买意向的生活者培养一种更加密切的关系，从而提升企业的营销投入回报比。

二、广告主营销观念发生变化

在竞争日益激烈的市场，广告是否有效，广告公司固然负有重要责任。但广告毕竟只是营销活动中的一个环节，而且任何广告方案最终都由广告主决定。因此，广告主对营销态度及对广告代理商的选择是广告效果的决定性因素。近年来，广告主的营销观念正悄然发生变化，这种变化主要体现在以下三个方面。

（一）重视品牌资产

在产品高度同质化的今天，消费者很难区分不同企业同类产品的差别，或者即使能够区分，这种差别实际上也并不重要，消费者更多地根据品牌来选择产品。例如，市场上比较流行的两个凉茶品牌，王老吉和加多宝，其实很多消费者根本无法喝出二者的区别，更多的是依靠自己对两个品牌的情感或者心理上感知的二者差异。因此，品牌成为企业的竞争优势，是企业的资产。这一点虽然早已得到公认，但是由于竞争激烈，为了提高销售额，很多广告主忽略了对品牌的培育，追求短期利益，结果损失更大。在这种情况下，不少广告主开始重新坚定信念：要从战略层面采取措施来培育和保护自己的品牌以图长期效益。以品牌专家著称的宝洁在走了弯路之后，宣布自己的各种品牌正重新获得应有的重视和培育，重新强调品牌经理要以消费者研究专家的身份与宝洁产品开发和营销人员协同工作。

（二）尝试联合营销

近年来国际上采用联合营销方式的广告主越来越多。联合营销，也被称为合作营销，是指两个或两个以上的企业为达到资源的优势互补、增强市场开拓、渗透与竞争能力联合起来共同开发和利用市场机会的行为，如共同发布广告、联合进行促销等。

例如，Haier 集团下属的海尔家居集成有限公司与“房地产大亨”大连万达集团结成战略联盟，共同推介“万达—海尔”联合品牌，在大连万达开发的住宅房地产项目上，由海尔家居提供菜单式装饰、装修集成和室内电器等配套设施，并统一冠名“万达—海尔”房，这种强强的联合营销模式提高了住宅的性价比和知名度，也更容易获得目标消费群体的认可。

（三）代理业作为经营伙伴

过去，代理业只要做好分内的代理工作，如广告策划、创意、媒体计划与购买等，就可以立足市场。但今天的市场竞争更加复杂，也更为激烈，广告主希望代理公司能够成为真正的经营伙伴，帮助提供企业发展方向、企业战略方面的咨询服务。也就是说，代理公司不但要做好分内的工作，还要时刻准备积极参与企业经营层面的决策，做好企业的智囊。反过来，代理公司积极参与到企业经营层面的决策，也更有助于维系和已有客户的关系。因此，广告主与广告代理之间的这种新型关系被更多地强调。那些不适应新型关系的代理公司，将逐步被市场淘汰。

三、广告产业的经营出现整合与分化

（一）经营范围不断扩大

为了适应市场的变化和广告主的需求，广告公司已经不再局限原来的四大媒体加户外广告的经营范围，他们迫切需要拓展新的业务。根据客户满意理论，许多广告公司认为，只要客户需要，公司就应该努力满足。因此大广告公司的业务范围不断扩大，如以“卓越信息沟通”为准则的电通公司，其经营领域远远超出一般广告公司的范围，涉足的领域包括体育产业、文化产业、电影、公关、建筑空间开发、知识产权、博览会、大型活动等，它认为只有这样才能满足与消费者沟通的需求。

（二）广告公司集团化

为适应经济全球化的发展趋势，广告代理公司必须向跨国公司客户提供更具全球影响力的促销活动，这进一步加快了当前世界广告业的集中发展趋势。基于这样一种趋势，全球广告业掀起兼并、收购热潮，许多大型广告集团也就应运而生。在此情形下，有些跨国公司倾向于选择一两个广告代理集团，而不是通常那种同时选用多个代理商，这样选择的好处一是具有价格谈判优势，二是提升了该广告集团针对本公司业务的专业化水平。同时，广告主的这种选择倾向又反过来鼓励了广告公司之间的合并。

（三）广告业的专业分工

在大型广告公司不断整合并组建大型广告集团的同时，广告业的社会分工也越来越细，一些规模较小的利基市场则为小型广告公司提供了生存空间。这些小型广告公司通过从事专业化的工作，如广告调查、创意、咨询以及广告设计等工作，弥补了大型广告公司忽略的业务。

四、新媒体不断出现并发展壮大

作为广告的载体和广告业的重要组成部分，媒体的一举一动都牵动着广告业的神经。无论是现有媒体的发展变动，还是新媒体的产生和壮大，亦或是媒体经营形态的变革总会伴随着广告产业或大或小的变化。21 世纪初，媒体正在发生的如下变化值得广告业注意。

（一）媒体企业集团的扩张

媒体企业集团最早产生在欧洲，其特征是经营业务多元化、经营区域跨国化、企业规模巨大化。媒体企业集团从地区性媒体经营开始，通过合作、参股、兼并或者收购的方式，逐步吸收合并同行业或其他行业的企业，成为巨大的企业集团。这种集团化和规模化的发展模式，使媒体企业集团的实力和规模迅速扩大。雄厚的资本优势使媒体企业集团可以通过资本运作手段大规模地对其他媒体进行收购、合作，进一步发展。丰富的媒体传输内容和充沛的媒体资源使得此类媒体企业集团更易获得竞争优势。这是因为，由于资源优势明显，媒体企业集团在广告市场的议价能力大大增强，必然要求有与其实力相当的广告代理商或媒体购买公司，促进广告业经营的集中化。媒体交易方式将趋于一揽子买断，而非个案式的单个讨价还价。因此，一方面，广告代理业将不仅仅限于从广告主的角度，而是更注重从媒体的角度，来进行媒体代理作业；另一方面，大型广告主也会直接介入媒体的购买。

（二）泛媒体的发展

泛媒体是指有同一编辑内容或节目内容，但是覆盖了几个国家和地区的媒体。泛媒体随着媒体企业集团的扩张而发展。根据覆盖范围的不同，泛媒体可以分为泛世界媒体和泛地区媒体。前者如《时代》《读者文摘》等；后者根据语言、经济等不同而形成自然区域，数量很多，如《亚洲周刊》STAR TV 等。根据媒体的形态，泛媒体的主要类型有杂志和卫星电视频道。泛媒体使得广告主能够以较少的费用在不同国家但具有相同特征的市场开展整体广告活动。虽然经过一段时间的发展已经取得了一定的进步，但随着经济全球化、跨国企业的发展，以及媒体集团的扩张，泛媒体会迎来更加美好的春天。广告代理业如何充分发挥这种媒体的效用、如何与地区媒体互相配合，都是需要深入研究的问题。

（三）新媒体正悄然壮大

传统上四大媒体占据了广告营业额的大部分，但是由于新媒体的不断出现并日益壮大，传统媒体所占的市场份额呈下降趋势。因此，大到如互联网、数字媒体等全新媒体形式，小到诸如展览会、电话广告等对传统媒体的补充，媒体世界呈现五彩缤纷、花样繁多的繁华局面。除互联网外，比较重要的新媒体是数字电视、卫星电视，目前已在欧美、日本等西方国家掀起一股热潮。经过数字化压缩后，电视频道数量大大增加，能够达到几百个频道。在人们生活时间一定的情况下，这些经过对收视群的精心细分而播放的频道，使传统电视的收视人群被大大分流，再加上有线电视的迅速普及，目前以地上波电视为主导的电视媒体版图在不久的将来将有重大的变化。

三网融合是指电信网、广播电视网、互联网在向宽带通信网、数字电视网、下一代互联网演进过程中，通过技术改造，三大网技术功能趋于一致，业务范围趋于相同，网络互联互通、资源共享，能为用户提供语音、数据和广播电视等多种服务。这种三网融合一旦在中国实现，中国的媒体世界又会发生怎样的变化，谁知道呢？

本章习题

1. 国外广告是怎样产生和发展的？
2. 我国广告是怎样产生和发展的？
3. 当代广告面临怎样的挑战？
4. 今天的大街小巷里还有幌子广告吗？如果遇到了，请顺手用你的智能手机拍下来与大家分享。看看今天还在使用幌子广告的店子大多是什么样的店子？

章末案例

中国广告行业发展现状与趋势

广告是推动经济发展、提升品牌价值，从而提升消费者生活品质的一个非常重要的行业。中国改革开放30多年以来，广告行业正面临着一个“质量”转变的关键10年。

（一）“质量”转变的关键十年

中国的经济增长已经开始放缓，从过去的14%（2007年）、9.6%（2008年）、9.2%（2011年），降至2012年预估的7.5%。这说明中国未来的速度不再是无限制往前冲，而是停下来、调整、再出发的时候。在广告媒体投资方面，广告主面对这样一个增长速度放缓的市场环境，更要面对更复杂的资源分配问题，例如，将资源适当分布到一线和二三线城市，另外还要重新分配到新媒体，以及线上、线下。因此，2012年上半年很多媒体朋友都会感觉过去的业务成长趋势受到了一些乱流。中国的广告市场曾经是35%的增长（2003年），如今在2012年第一季度，有些报告说增长只有1.5%，有些则说是负增长1.5%，甚至有的媒体可能感受到了不只是-10%的衰退。所以，在这样的状态下，广告业如何重新调整步伐，来迎接未来还是充满机会的市场，是至关重要的。

中国已经成为全球第二大广告市场，但是中国的广告总量还不到美国广告市场的40%；如果从中国的人均广告消费来讲，只有美国和日本的1/10。很多数字表明，到2015年，中国将成为全世界最重要的一个消费市场。是什么因素可以创造这样的消费力？我觉得最重要的就是品牌行销的力量。所以，虽然中国市场的发展速度比以前慢，但是纵观全球，中国仍然是让其他国家很羡慕的一个品牌行销及消费市场，广告市场也将继续成长与扩大，只是速度放缓。

（二）中国广告代理业的现状

目前中国的广告代理业，本土代理商跟国际代理商各占约50%的市场份额。可是它们的公司结构却有很大的不同。跨国广告代理商占中国广告代理的47%，其中70%以上集中在六大传播集团；由此可以得出，跨国广告代理商颇具规模，而其集团内之各种专业更互相效力。反观中国本土的广告代理商占53%份额里却有14多万家代理商，其中具有一定规模的并不多，并且每一家的服务内涵都很不一样。过去18个月我走访了一线、二线城市，拜访了广告代理业的朋友，发现这些代理公司有些是因为代理某个媒体的特定品类而成为服务客户的广告代理商，有些则是追求媒体规模资源的代理商。真正全服务且具集团模式的代理公司虽然已经出现，可是大部分还是非常零散。由于媒体的多元化、科技的介入，广告这个行业将经历整合再升级的过程。“整合升级”将是未来3～5年的关键词。

（三）不变的核心思维：“品牌与消费者”

未来推动广告市场的动力，一定是源自于建立品牌价值，建立消费者对品牌的信赖、让品牌变成消费者的朋友。不管媒体环境怎么变化，不管科技如何创新，广告的核心价值在于创造品牌的附加价值，而我们真正的专业能力在于帮客户找到对品牌最有价值的消费者。我们需要专业的工具，帮助客户了解他们的消费者。因为科技，广告将重新创造品牌与消费者的关系。

安吉斯消费者沟通研究（CCS）在中国 88 个城市里，12690 份样本调查中发现，中国的消费者中存在着“品牌的膜拜者”，虽然有些品牌膜拜者是盲目的；也有些消费者不在乎品牌，还停留在基本的生活需求。显然，“品牌膜拜者”是对广告主最有价值的消费者。所以，当我们从消费者角度出发评估一个媒体价值的时候，收视率、排行或者到达率就不是唯一的标准，我们应该更注重媒体能吸引到的消费者是哪些族群，其对品牌的态度为何等。拜科技之赐，今年广告界的人士都在探讨一种新的购买方式——“购买消费者”，而不是像以往那样购买“媒体版面和时间”。

从 5 年前开始，互联网占据消费者的媒体使用时间就已经超过了电视，现在，要关注的还有移动手机的重要性。安吉斯 CCS 研究发现，中国消费者花在手机的时间，不分年龄层，已经超过 20%。手机是个人化、精准度高、不受时空限制的媒体；尤其体现在智能手机上，它将成为另外一种有力的营销平台。手机媒体上的社交行为，触动了更多的网络行为。随身携带、移动性，使得手机可以和包括户外媒体在内的很多传统媒体产生一种互动的全新模式。

从整个市场的媒体投资来看，我们发现整体市场虽然有点停滞，可是在不同媒体间，却出现了不同的速度：网络、户外、电台还是超过百分之二三十的成长，特别值得注意的是，在这个发展中，网络、手机、社交媒体及其内容将演变成一个媒体汇流的薪新平台。

（四）数字科技与媒体融合

社交媒体持续是 2012 年最具热度的焦点。社交媒体的消费者行为是非常认同族群意识的，他有可能会排斥过去单向式的品牌广告，欢迎同侪的分享。运用得好，社交媒体的消费者可以变成品牌有力的代言人，替品牌讲故事；通过他们的分享、他们的观点，品牌故事会更有说服力。另外，移动媒体在技术运用上也引起我们的重视。在移动媒体的技术跟消费者中间，可以帮助客户达到最好的沟通效果，我们还有很多的交易和创新要发挥。不只是广告需要关注移动媒体，媒体内容业者也将在移动平台上创造它的延伸价值。

谈到科技所带来的影响，我们以美国媒体投资转移为例，大多数美国广告主倾向在社交媒体、内容置入、搜寻引擎以及互联网广告四个方面增加预算；在比较传统的广播电视方面就出现了分歧，虽然有些广告主会增加预算，但是更多的广告主选择降低在广播电视上的广告花费。

综上所述，我们需要建立起新的传播策略规划思维，如消费者为核心的“品牌沟通矩阵”。在“品牌沟通矩阵”中，我们要考虑到移动平台所带来的整合效应，又如何利用品牌植入内容与消费者精准对话，从而在社交媒体上产生加陈的效果。在社交媒体里面，如何去追踪、如何去找到意见领袖、如何去影响意见领袖、如何从中学习到消费者的行为。这些经验与观察将对接下来的营销起效果提升作用。因此，未来媒体代理商的角色将从创造“效益”，提升为创造“效果”。利用“绩效营销”帮助客户提升销售，将成为广告媒体代理商必要的服务价值。

（五）面对未来十年

我们对未来十年的广告发展有怎样的期许，怎样评估广告在中国产业中的贡献与成就呢?

第一，广告代理服务要企业化。在广告代理服务企业化的过程里面，首先需要做的是专业分工。现在，媒体业者应该把客户需要的策略与全媒体规划服务转介给代理商；媒体则专注于内容的丰富与创新。如果本土代理商很难拿到全案客户，那么本土代理商的成长路程会比较艰辛。当中国消费市场对国际市场更开放的时候，本土代理商将面对已经发展数十年甚至百年的国际广告传播集团，本土代理商的企业化与组织化是有急迫性的。

第二，技术的融入。当我们有新技术融入解决方案的时候，在社交媒体、手机媒体用数据来做行销的时候，我们有太多新的东西（如测量的工具、数据库等）要学习与协同创新。我相信在团队合作中，学习、分享，跟相互激荡是未来广告行业一个新的工作态度；而工具与数据库将扮演重要角色。

第三，站上国际舞台。中国广告业在戛纳的得奖素质不断提升，可是这还不是评估中国广告业成功的标准，更重要的是要在全球 100 强国际品牌中增加中国品牌的数量。我们期许在未来十年，可以出现十个或更多源自于中国本土的国际品牌。

第四，地域的扩展。配合中国的经济往东北、西南跟大西部发展，二线城市都市化的过程，产业的内移，及一些企业总部的分支建立，广告代理业的市场发展也将可往二线、三线城市开拓。虽然全国性的央卫视媒体仍扮演推动市场扩张的重要媒体角色，可是广告主营销活动接地气的需求也不断提升，它提供区域型媒体和代理商新的成长机会。

第五，人才的培育。广告这个行业要发展得强和大，最需要的就是人才。我们需要吸收中国最好的年轻人加入广告这个行业的队伍中；其次是要培养更多经营管理的人才。广告行业的规模持续扩大，经营管理、领导统驭的能力就显得尤其重要。当然，去了解中国品牌怎样在中国市场上发展规模、怎样可以走向国际，提升行销策略、品牌经营与创新，都是我们需要培养的能力。

最后，希望我们有机会创造出一个中国式的创新品牌建设模式，让我们为中国的经济、消费市场做出一份贡献，同时也将中国的产品、中国的品牌力量带上国际舞台。

（资料来源：摘自 2012 年 8 月《广告大观》，作者为李桂芬）

第二篇

广告学理论基础

第三章　广告学理论基础

学习要点

① **广告学与传播学的关系**

② **广告学与市场营销学的关系**

③ **广告学与消费者心理学的关系**

本章知识框架图

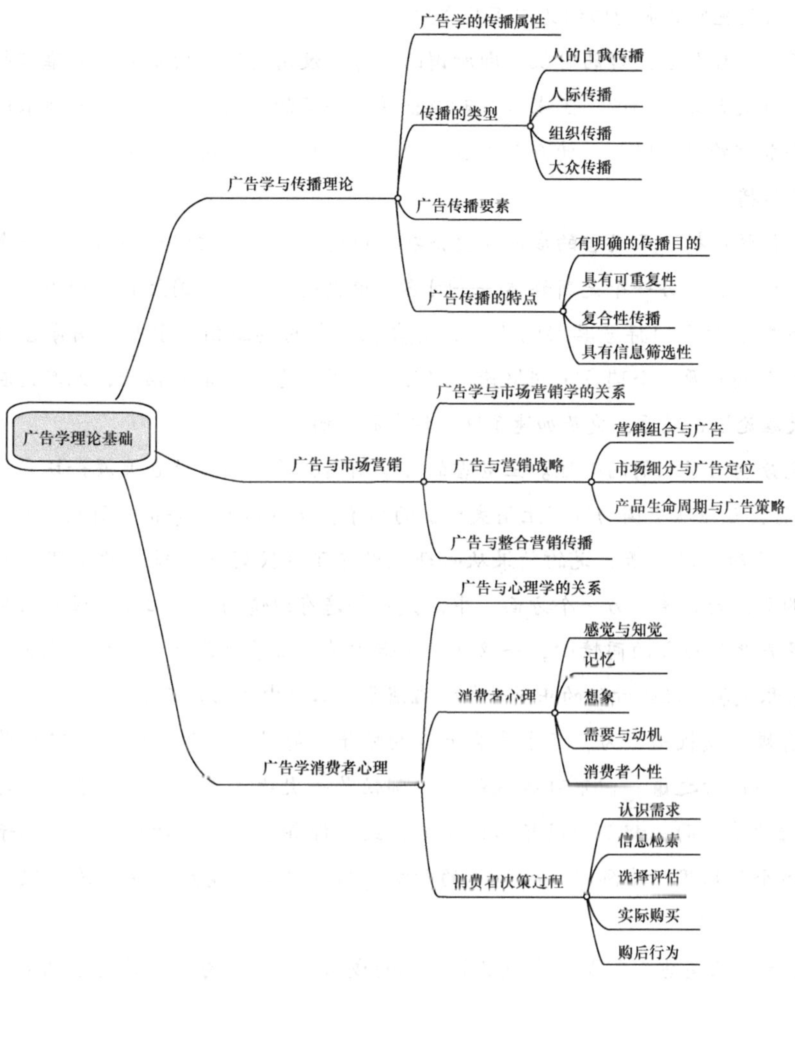

引导案例

封杀王老吉

2008 年汶川大地震后，一篇名为“封杀王老吉”的帖子开始在网络迅速传播。帖子这样写道：作为中国民营企业的王老吉，一下就捐款一个亿，真的太狠了。网友一致认为：不能再让王老吉的凉茶出现在超市的货架上，见一罐买一罐，坚决买空王老吉的凉茶，今年爸妈不收礼，收礼就收王老吉！支持国货，以后我就喝王老吉了，让王老吉的凉茶不够卖!让他们着急去吧!

这篇帖子一出现在天涯论坛就获得了极高的点击率，而后又被网友们疯狂转载。帖子的起因源于在 2008 年四川汶川地震后的央视赈灾晚会上，王老吉捐赠 1 亿元人民币支援灾区建设。“封杀王老吉”的帖子出现后，很多人把它称为“灾难营销”。但不管如何，这篇帖子不但引起了网络和传统媒体的巨大反响，也为王老吉带来了实实在在的销量增长。王老吉所支付的一亿人民币捐款带来的效应远远超过了花几亿元广告费、推广费所带来的效果。分析上述事件，我们把它的成功归结为以下几个方面。

一是王老吉抓住了最好的时机，即所谓的借势。汶川大地震所带来的灾难前所未有，在中国产生了巨大无比的影响。王老吉此时做出最大手笔的捐款，瞬间就能聚拢眼球和关注，可谓是一个非常绝妙的时机，使企业本身的社会责任感形象以及接下来展开的推广效果得以最大效果的传播。

二是媒体的选择。王老吉的成功还要归功于他选择了两个比较好的媒体，一个是传统媒体——中央电视台，另一个是新媒体——网络。中央电视台是中国最具影响力的视频媒体，它所举办的赈灾晚会同样颇具影响力，王老吉在晚会的楼面相当于有了病毒营销中的病毒源。有了这个病毒源，全国各个网络论坛里开始出现王老吉豪举的帖子，尤其是在中国最具影响力的天涯论坛出现后，更是加速了这一信息的传播。

三是充分利用了人们的心理。王老吉的善举刚刚公开，马上就在天涯论坛中出现了一个《封杀王老吉！让他从中国的货架上消失！》的帖子，而且该帖以夸张、引人入胜的效果引起网友围观、互动，以正话反说的效果从心理上顺应了网民好奇、探求的心理。网民纷纷回应，应该购买王老吉等。另一个方面，中国民众普遍有同情弱者的心态，汶川大地震让人们对汶川人民产生了极大的同情心，一旦此时王老吉伸出援手，马上就能博得人们的好感，于是，王老吉积极承担社会责任的正面形象就在消费者心目中树立起来了。

尽管有媒体或机构认为，王老吉在天涯的帖子可能是一次事先预谋的灾难营销事件，有亵渎人们同情心之嫌。但不可否认的是，哪怕是一次故意为之，该帖子无论是从策划、撰写还是维护等方面，都是经过精心维护的，继天涯异常火爆的情况后，该帖子被转到大大小小的各个论坛里，达到了非常广泛的影响。从营销学的角度，这也是一次非常成功的营销案例。

总之，封杀王老吉案例是非常成功的。他的成功就源于充分了解消费者的心理，不但能借势造势，还能合理的选择信息传播的媒体。正是借助天时地利、人和、媒体，使王老吉从一个不知名的企业一夜成名，甚至达到举国为之感动喝彩销售的程度，可谓史上最叫好又卖座的公关事件。

思考：我们经常听到“封杀”二字，如中央电视台某个主持人被封杀了，某个歌星或影星被封杀了等。初看“王老吉”被封杀，你一定会觉得王老吉要遭殃了，其实看了才发现原来是个玄关。那么发帖人为什么要用这样的题目呢？是随意行为还是基于消费者心理分析之后的故意行为？是企业的营销策划还是发帖人的个人心血来潮？为什么这样的题目短时间内就被各大论坛转载和疯狂传播？这种带有“灾难营销”嫌疑的帖子符合营销伦理吗？从这篇案例中，你还得到了什么样的启示？

（资料来源：根据网上资料整理）

第一节　广告学与传播理论

广告学是一门研究广告活动的过程及其规律的科学。尽管相对其他学科而言，广告学还是一门年轻的学科，但其内容体系却综合了多门学科，而传播理论、市场营销学和消费者心理学更是广告学的三大理论基石。当然，除此之外，广告学还和管理学、经济学、社会学、艺术、法律等多个学科具有密切的关系。

本节主要论述广告学和传播理论的关系，后面两节则分别论述广告学和市场营销学、消费者心理学之间的关系。

一、广告学的传播属性

广告是一种营销手段，同时也是一种信息传播方式和传播形态。传播是个人或团体主要通过符号向其他个人或团体传递信息、观念、态度和情感的过程。尽管本质上讲，广告只是企业营销的促进推广要素，但又区别于企业其他的营销手段，它是一种以特定的传播方式应用于商业营销的。因此，广告学与传播有着极为密切的关系。

广告学在其发展的过程中是以整个传播学体系作为自己的依据的，因为广告本身就是一种信息传播的过程，必须依靠各种传播手段，广告信息才能传递给一定的受众，但是广告传播的目的要狭于一般传播的目的。广告现代化的过程也是和传播技术现代化的过程并驾齐驱的，而作为广告效果的评定而言，其在相当大程度上也取决于其与信息传播学规律的吻合程度。所以，广告学在发展过程中借鉴了传播学的相关理论和成果。

二、传播的类型

了解传播学的理论可以帮助我们了解广告是如何发生作用的。根据不同的分类标准，传播的分类结果也不同。目前，广为大家所接受的分类标准是把传播分为四种类型，分别是人的自我传播、人际传播、组织传播和大众传播。

（一）人的自我传播

人的自我传播也称内向传播、内在传播，是个人接受信息并在人体内部进行信息处理的活动。人的自我传播既是出于人的自我需要，也是出于人的社会需要，是人为了及时对周围变化了的环境做出适应而进行的自我调节。它通过人的视觉、听觉、味觉、触觉的协调，对客体进行回顾、记忆、推理、判断。一切发生于人体内部的信息交流都是人的内向交流，在这种交流过程中，"我"和自己进行自由沟通以达到自我的内部平衡调节，通过这种思维活动进行正常的信息编码，以保证人类其他传播活动的正常进行。

在人的自我传播层次，我们关心人们怎样选择广告传达的信息并加以注意、人们的记忆怎样发生保留信息的作用。为了达到传播的目的，广告的传播要符合诱导性原理，而要实现这一过程，一种情况是在较短的时间内直接通过广告制作的奇特的画面、语言、音响、色彩等要素激发受众的强烈兴趣；另一种情况则是通过潜移默化逐步诱导而达成的。诱导受众逐步接受广告宣传的内容，包括接受广告中主张的消费观念、价值观念和生活方式，以一种无形的力量使受众对广告传播者的观点意见趋于认同。

广告播出后第一时间产生的效果主要取决于人的自我传播。尤其是我们每天都泡在广告的海洋里，到底哪个广告能首先占据消费者心智阶梯中第一位、第二位的位置，取决于广告对人的自我传播的影响。

（二）人际传播

人际传播指个人与个人之间的信息交流。人际传播的形式可以是两个人面对面地直接传播，也可以是以媒体为中介的间接传播。前者主要以语言表达信息，或用表情、姿势来强化、补充、修正语言的不足，它可以使传者与受者直接沟通，及时反馈信息，并共聚一堂，促膝交流，产生亲切感，从而增强传播的效果。后者使用的媒体主要有电话、交互电视、计算机网络、书信等，它可以使传者与受者克服空间上的距离限制，从而提高了传播的效率。

广告虽然不是一种人际传播，但是广告能够带来人际传播的二次传播。在广告传播过程中，传播客体或客体中的一部分自动成为传播主体，这个主体再次向目标受众传播广告信息的行为属于二次传播。广告要期望带来二次传播，就要保证广告创造出符合大众口味、易于传播的流行广告语、广告歌曲、动作表情等。广告要从人们的习惯行为、常见场景中寻找广告表现元素。或者广告要结合新近的热点问题，围绕大家共同关心的话题提出争议性的观点，从而激发受众兴趣，提高传播效果。

（三）组织传播

组织传播是指组织成员之间、组织内部机构之间及组织和外部之间进行的信息交流与沟通。组织传播包括内部传播和外部信息交流两部分内容。其内部传播是为了协调关系，提高内部运行的效率；其外部信息交流是为了适应环境，满足社会对其的需要，实现组织的目的。组织传播的规模大于人际传播，它与后者的明显区别在于前者的传播活动都是有组织目的的。

（四）大众传播

大众传播是由一个有组织的机构或群体，通过一定的媒介，向广大无法预知的受众进行的信息传播活动。大众传播是现今最流行也最具有影响力的传播形式。广告的媒介，主要是大众传播媒介，所以其传播行为主要是大众传播行为。

大众传播具有广泛的覆盖率和强大影响力，企业选择这种方式能够对消费者产生强大的影响。但这种方式也有其固有的缺点，就是目标群体不够精确，互动性差等。例如，企业投放的广告到底谁看到了，受众看后反应如何等信息广告主却往往无法看到。基于上述缺点，要求广告主在广告投放过程中要尽量考虑大众媒体受众与广告目标市场的一致性，否则，广告投放的效果与效率就会大打折扣。广告传播客观上要求传播者与接受者有共同的文化基础，广告信息的制作者、传播者与其接受者应具备共同的价值观念，类似的行为模式以及其他文化方面的共同性。这种共同性越多，传播的效果就越佳。

三、广告传播要素

广告从传播的角度来看，就是广告主向广告受众传递产品、服务或其他相关信息的过程。因此，学习广告应该对传播要素有着清晰的了解，并通过考察广告传播过程中的影响因素来控制广告的传播效果。

概括地说，广告传播中的基本要素共有八个：信源、编码过程、信息、传播渠道、译码过程、受众、反馈、噪声。信源和受众是传播过程的参与者；信息和传播渠道是参与者借助的传播物体；编码、译码和反馈是传播过程的功能；噪声是妨碍传播效果的因素。

（一）信源

在广告传播活动中，广告信源就是广告信息的源头，也就是广告信息的传播者，主要指广告的制作者和经营者，如广告客户（广告主）、广告代理公司、广告制作公司、广告设计公司等。

广告的信源识别是个特殊的范畴。一方面，广告主是广告活动的发起者，对广告活动起主导作用。广告主根据自身需要或市场营销环境及自身实力来确定对广告的投资决策，是广告信息传播费用的实际支付者。另一方面，广告代理公司、制作公司、设计公司等是广告文本信息的编码者，要有较高的专业水平，其广告创意和广告文本的设计制作要能够准确体现广告主的意图，这是广告信息传播取得成功的前提。

一般来说，广告制作者和广告代理公司不会被当作真正的信源，而他们所编码的广告信息内容如品牌、商品才被认为是信源。通常信源越可靠，广告也就越有说服力。

（二）编码

编码的实质是考虑如何将传播方的思想转化为信息符号，从而能够更加精确地被广告受众理解和认同。广告的编码就是广告创意人员对企业产品和品牌信息进行提炼，并将其转化为可以通过媒体传播、易于广告受众理解的信息的过程。

（三）受众

广告受众就是接受广告信息的潜在消费者，包括两层含义：一是通过媒体广告接触的人群，被称为广告的媒体受众，因为广告是一种非人际的信息传播种类，需要运用一定的媒体，由媒体种类定义广告受众则可以被分为报纸广告受众、电视广告受众、户外广告受众等不同类型；二是广告主的目标受众及广告诉求对象，也被称为广告的目标受众、广告的选择特性决定了其要根据广告目标的要求，来确定某项广告活动特定的诉求对象。

（四）信息

广告信息是指广告中所要传达的内容，广告信息包含直接信息和间接信息，直接信息是指由通用符号传达的广告信息。文字、语言、企业与商品名称、包装及外观识别等大家一看就懂、一听就明白的信息都属于直接广告作息。简单地说，广告所要直接传达的关于产品、服务或企业、品牌形象方面的信息是构成直接信息的主要内容。间接信息是指广告作品具体的表现形式所带来的感觉上的信息。从最原始最古老的叫卖广告开始，到综合运用声、光等多种高科技手段大制作的现代广告，每个广告都通过一定的表现形式和承载物质来传递直接信息。虽然形式本身似乎并不构成什么具体信息，但它们却能形成某种感觉信息，影响广告直接信息的传达。例如，房地产广告为了突出楼盘的高质量特征，通常会聘请成功人士作为形象代言人，并常常与名车、高尔夫球场等贵族生活场景联系起来，以期吸引受众的注意，引发崇拜与仰慕，进而影响他们的消费心理与消费行为等。

（五）传播渠道

传播渠道是架起信源和受众之间进行沟通的通道。广告传播渠道是指广告传播通过特定的媒介或渠道，把信息或变成文字、图像，或变成语言等符号形式，被传播对象所接受。广告传播渠道的选择必须与信息相匹配，同一信息通过不同的传播渠道，效果却大不相同。目前，很多地方卫视台，如湖南卫视、东方卫视等，在收视率上与央视的差距已经变得不大，但是央视作为国家层面的媒体，却能够给产品或品牌带来光环效应，这是其他相关渠道所不能带来的效应。此外，采用视频媒体传播的信息比使用平面媒体传播的信息在多数情况下更具冲击力，因此效果也不同，但在便利性上，平面媒体也有自己的优势。所以，广告主或代理公司到底要选择什么样的媒体或媒体组合，要结合企业自身的资源状况和产品特征进行灵活选择，如此才能达到更高的广告投资回报比。

（六）译码

译码的过程就是接受方对信息发送方传播的信息进行加工处理的过程。了解广告受众如何加工信息，广告就能够针对受众的译码过程和特征来设计相应的传播方式。有效的广告传播需要发送方与受众之间有共同的背景，使得受众在译码过程中与发送方编码过程相匹配，这样才能使二者之间产生共鸣，从而获得最佳的传播效果。

（七）噪声

所谓噪声，是指在广告传播过程中，未能使广告受众对广告信息进行全面理解从而造成不良广告效果的各种主、客观因素。广告噪声来源包含媒体因素、广告传播者因素以及广告受众因素等多种因素。传播者有时因为自身文化素养和周围环境的影响使广告定位不准确、选择媒体不恰当、对广告受众的了解不深入，甚至做虚假广告，这些都直接影响着广告信息的传播效果。例如，A 品牌牙膏率先推出用浸泡在酸性溶液中的贝壳做演示展示牙膏效果的广告后，B 品牌牙膏也推出了类似的鸡蛋壳浸泡在酸性溶液的广告，结果导致看过两则广告的许多消费者认为 B 品牌牙膏是 A 品牌生产。还有一些广告需要广告受众具有特定的背景才能理解，而那些缺乏此类背景的人往往不能真正理解广告所要传达的信息，这也会造成广告效果的流失。

（八）反馈

这里讲的信息反馈主要是指广告信息反馈，是指广告信息接收方看到、听到或者读到某广告信息后做出的举动。信息反馈的范围很广：既可以是无法直接观察的过程，如在记忆中储存信息；也可以是直接的行为，如自己或劝说别人购买产品。尽管现有测定广告反馈效果的技术还不够完善，但是如果能够通过某种手段真正测得广告信息反馈效果，将会对广告主或代理公司的后续广告产生巨大帮助。

四、广告传播的特点

广告传播既是一种信息传播，又是广告主的一种投资行为，具有逐利目的。除此之外，以企业为主体的广告主所进行的有关商品、服务、劳务、观念、企业及品牌形象塑造等方面的广告信息传播具有如下特点。

（一）有明确的传播目的

无论是为了经济目的进行的商业广告传播还是为了公益目的进行的公益广告传播，都拥有非常明确的目的。例如，发布商业广告的广告主追求的是要把企业的信息尽快地传播给潜在的目标受众，促进商品和服务的销售并获得盈利，维持企业生存和发展，其目的性是非常明确的。也正是为了实现企业的经济目的，广告主才对广告创意给予高度重视，对广告文案字斟句酌，制订周密的广告传播计划，并要求广告制作要有效地准确地传递信息，要求“广告上的每一个字，每一个图表，符号都应该有助于你所要传达的信息的功效”。

就是那些经常在电视上看到的公益广告，其目的也非常明确。例如，以提倡环保、提倡孝敬父母为主题的等一系列广告，都是为了树立一种正确的社会风气和价值观，从而为社会的良性发展传递正能量。

（二）具有可重复性

广告信息总是力求所有的目标受众都能接受到。对于以盈利为目的的商业广告而言，广告主总是针对潜在消费者策划传播活动。在第一次刊播以后，不可能被每一个目标受众接受，一次传播到达率是极低的，那就需要第二次播出，第三次播出，因此，广告传播一定要具有可重复性。这种可重复性除了让更多的受众接受到广告信息之外，广告的重复播放还可以对受众强化印象并产生足够的影响力，从而产生认知、感情、态度乃至行为方面的影响，最终达到广告传播的预期目的。

（三）复合性传播

广告传播不是通过单一渠道进行的，大多数广告主常常通过多种渠道展开复合性、立体式传播。常用的复合性传播方法有两种，一是以大众传播媒介为主体，同其他媒介相配合。也就是利用报纸、杂志、广播、电视向分布广泛，人数众多，互不相识的受众进行的信息传播；二是以付费的传播为主体与不付费的传播相结合。大众传播媒介需要付费，这是现代广告的基本特点之一。广告主也可以通过自办媒介物开展广告传播活动，虽然其规模较小，传播有限，但可以针对特定受众进行有效的传播活动，并且费用较低。

（四）具有信息筛选性

无论是企业、品牌、商品还是服务或观念，广告主都希望把尽量多的信息传递给广告受众。但实际上，一则广告实际所能传播的内容总是十分有限的，因此，把最重要的信息传递给广告受众是广告主努力追求的，这就要求广告传播必须具有信息筛选性。

由于商业广告的传播都是有偿的，是要付费的，对广告主来说，他所购买的刊载广告的版面和播映的时间是极为有限的，因此要求在有限的条件下传播尽可能多的能吸引消费者的信息。另外，由于每一个广告主都要面对着一个严酷的传播竞争环境，即信息接受者的信息取舍。消费者生活在广告信息的汪洋大海中，他们无暇关心、所有的广告信息，他们只对那些新颖的，有趣味的，与自已利益相关的商品信息采取接受的态度。因此，无论哪一个企业对广告传播的信息总是惜墨如金，反复思考，精心筛选，以增加有限信息中的“含金量”。

第二节　广告学与市场营销

一、广告学与市场营销学的关系

小查尔斯·兰姆等人认为：市场营销学是指对一种观念的策划和实施过程，还指对一种思想（或是一件商品、一项服务）进行定价、促销并将其传递到个人或组织手中进行交换，使该个人或组织得到满足的过程。上述定义说明，市场营销学是研究“以满足人类各种需要和欲望为目的，通过市场把潜在交换变为现实交换的活动过程”的一门学科。由此可见，广告活动和市场营销都是商品经济发展到了一定程度的产物。作为一门学科，广告学的建立，也是市场经济孕育的结果。市场营销学是在 19 世纪末 20 世纪初，资本主义经济迅速发展时期创建的，广告学也在这一时期兴起。从一开始，这两门学科就紧密地结合在一起，因此，二者之间存在着许多相似之处。

一是从研究内容上看，二者都是属于经济学范畴。市场营销是以满足人类的各种需要、欲望和需求为目的，通过市场把潜在交换变为现实交换的活动，它涉及需要、欲望和需求，产品、效用、交换、交易和关系等核心概念。一方面，广告是一种信息传播活动，但它的起点和落点都是在经济领域，传递什么样的信息内容以及如何进行传播，需要研究市场，了解营销环境，研究消费者，从满足消费者的需要和欲望出发；也需要研究产品，应适应不同的市场环境，制定相应的广告策略，争取较好的传播效果。另一方面，市场营销策略组合包括四个要素——产品、价格、渠道、促销，其中促销要素包括广告、公共关系、新闻宣传、营业推广。从这个角度看，广告只是市场营销的要素之一，是市场营销一个重要组成部分，是市场营销的一种工具；市场营销是广告的方向指引，是广告的高层次策略。因此，研究广告学，离不开对市场营销理论的应用，换言之，广告学是以市场营销学为理论基础的。

二是从活动目的看，二者也是一致的。市场营销可以理解为与市场有关的人类活动。广告业可以看成是针对消费者的需求和欲望，刺激消费热情，调动潜在消费意识，最终促进购买行动的传播活动。因此，了解市场营销学的有关原理对于把握、认识广告学的基本理论和运作方式是很有帮助的。

当然，作为两个不同的学科门类，广告和市场营销之间也存在差异，同样表现在两个方面：其一是直接目的不同。市场营销直接的目的是销售产品，从而进一步扩大盈利；广告的目的是传播产品、形象或观念等信息，激发消费者购买欲望，对产品产生好感。当然，由于广告是服务于市场营销的，是市场营销的组成部分，广告最终的目的还是销售产品。其二是手段不同。市场营销所采用的手段是价格、促销、包装、商标、产品设计、分销等，这些手段都是紧紧围绕着产品销售为目的。而广告所采用的手段则是通过研究消费心理需求，主要通过大众传播媒介将产品、形象或观念等信息传播给消费者，告知消费者信息并刺激消费者购买欲望，最终产生购买行动。

为了更好地认识广告与市场营销的关系，读者还需要注意以下两个问题。

一是必须明确广告是市场营销的一个组成部分。广告要和其他促销手段配合，与产品、价格和渠道等要素一起实现企业的营销目标，即应将广告置于整个市场营销背景下来探讨其规律。舒尔茨针对这点写道："从事广告的人员似乎忽视，事实上他们不过是企图通过大众媒介推销产品与劳务的推销员而已。他们也似乎忘记，广告的目的只是替产品或劳务对大量潜在顾客或顾客在同一时间送达销售信息。而公司之使用广告而不用面对面推销的唯一原因，是以时间及成本而论，广告远超过人员推销的效率。"

二是广告也有自己特有的规律和运作程序。广告的传播规律、广告的创意和策略、广告媒介的特点等，都有自己特殊的性质，不同于营销的其他要素。也就是说，广告在营销背景下有着相对独立性。广告策略的形成，固然需要对产品和市场的研究，但要将"说什么"变为"怎么说"，从而更好地与消费者进行信息沟通，这就需要创意。因此，广告从市场营销中分离出来，形成一门独立的学科，也证明它需要专门的研究和专门的运作人员。广告还要结合运用多种学科的知识，使其更加有效，除了市场营销学外，还需从传播学、心理学、社会学等学科中吸收营养。那种因为广告是营销的一部分，因而轻视广告自身运作规律的观念，只会损害市场营销的效果。

二、广告与营销战略

在现代经济环境中，广告在企业营销战略中扮演着重要的角色。一方面，随着人们对现代科学与技术开发和利用效率的提升，产品生产能力大大提升，区域市场正逐步演变为全国市场，甚至全球市场，生产与市场的距离越来越大。另一方面，产品更新换代的速度越来越快，产品生命周期越来越短，生产与消费的沟通成为企业营销管理的重要课题。要解决上述课题，广告传播发挥着尤为重要的重用。近年来，大众传播业和专业广告机构发展迅速，为企业提供了更为高效、低成本的沟通手段，也使得广告在企业营销战略中的地位越来越重要。

（一）营销组合与广告

要想切实理解作为商业活动的广告，我们必须认识广告在企业的营销活动中所扮演的角色。作为市场营销的一部分，广告要和其他促销手段配合，与产品、价格和渠道等要素一起实现企业的营销目标。脱离企业的营销目标，去创作所谓自成一体的广告，肯定会遭到失败。但是广告与企业其他营销手段又存在运行机制和规律上的差异，广告的以下功能特点决定了广告在营销中的重要地位。

一是告知功能。告知功能是广告的基本功能。企业选择一个目标市场，为这一目标市场提供一个特定的营销组合，实现与消费者之间的交换，就必须首先让消费者知晓企业，了解企业，了解产品利益，有关产品和企业的信息成为消费者购买决策的信息基础。

二是情感功能。消费者的消费购买决策既包含理性决策的因素，同时消费者作为人，又是感性的动物，其消费决策必然也包含情感因素。尤其是那些低参与度的低值消费品，情感因素在消费者购买决策中的影响作用更为突出。

三是刺激功能。由于无法获得购买决策所需要的所有信息，因此，消费者的购买决策总是存在或大或小的风险。并且，消费者的任何一次购买过程都必须付出时间、精力以及货币。所以，对消费者来说，除非迫不得已，他们的消费行为往往是犹豫的、矛盾的，这时必须有一些其他的力量刺激和鼓励他的行动。促销活动在这一阶段是非常有效的，广告在这一阶段往往与特定的促销活动相配合，通过提供某种刺激促使消费者果断采取消费行动。

（二）市场细分与广告定位

市场细分这一概念在 20 世纪 50 年代被提出，它不仅仅是分析市场的一种方法，而且是企业应该具备的对待市场的一种态度。即使是在最无差异的药品市场，企业也开始采用细分的营销战略，如白加黑感冒药的“白天吃白片，晚上吃黑片”，某牙膏品牌甚至推出了“牙膏也分男女”的理念。市场细分的普遍应用，以至于“市场营销”可以改称为“目标市场营销”了。市场是异质的，企业不可能用同一组营销组合面向不同的细分市场，并在竞争中占据优势。尽管在营销战略中仍然有无差异营销战略的一席之地，但这一战略更多的是在少数特殊的市场起作用，如垄断市场，或仅限于产品生命周期中的导入期市场。

与细分联系最为紧密的营销概念就是“定位”。当企业选定一个目标市场，并为该市场准备了一系列特定的营销组合来满足该市场的时候，企业实际上就是在执行着定位战略。营销中的定位与广告中的定位从概念上并不完全相同。营销定位侧重的是营销组合的目标性，具有客观、具体、有形等特点，而广告学中的定位强调品牌在消费者心目中的形象，具有主观、抽象和无形的特点，但两者在本质上应该是一致的。营销定位是广告定位的物质基础，但广告定位仍然具有自己独特的发展空间，甚至在某种程度上超越营销定位。例如，在营销组合上类似的产品可以通过广告定位演绎不同的品牌个性，因而可以面向不同个性的人群。例如，可口可乐推出了昵称瓶，其实也是一种定位，它在不同的瓶子上印上“技术男”“月光族”等个性标签，就是为了满足不同个性群体的需要，如图 3-1 所示。

图 3-1 可口可乐的个性化标签

（三）产品生命周期与广告策略

产品生命周期是指产品从进入市场，经历发展、衰退直至被市场淘汰的全部持续时间。产品生命周期理论对于许多营销专业的学生而言尽管并无新意，但对于理解并运用到广告实践却有着重要的意义。这是因为，一方面，广告主可以根据产品所处的不同阶段调整广告费的投入。例如，在导入期，广告费的投入最大；进入成长期，广告投入稍稍减少；进入成熟期后，广告投入再度增加；直到衰退期，广告投入逐步减少。另一方面，广告主可以根据产品生命周期的不同阶段发挥广告的不同作用。例如，在产品导入期，广告的作用是告知产品功能，并提升产品或品牌知名度。在进入成长期和成熟期之后，广告主要为“差别化战略”和产品的“多样化战略”服务。而在衰退期，广告的作用主要是减少损失，确保品牌形象，为新产品的上市打下基础。

综上所述，我们可以发现：产品生命周期理论最集中体现了广告与市场营销之间不可分割的关系，体现了广告是营销的一部分。

三、广告与整合营销传播

整合营销传播理论的出现和应用是营销领域近年来的发展成就之一。由于研究者视角和立场的不同，关于整合营销传播（IMC）的定义也有所差异。20 世纪 80 年代末，全美广告业协会（AAAA）对 IMC 做出了以下定义：“IMC 是一个营销传播计划概念，它注重以下综合计划的增加值，即通过评价广告、直接邮寄、人员推销和公共关系等传播手段的战略作用，以提供明确、一致和最有效的传播影响力。”由于这一定义出现得比较早，因此，很多学者都引用了这个定义。

整合营销传播理论的发源地——美国西北大学的研究组则把整合营销传播定义为：“整合营销传播把品牌等与企业的所有接触点作为信息传达渠道，以直接影响消费者的购买行为为目标，是从消费者出发，运用所有手段进行有力传播的过程。”之后，该研究小组的先驱舒尔茨教授对此做了补充说明：“整合营销传播不是以一种表情、一种声音，而是以更多的要素构成的概念。整合营销传播是以潜在顾客和现在顾客为对象，开发并实行说服性传播的多种形态的过程。整合营销传播的目的是直接影响听众的传播形态，整合营销传播考虑消费者与企业接触的所有要素。概括地讲，整合营销传播是为开发出经过一定时间可测定的、有效果的、有效率的、相互作用的传播程序而设计的。”

舒尔茨的看法代表了一种更为普遍的观点：整合营销传播是发展和实施针对现有和潜在顾客的各种劝说性沟通计划的长期过程。整合营销传播的目的是对特定沟通受众的行为产生实际影响或直接作用。整合营销传播认为现有的或潜在的客户与产品或服务之间发生的一切有关品牌和公司的接触，都可能是将来信息的传递渠道。总之，整合营销传播的过程是从现有客户出发，反过来选择和界定劝说性沟通计划所采用的形式和方法。

整合营销传播对于广告提出了新的要求。在整合营销传播时代，广告不仅仅是营销的尖兵，广告还是整合传播营销的血脉和经络。在现代商业社会中，广告的内涵和功能正在发生变异。广告传统的主要功能是传递产品信息。新形态的广告是进行双向沟通传播，在广告中应该力求与消费者“共谋”，在未来，广告将和各种营销工具融合为一体，并且将越来越难以分出明确的界限。

整合营销传播体系中，整合广告传播和各种营销工具处在交叉混合状态，所以需要营销策划人和广告策划人非常谨慎和细致的执行。企业在进行战略思考与策划时，先明确整合广告传播这一子系统内的整合，然后在此基础上再考虑将这一子系统与其他营销传播功能相整合。整合广告传播的观念和方法将有助于在现实执行中顺利而清晰地执行整合营销传播战略。

第三节 广告学消费者心理

一、广告与心理学的关系

心理学是一门传统学科，广告学的形成离不开心理学的奠基。心理学是研究人的一般心理现象和心理规律的科学。人的心理活动可以概括为心理过程和个性心理两大方面。心理活动过程又分为认识活动过程与意向活动过程。各种心理活动在每个人身上表现又各有不同，因此形成不同的兴趣爱好、气质能力和性格，这就是个性心理的特征。广告活动是一种视听活动，就是通过视觉和听觉刺激引起人们的心理感应，而消费者的心理历程与广告活动的成功与否密切相关。要提高广告效果，实现广告目标，就要使广告符合人的心理活动规律。从这个角度来看，广告学可以说是研究消费者心理活动及其变化规律的科学。广告如何与消费者的心理活动发生交互作用，这是广告学与心理学的交互点。

广告学借鉴了大量心理学的研究方法和心理学的理论。所谓广告心理学就是指广告受众在接受广告信息时所产生的一系列心理活动（包括感性的、理性的、情感的、意志的、个体性的或社会性的等）及心理现象、心理规律。广告心理学是随着广告的兴起、发展而逐渐发展形成的一个心理学分支。它的基本任务是分析、研究和掌握广告对象的心理特征，为广告宣传提供心理学依据。广告心理学研究对于广告实践活动有着十分重要的意义，整个广告策划活动中，几乎每一个环节都需要对广告对象心理特征的分析、研究和把握。

二、消费者心理

广告对消费者作用的过程就是通过消费者一系列心理活动产生的，广告中涉及影响消费者心理活动的因素主要包括以下几个方面。

（一）感觉与知觉

感觉就是当外界事物作用于人的感觉器官时，大脑对特定对象个别属性的直接反映。如看到色彩、听到声音、嗅到气味等都是感觉的反映。广告受众个体在对广告进行了解的过程中，通过眼睛看到广告画面，通过耳朵听到广告声音，通过鼻子闻到广告样品的味道，通过舌头品尝到广告样品的味道，通过触摸广告样品感到其软硬温冷，从而得到视觉、听觉、嗅觉、味觉、触压觉及温觉，也就是运用感觉器官得到感觉。因此，就广告而言，在设计、制作广告作品时必须注重对商品各方面细节进行精益求精的表现。

知觉是大脑对作用于感觉器官的客观事物的整体反应。因为在现实中，物体的个别属性并不能脱离具体的物体而独立存在，它总是与整个事物结合在一起引起人的反应。消费者对商品知觉是在感觉的基础上形成的，没有对某种商品个别属性的感觉，消费者就不能形成对这种商品的整体知觉。但是知觉并不是被动地接受感觉的映像，相反，它是一个积极能动的反映过程。例如，当消费者带着既定的购买目的去选择某种商品时，这种商品就会成为符合其知觉目的的刺激物，它会很清楚地被感知，成为消费者知觉的对象，而其他商品或刺激物，就可能显得比较模糊，成为知觉对象的背景。当然，随着消费者知觉目的的变化，知觉对象与背景是可以相互转换的。

由于消费者的知觉是各种心理活动的基石，能有力地刺激消费者的需求，促进其购买活动。因而，在广告宣传和制作中，我们应力求使消费者对广告内容产生更好的知觉，把他们的认识和理解推向更深的层次，形成对广告商品良好的主观态度。

（二）记忆

记忆是指人不仅通过感觉器官在活动中感知当前的事物，得到相关的信息，还要把这些信息输入到大脑保存起来。在必要时当所感知过的事物再次出现时还能确认，并能按要求回忆起过去经历过的有关事物。在离开了刺激物的作用之后，由于记忆，原来听过的广告语，看过的广告图形画面、接触过的广告样品仍能够在需要时再现和再认。

（三）想象

想象是人脑对已有表象进行加工改造而创造新形象的过程。广告的内容常常使人不仅能通过记忆把经历过的广告回想起来，而且还能根据广告的内容设想出自己从未经历过的事物。

广告对象或消费者在评价广告商品时，经常会发挥他们的想象能力，进入角色，设想拥有广告商品时对生活、对事业、对爱情等带来的好处。例如，看到关于西装的广告时，年轻的小伙子就会想象穿上它，信心十足地去与女朋友约会时的浪漫情景。可见，对商品的想象是消费者意识行为和购买行动的内部推动力，它对激发消费者的购买动机与购买决定具有重要作用。所以，广告作品如果能够根据商品的特点激发、诱导广告对象的想象，就能够取得较好的效果。

（四）需要与动机

需要是指人脑对生理需求和社会需求的反映，是指没有得到某些基本满足的感受状态，是个体缺乏某种东西所产生的一种主观状态。当个体由于缺乏某种生理或心理因素而产生内心紧张时，就会形成与周围环境之间的某种不平衡，为恢复这种不平衡状态，消费者就会努力寻找并购买某种商品，从而消除原来的心理紧张。广告应研究人的需要，并利用广告使消费者产生或发现自己的需要，促进产品的销售。例如，广告使消费者发现自己即时通信的需要，促进手机产品的销售。

动机是指引起并维持个体活动，并使之朝向一定目标和方向进行的内在驱动力。个体在动机的作用下产生行为，并使其指向一定目标，在行为进行过程中不断调节行为的强度、持续时间和方向，使个体最终实现预定的目标。动机在广告设计中的作用十分巨大，如针对人们寻求丰富人生经历的动机，许多旅行社的广告同时播发多条旅游线路供旅游者选择，如美丽的西藏、神秘的云南、温柔的苏州、多泉的济南，以及山水甲天下的国际旅游胜地桂林等，以强化消费者的动机，最终销售旅游产品。

需要是动机产生的基础，动机是为实现一定目的而行动的原因。例如，具有去西藏旅游动机的消费者，对“离天最近的地方”——西藏地区的旅游广告十分关注，在修通青藏铁路之后，交通成本的下降引起消费者的注意，人们为达到亲身前往西藏欣赏那里的自然风光和人文景色的旅游目的，往往会收集大量关于青藏铁路情况的报道以得到丰富多样的信息。消费者的西藏旅游动机促使消费者做出西藏旅游决策，增加赴西藏旅游的人次，使得西藏旅游业获得大发展。

（五）消费者个性

个性是表现在人身上的经常性的、稳定性的和具有本质特点的心理特征。个性心理特征具体体现在一个人的能力、气质和性格等方面的差异，它影响着人们的言行与举止。

能力是一个人能够顺利完成某项活动并直接地影响其活动效率的个性心理特征。一个人的能力包括观察力、记忆力、想象力、思维能力和注意力，以及听觉、运算、鉴别能力、组织能力和决策能力等方面。这些不同类的能力彼此有所联系，相互促进，共同发挥着作用。当然，不同的活动具有不同的能力活动结构，所需的能力强度也不同。人的能力的形成和发展是同人的素质、社会实践、文化教育和主观努力等条件相关的。在购买活动中，消费者的购买行动的多样化，也在一定程度上反映出了其对于商品的识别能力、评价能力和决策能力，有时候甚至还有他的支付能力。

气质是人的典型的和稳定的心理特征。个体间气质的差异将导致每个人在进行各种活动时表现出不同的心理活动过程，形成各自独特的行为色彩。按照气质分类的话，一般可以将人分为兴奋型、沉静型、活跃型、安静型四大类型。不同气质类型的人对广告的反应也不一样，因此，面向不同气质的广告受众，广告的制作也应该有所不同。

性格是人对客观现实的态度和行为方式中最经常表现出来的稳定倾向。它是人的个性中最重要、最显著的心理特征。一个人对某些事物的态度反应，如果在其生活中巩固起来，形成了一种经验与程序的话，就会变成他在一定场合中习惯了的行为方式，也就构成了他的性格特征。

消费者的能力、气质和性格等个体心理特征对消费者的购买行为的影响是非常巨大的，是构成不同的购买行为的心理基础。在广告的创作上应该通过对于消费者的心理特征的分析，做到从实际出发，使广告宣传针对宣传对象的心理活动直接发生联系，有的放矢，以提高宣传效果。

三、消费者决策过程

消费者对产品和服务的偏好是不断变化的。企业为了应对消费者偏好变化这一特点，就必须对消费者的行为有一个全面的了解。而在消费者的诸多行为中，其购买决策过程是非常重要的内容之一。消费者购买决策就是消费者通过购买活动及购买结果满足某种未满足的需求的消费行为，而消费者购买行为的全过程就是不断进行决策的过程。

消费者在购买产品或服务时，一般遵循图 3-2 所示的消费者购买决策过程。该过程由五个阶段构成，分别是认识需求、信息检索、选择评估、实际购买和购后行为。这个过程因消费者所要购买的商品种类、价值以及消费者的经济条件、个性因素的不同而不尽相同。消费者购买商品决策过程有时几秒、几分钟可以完成，有时却要花费几个月甚至几年或更长时间才能完成。当然，消费者并非在购买每件商品时都要经过这五个阶段，某些商品的购买过程则非常简单，消费者可能跳过其中的某几个阶段或倒置某个阶段。该模式所展示的是消费者面临新的或比较复杂的购买情况时所进行的一系列的考虑和活动，是一个较全面的购买决策过程。研究消费者购买决策过程，对了解消费者的消费心理变化过程十分重要。

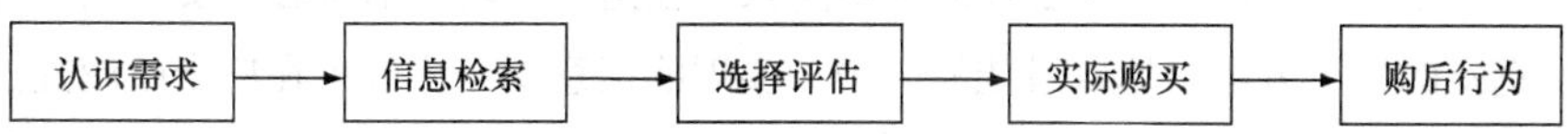

图 3-2 消费者决策购买过程

（一）认识需求

认识需求是消费者购买决策过程的第一阶段，是购买行为发生的基础。当消费者面对实际需求和欲望需求之间的不平衡时，需求就产生了。例如，当你和同学们在足球场、篮球场或健身房进行了激烈运动后，是否会感到口渴，如果有，那么你的对解决口渴产品的需求就产生了。

当然，不同的环境下，人生的不同阶段，人的需求是不断变化的，也是多种多样的，认识并满足需求才能完成消费活动过程。人们在维持生命、改善生活的过程中形成了丰富多彩的需求，而努力发现消费者的需求并满足他们则是企业存在的责任。消费者只有认识到购买某一商品的必要性和紧迫性，才能采取购买行动，广告人员必须通过市场调查，通过不同的广告方式，去激发和诱导消费者的需求，才能扩大产品销售。

（二）信息检索

信息检索是消费者购买决策过程的第二阶段。消费者认识到自身的需求后，就要搜索市场上有关各种可供选择的产品信息，以满足其需求。消费者通过不同渠道获得有关产品的信息，不同来源途径的信息形成消费者购买决策的基础。信息的搜索可能是外部的，也可能是内部的，也可能是二者兼而有之。内部信息搜索是在记忆中回想已存储的信息，这种存储的信息可能是消费者自己以前的消费体验，也可能是某则广告给其留下的深刻印象。外部信息搜索则是在外部环境中搜索信息。外部信息搜索一般有两种渠道，一种渠道和商品的营销者无关，可能来自自身的消费经历、家人或朋友的推荐、公共信息来源；另一种则是来自营销者的商业来源信息，这是广告所能支配和控制的信息。这种商业信息来源可能包括大众传播媒体、商家的促销信息、销售人员的推销、产品标签和包装以及互联网等。

（三）选择评估

选择评估是消费者购买决策过程的第三阶段。消费者有了需求，并经过信息检索之后，就会收集到大量的相关信息。这时，消费者就会利用存储在记忆中的信息以及外部渠道获得的信息构建出自己的一套评估标准。评估标准构建之后，消费者就要对多个购买决策方案进行评估，依据自己的实际情况，确定比较有利的方案。

不同的人会因为不同的原因去购买同一种商品，广告主必须按利益细分的原则去做广告，使它对不同类型的消费者都适用。购买行为在同一消费者中也是不同的，同一个人可能出于不同的原因去购物，这取决于每个人的欲望不同或产品适用环境的不同。对广告主来说，最重要的一点是要考虑顾客在购买时会选什么样的产品，了解影响顾客对产品做出选择的因素是什么。

（四）实际购买

实际购买是消费者购买决策过程的第四阶段，在这一阶段中消费者需要做出最终的购买决策，从选定的几个方案中选取最佳的一个，实现购买意图。广告主在广告中应提出在允许的范围内包换、保修、免费维修产品，增加售后服务的内容，应尽量减少消费者承担的风险，使消费者正确认识产品风险水平。通过一系列可行的承诺，从某种程度上消除消费者的顾虑，增加消费者的购买决心，促使消费者做出最后的购买决策并付诸行动。

（五）购后行为

消费者在购买产品时，总是期望从购买这一产品中获得一定的利益。那么他们的期望在多大程度上得到了满足，决定了消费者对其购买产品是否满意，也决定了消费者的购后行为。购后行为作为购买决策的第五个阶段，决定了消费者对该产品或品牌是忠诚留下还是离开。消费者购买并使用产品，在实际使用过程中了解产品的益处，当产品益处大于消费者的期望时，消费者会感到满意并会再次购买相同产品；反之，当产品的益处小于消费者的期望时，会促使消费者修改购买方案，避免购买与上次相同的产品。广告中不要再做出夸大产品利益的承诺，避免消费者购后对产品做出不良评价，影响产品的品牌形象和销售。

本章习题

1. 从传播学理论如何看待广告活动？

2. 广告与营销战略的关系是怎样的？

3. 广告在整合营销传播中的作用是什么？

4. 如何从消费心理的角度看待广告活动？

5. 除了本章提到的三个广告学理论基础，你还能提出来哪个对广告学的支撑作用比较大的理论，并根据自己的理解进行简述。

章末案例

"整合营销传播"重塑 IBM 辉煌

"无论是一大步，还是一小步，总是带动世界的脚步。"这是美国 IBM 公司的广告语。让人不觉地联想到阿姆斯特朗在踏上月球时脱口而出的一句名言："为个人走了一小步，为人类跨了一大步！"显然，IBM 为自己的计算机曾被大量用于美国阿波罗登月计划之中而备感自豪！人们评价，IBM 公司长达 80 年的历史，其实就是一部美国的高科技发展历史，在一定程度上，也可说是国际计算机发展的历史。美国《时代周刊》曾经撰文谈到 IBM："IBM 的企业精神是人类有史以来无人堪与匹敌的。它像一支数量庞大、装备精良而又组织严明的集团军，浩浩荡荡挺立于世。没有任何企业会对世界产业和人类生活方式带来并将带来如此巨大的影响。"创业 80 多年，IBM 在全球 159 个国家和地区，曾为上万家企业做过信息服务。

（一）组织结构改革：排出企业传播障碍

一直顺风顺水的 IBM 在 20 世纪 90 年代初遇到了麻烦，1990 年盈利超过 60 亿美元，而 1991 年却一下子亏损近 30 亿美元，1992 年亏损 50 亿美元，1993 年亏损更高达 80 亿美元。这一趋势让 IBM 高层认识到企业改造和管理革命势在必行。1992 年年底，IBM 首先对其组织结构机制进行重大改革。通过使各分支单位成为利润中心而使组织结构分权化，发展出网状组织，进行层级缩减、组织扁平化，使每个成员都能发挥专业能力。作个形象的比喻，就是从"一艘战舰"转变为"一支舰队"，以便更灵活地适应市场变化，这也是目前许多西方企业组织管理的改革潮流。

IBM 美国中西部总公司的运作情况和传统的其他大型公司一样采用的是职能划分部门。该公司组织依功能分为销售、营销、生产、研究开发、财务等部门，分别向三个副总裁报告，各部门间互不往来。然而，这种组织结构造成了许多传播上的问题，主要有三个方面：信息混淆，体现为同一家公司可能收到不同的信息；内部资源浪费，体现为每个小组都准备自己一套接触客户及潜在客户的方法和资料；外部资源浪费，广告代理商接受不同的小组的简报，每个小组对营销都有不同的看法，这样，广告公司往往成了帮助协调 IBM 内部沟通的单位。

为了改变这种局面，经过反复检讨和试验后，IBM 调整了原来的结构，尝试把现有的营销和销售小组分为三大类：IBM 的现有客户；IBM 的竞争厂商的客户；还没有安装计算机系统的公司。针对上述三类客户，IBM 采取了不同的策略。对于 IBM 的现有客户群，营销的基本原则是提供良好的售后服务，及早发现 IBM 的问题；对于竞争对手的客户，则是针对其计算机系统的弱点，提出 IBM 相容的解决方式，促使他们转向 IBM；至于还没有设立计算机系统的公司，则是消除他们的计算机恐惧症，提供他们简便友善的计算机系统。

如此一来，每一个公司只会收到来自 IBM 的一种信息。每一次的造访和所有的营销组合，都是为达成同一个销售和营销的目的。“整合营销传播”是 20 世纪 80 年代末在西方兴起的一种营销新理念。简单地说，其中心思想就是要传播清晰一致的信息。企业组织结构的“消费者导向”给予了整合营销传播有力的保障。

（二）“品牌管家”——奥美登场，帮助 IBM 实施全球品牌战略

1994 年 5 月 24 日，IBM 决定将其全球广告业务全部交予奥美，这是 IBM 广告史上规模最大的一次业务转移。IBM 特别要求新的代理商，能够使 IBM 品牌在全球范围内具有完全一致的特性和源源不断的活力。而奥美在全球的影响力是有目共睹的。在与 IBM 的合作过程中，奥美独特的“品牌管家”作业方式发挥了巨大的作用。下面对其中的两个主要步骤加以说明。

一是品牌检验。品牌检验是寻找与品牌相关的语言及元素，并开始收集资料，以培养洞察力和直觉，并借之了解产品及其与消费者的关系。这就是调查消费者到底是如何认知 IBM 这个品牌的。虽然 IBM 的知名度一向很高，并且在过去给人以稳固、安全、可靠的感觉，然而人们认为 IBM 机构庞大，反应缓慢，在研究开发方面不如他人，缺乏新品牌迷人的产品特征，以至于顾客对品牌的特性与将来发展的方向感到困惑。针对这一误解，奥美运用“品牌管家”中的“品牌检验”工具，针对 IBM 客户、广告代理商、消费者调查得出的品牌检验结果表明，“你无法和 IBM 一同欢笑”，“IBM 只会与你的主管讨论，除此以外，别人都不重要”。但同时也发现：IBM 是值得依赖、具有良好品格与崇高道德的公司；以提供满足顾客的各项服务与支援为目标；是孕育现今信息技术的摇篮；与其他企业相比较，IBM 在基层和新兴资讯科技的发展上投入更多的资源，并拥有更多的专利权。

二是品牌写真。依据品牌检验所发现的真相及品牌沟通的核心精髓，奥美为 IBM 勾勒出一段栩栩如生的叙述，即品牌写真。它是关于消费者与 IBM 之间存在的独特关系的一种生动的陈述（带有感情成分），是关于 IBM 存在理由的绝对真理。在 IBM 的品牌写真中，IBM 被描述为“信息时代的基石，改造我们生活的拉力……IBM 站在全球发展的高度，兼顾人性化需求的温和、积极，甚至偶尔也会自嘲一番；轻轻一触，它就能把任何人变成拥有科技魔力的用户；它提供了四海一家的解决之道”。品牌写真其实是品牌的灵魂与意义、身份的识别证，因此，它实质上定义了公司组织的每项活动，包括宣传、所有与顾客的互动关系，以及公司所进行的每件事与所说的每句话。“科技魔力”的精神实质，反映在 IBM 所有的营销和传播活动中。从品质到品味、包装、零售环境、展售地点、产品线、人体工学、设计与色彩、促销、价格、公司信誉与公关、销售小组与服务经验、口耳相传、电话营销、文稿与接待员风格、电话对应、偏见与社会态度、集体与个体记忆，直到计算机个人网站等，所有这些通通都遵循一个整体的接触策略。

由此可见，奥美的“品牌管家”，并不只是针对广告的策划程式。这是因为，做广告不是最终目的，塑造和发展品牌才是永远的追求。因而，它包含了广告以外的任何东西，包括个人接触、直接接触、一对一接触等。奥美的“品牌管家”承担了 IBM 除传播外的更重大的责任——如何管理品牌资产，使 IBM 更忠于品牌核心价值与精神，从而持久不衰。

（三）整合品牌传播＝整合营销传播＋品牌资产

“整合营销传播”以统一的传播目标，运用和协调各种不同的传播手段，使不同的传播工具在每一阶段发挥出最佳的、统一的、集中的作用。其目的是协助品牌建立与消费者之间维系不散的长期关系。品牌核心要素与灵魂必须在所有传播中得到一致性的运用。因此，确切地说，“整合营销传播”的实质是“整合品牌传播”。奥美“品牌管家”中的“品牌写真”就是提供对品牌精髓的描述。它成为所有与 IBM 相关的促销传播策略的最高指导原则，确保了 IBM 在全球不同市场具有一致的品牌个性和一致的信息重点。

“整合品牌传播”采用“由外而内”的思考模式。它从消费者或潜在客户着手，努力去找出他们的需求，然后再针对其需求找出他们所需要的产品或服务。现在的 IBM 与过去的 IBM 相比，重要的改变就在于以“由外而内”淘汰了“由内而外”的规划模式。IBM 认识到，客户不可能在 IBM 不同产品部门寻求到适宜的产品，进而找出一个合适的解决方案，因此，他们需要别人来为他们找出所需的解决方案，这里面包括硬件系统、软件系统、集成服务、应用开发，以及其他服务等。这就需要 IBM 深入了解客户所需完成的内容，不仅是信息技术的战略要求，而且包括他们的商业战略要求、客户的行业特点、服务对象等。

除了广告外，IBM 同时进行直效营销、公关活动、促销、事件营销，在全球各地一百多个国家和地区进行整合品牌传播。这些传播活动的目的是为了增加 IBM 品牌的价值与曝光率，不论在哪个国家和地区，以何种语言，或通过何类媒体打广告，均遵循相同的风格、语调与方式来沟通，使得 IBM 的品牌印象更加鲜明一致。

在 IBM 的整合品牌传播中，直效营销是它的特色，数量约占整合营销活动一半以上。IBM 建立资料库营销团队，针对各行各业做研究，经过分析有用的资料，提出符合各行各业需要的解决方案，制定各种类型的营销活动。例如在中国台湾地区，对金融事业保险群，IBM 通过和美国运通银行合作，分寄 DM 给经过挑选的名单；与计算机补习班合作，提供优惠价给学生。IBM 具有强大的支援服务体系提供客户专属服务人员，负责咨询与维修。

在 IBM 这场扭转乾坤、重塑辉煌的伟大改革中，我们再次看到管理、营销、广告在市场竞争中的决胜力量。归纳到一点就是全球品牌战略工具的运用——“整合品牌传播”。

（根据网络资料，略做整理）

第三篇

广告战略

第四章 广告战略与策略

学习要点

① 广告战略的特征、目标与类型

② 影响广告战略制订的因素

③ 常用的广告策略

本章知识框架图

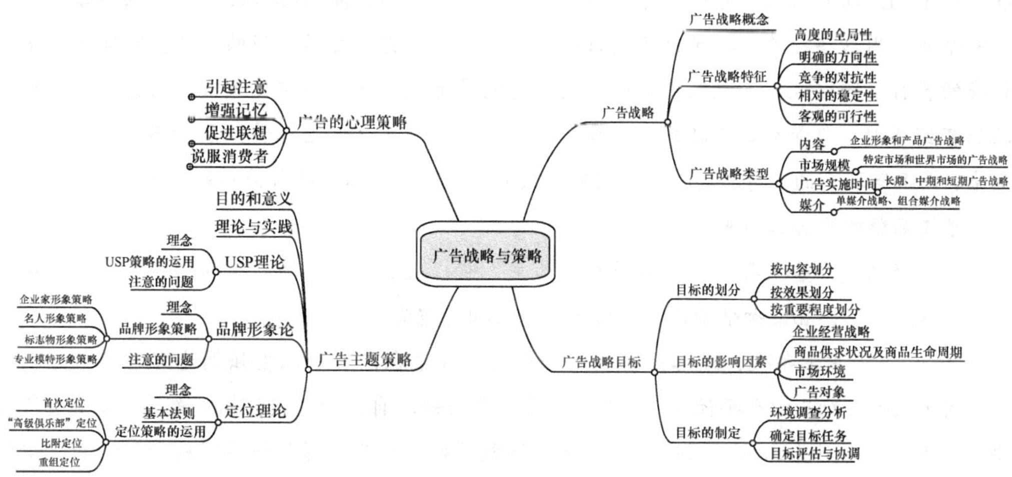

引导案例

雀巢公司的广告战略

成立于 1867 年的瑞士雀巢集团，以创始人亨利·雀巢（Nestle）的名字命名，德语意思是小小雀巢，给人一种家一般温馨的感觉。如今，雀巢公司已经在全球拥有 500 多家工厂，为世界上最大的食品制造商。雀巢产品主要涉及咖啡、矿泉水、冰淇淋、猫狗食品，在同行业中均处于领先地位。此外，雀巢在奶粉、调味品、巧克力糖果、眼科医疗用品等产业也享有较高的声誉。尽管生产线很广，涵盖各类食品，但在受众眼中，雀巢就是速溶咖啡的代名词。那么，雀巢公司是如何让雀巢咖啡深入人心的？除了保证产品品质外，成功的广告策略是关键——让受众在记住生动广告的同时，记住了雀巢咖啡。

全球广告的标准化

大量投放广告是雀巢公司的一大特色。在创造受众的强烈品牌意识和偏好方面，雀巢公司从不吝惜花钱，这使公司很快赢得较高的市场份额。在韩国，雀巢仅用七年时间夺得35%的市场份额，瓦解了卡夫（kraft）通用食品长期以来的垄断地位，主要靠的是大规模广告战。但大量投放并不等于无序地投放广告，雀巢广告讲究的是精而有效。为了保证雀巢广告传播的质量，更好地实现品牌传播的一致性，雀巢公司选择统一的广告代理商，大量减少它在全球的广告代理机构。现在与之密切合作的代理减少到个位数，分别是麦肯、智威汤逊、Pubilis FcB、奥美以及灵狮，它们形成了一个国际广告代理机构网络。雀巢总部为每个战略品牌指定了优先考虑的广告机构，给予一定的自由选择度，各地分公司可以从这些机构中作出自己的选择。例如，负责雀巢咖啡广告的主要是麦肯公司和智威汤逊公司。

雀巢公司很注意宣传上的细节，为了保证世界各地分公司在宣传上的一致性，公司提出了三个重要的文件来约束各分公司：一是标签标准化，这只是一个指导性文件，它对标签设计组成的各种元素作出了明确的规定。例如，雀巢咖啡的标识、字体和所使用的颜色，以及各个细节相互间的比例关系。这个文件还列出了各种不同产品的标签图例，建议各分公司尽可能早地使用这些标签。二是包装设计手册，这是一个更为灵活使用的文件，它提出了使用标准的各种不同方式，如包装使用的材料及包装的形式。三是品牌化战略，它包括了雀巢产品的营销原则、背景和战略品牌的主要特性的一些细节。这些主要特性包括品牌个性、期望形象、与品牌联系的公司、其他两个文件涉及的视觉特征，以及品牌使用的开发等。

塑造品牌的广告三部曲

雀巢产品线广告主要以雀巢咖啡广告为主，它代表着雀巢产品广告的整体特性。纵观它的广告发展历程，雀巢咖啡的广告经历了三个时期的演变。

20世纪三四十年代，速溶咖啡刚刚面世时，雀巢在广告中注重强调速溶的特点并不成功。因为20世纪三四十年代是一个男尊女卑、妇女缺乏自信的时代，相夫教子是妇女生活的要务，女性很少外出工作。买速溶、图方便这就导致了广告主题与许多家庭妇女的购买心理相悖的现象，因为女性受众认为购买速溶咖啡给人不够贤惠的感觉，这可不是当时男人期望的妻子形象。在这样的广告之下，速溶咖啡的销售不是太好，可雀巢着眼长期效果，坚持用这个广告。后来，随着时代进步，妇女解放，步入社会的女性日益增多，速溶咖啡这种既方便又能保持原味的优势终于大放光彩，速溶咖啡的优势终于被受众认识，销售稳步上升。

20世纪五六十年代，随着产品导向型广告的流行，以及速溶咖啡被广泛接受，雀巢开始转换宣传重点。这一时期的广告着重强调雀巢咖啡的纯度、良好的口感和浓郁的芳香。世界各地分支机构都采用了产品导向的广告，强调雀巢咖啡是真正的咖啡。雀巢咖啡1961年进入日本市场时，电视广告首先打出“我就是雀巢咖啡”的口号，朴素明了，一时间反复在电视上出现，迅速赢得了知名度。1962年，根据日本受众以多少粒咖啡豆煮一杯咖啡来表示咖啡浓度的习惯，雀巢开展了43粒广告运动，可谓典型的USP（独特的销售主张）策略。广告片中唱着雀巢咖啡，集43粒咖啡豆于一匙中，香醇的雀巢咖啡，大家的雀巢咖啡，优美的旋律一时间传遍了大街小巷。

在第三个阶段，随着雀巢咖啡知名度越来越高，人们逐渐认可咖啡就是雀巢咖啡后，雀巢咖啡广告的导向转变为与年轻人生活息息相关的内容，广告尤其注重与当地年轻人的生活形态相吻合。雀巢咖啡这个名称，用世界各种不同的语言来看，都给人一种明朗的印象，和消除紧张、压力的形象结合在一起。在英国广告中，雀巢金牌咖啡扮演了在一对恋人浪漫的爱情故事中一个促进他们感情发展的角色。

雀巢广告在中国的本土化

在中国，雀巢一直强调要提供适合中国人口味的优质食品。从 20 世纪 80 年代雀巢进入中国到现在，产品已经从奶粉、咖啡，拓展到了饮用水、冰淇淋等领域。雀巢在中国受众中如此家喻户晓，“雀巢，味道好极了”这句绝佳的广告词深入人心，一提起雀巢食品，那甜美芳香的味道马上会浮现于脑海。雀巢广告在中国的广告战略可分为两个阶段。

第一阶段：20 世纪 80 年代，雀巢产品再次进入中国，在宣传策略上强调使用中国人的形象。一句经久不变的广告语“雀巢，味道好极了”，拉近了雀巢与中国民众的距离，广告以味道好极了的朴实口号作为面市介绍，劝说国人也品品西方的茶道。当初雀巢在中国推出速溶咖啡的时候，面对中国人传统的喝茶的习惯，雀巢首先做的是培养中国人喝咖啡的习惯。雀巢用广告等多种手段，刻意来宣传喝咖啡是一种时尚、潮流，成功地吸引了一群年轻人对茶背叛之后选择了咖啡。品尝雀巢咖啡，代表的是体验一种渐渐流行开来的西方文化。味道好极了广告运动持续了很多年，尽管其间广告片的创意翻新有过很多次，但口号一直未变。直到今日，一旦一说起味道好极了，人们就会想到雀巢咖啡。

第二阶段：20 世纪 90 年代后，中国年轻人的生活形态发生了变化。一是年轻人渴望做自己的事，同时又保留传统的伦理观念；二是意识到与父辈之间的差异，也尊敬他们的家长；三是渴望独立，并不疏远父母；四是虽然有代沟，但有更多的交流与理解；五是有强烈的事业心，也要面对工作的压力和不断地挑战，这就是当今年轻人的生活形态。雀巢敏锐地捕捉到年轻一代的生活形态的微妙变化，广告口号变成了好的开始。广告以长辈对晚辈的关怀和支持为情感纽带，以刚刚进入社会的职场新人为主角，传达出雀巢咖啡将会帮助他们减轻工作压力，增强接受挑战的信心，这种社会背景也成了雀巢咖啡广告转型的沟通基础。

纵观雀巢的整体广告策略，我们可以总结出其成功的关键，在于雀巢的广告在跨文化传播中的标准化与本土化的合理以及灵活的运用。广告的本土化和标准化各有优势和不足，将本土化和标准化有机结合是许多跨国公司所追求的目标。雀巢在遵循全球化经营理念的同时，尊重和考虑本土顾客的需求、习惯和文化等因素，在广告中反映出各地受众的生活方式，使品牌真正地满足本地市场。正是这种出色的广告策略，小小雀巢才有了今天的大世界。

思考：我们经常在电视上看到一些世界知名品牌的广告，如可口可乐的饮料广告、肯德基的快餐广告，当然还有本案例中提到的雀巢广告。这些公司在世界其他国家或地区投放的广告都是一样的吗？如果是一样的，为什么？如果不是一样的，又是为什么？从本案例中你能找到答案吗？从本章的后续内容中，你能找到理论依据吗？

（资料来源：根据全球品牌网络资料整理而成）

第一节　广告战略

一、广告战略概念

广告战略是指在一定时期内从宏观上对广告活动的统筹策划和把握。广告战略通常是企业营销战略的一部分，更是企业战略的一部分。在广告策划过程中，正确的广告战略，是全局性广告成功的关键，在广告活动中有着举足轻重的地位。广告战略作为广告发布者在宏观上对广告决策的把握，必须经过周密的调查研究、高瞻远瞩、审时度势，从战略的眼光出发，进行长远的全局谋划，不失时机地为实现企业的总战略目标服务。研究广告战略的目的是为了提高广告宣传效果，使企业以最低的开支达到最好的营销目标。在当今市场竞争日趋激烈的情况下，一个企业、一种产品要在市场上取得立足之地，或者为了战胜竞争对手以求得发展，几乎都与正确地运用广告战略有着密切关系。

在广告中还常遇到广告策略一词，广告策略指的是为实现广告战略目标而采用的手段和方法。策略服务于战略，战略一般相对稳定，而策略具有较大的灵活性，战略反映全局，策略则反映局部。

二、广告战略特征

广告战略作为一定时期内广告活动总体规划，具有以下几个特征，见表 4-1。

表 4-1　　广告战略特征

特征	解释
高度的全局性	强调对企业整体广告活动的把握，其制订是为企业整体目标服务；忽略广告实施的细节
明确的方向性	是为了确保广告目标的实现
竞争的对抗性	一是和企业外部同类产品的市场竞争；二是和企业内部其他活动的资源竞争
客观的可行性	战略是策略实施的指导，制订战略时既会考虑到战略的长远性，也会考虑到实施的可行性
相对的稳定性	战略一旦制订，不会轻易被改变

三、广告战略类型

（一）按内容划分，可分为企业形象广告战略和产品广告战略

企业形象广告战略。企业形象广告战略是以提高企业知名度，树立企业形象，宣传企业信誉为主要内容的广告战略。一般来说，企业形象广告战略的重点不是直接宣传其产品，而是通过对企业的规模、业绩、历史、实力、精神等内容的介绍来宣传企业，提高企业的知名度和美誉度。

产品广告战略。产品信息广告战略是以推销产品为目的，向消费者提供产品信息，劝说消费者购买其产品的广告战略。一般来说，产品信息广告战略的重点是宣传该产品独特的特点、功能，以及将能给消费者带来的好处等。

（二）以市场规模区分，可以分为特定市场的广告战略和世界市场的广告战略

特定市场的广告战略，是针对一定的国家、地区或区域的广告战略。例如，“精工表”在世界上着力于国际标准计时的宣传；而在某些国家，则根据当地追求式样翻新而重点进行“流行式样”的宣传。

世界市场的广告战略，也称全球战略，就是以全世界市场为对象，统筹规划。跨国公司的全球广告战略，十分注意广告口号、手法、风格的一致性，以期在世界范围内保持一个统一、强大的形象。例如，美国可口可乐公司在相当长的时间里，利用拥有世界性专利的有利条件，生产出的可口可乐，统一口味、统一规格瓶装，连广告宣传的字句也一致，因而迅速提高了产品在全世界的知名度。

（三）以广告实施时间区分，可以分为长期、中期和短期广告战略

长期广告战略，是指对广告内容所作的两年以上的广告宣传战略。采用长期广告战略，着眼点不是眼前，而是未来，一般来说，长期广告战略不但着眼于开拓市场，打开产品销路，而且还着眼于提高产品的知名度，树立良好的企业形象。因此，长期广告战略要注重全局性、系统性和深远性，强调广告目标的长期性和连贯性。

中期广告战略，是指对广告内容作为期一年的广告宣传的广告战略。采用这种战略，要在计划时间之内反复针对目标市场传递广告信息，持续地加深消费者对商品或企业的印象，保持消费者头脑中的记忆度，努力发掘潜在市场，提高商品知名度，促使消费者重复购买。

短期广告战略。短期广告是指一年内按季度、月份所实施的广告。短期广告战略是指在有限的市场上，较短时间内推销某一产品的广告战略。一般来说，短期广告战略适用于新产品或时令性较强的产品，如中国的春节前，很多日消品厂商都会针对春节制定特殊时期的广告战略。

（四）以媒介区分，可以分为单媒介战略和组合媒介战略

单媒介战略，是指企业选择单一的广告媒体投放广告。企业使用单媒介战略一般有两种情况：一是企业经过调查分析后发现某种媒介的广告效果更佳，性价比更多；二是在企业使用多种广告媒介后发现其中某一种媒介的效果较好。在上述两种情况下，企业会在一定时期内只集中使用这个广告媒介进行宣传。

组合媒介战略，就是在同一时期内用多种广告媒介发布创意基本相同的广告。使用多媒介战略可以增加消费者接触广告的机会，造成一定的声势。但在运用组合媒介时，也应确定其中一种为主要媒介，其他媒介作为补充，并应制定各种媒介之间最佳的配合方案。例如，采用哪几种媒介，各种媒介发布的先后顺序，发布的时间安排和次数等。

第二节 广告战略目标

广告战略目标是广告活动所要达到的预期目的。作为广告活动的总体要求，广告战略目标规定着广告活动的总任务，决定着广告活动的行动和发展方向，是确立广告战略的中心环节。

一、广告战略目标的划分

站在不同的视角、采用不同的标准，可以把广告战略目标分成不同的类别。

（一）按内容划分，可分为产品推广、市场扩展、销售增长、企业形象目标

产品推广目标。以产品推广为目标的广告战略旨在扩大产品的影响，其希望通过一个阶段的广告活动使企业的产品被目标市场的消费者接受。所以，以产品推广为目标的广告战略一般注重产品知名度与美誉度的提高，注意广告的覆盖面和目标市场消费者对广告的接收率。这类广告战略目标较适用于企业新产品的宣传。

市场扩展目标。以市场扩展为目标的广告战略旨在拓展新的市场，其希望通过一个阶段的广告活动使一批新的消费者加入本企业产品的消费行列。以市场扩展为目标的广告战略一般注重在新的消费群体中树立产品或企业的形象，注重改变这些消费者的消费观念。由于新的消费群体很可能以前购买的是竞争对手企业的产品，因而以市场扩展为目标的广告战略具有较强的竞争性和挑战性。

销售增长目标。销售增长目标是公司广告活动最常见的战略目标，其希望通过一个阶段的广告活动使企业的总销售额或某一类产品的销售额能增长到一定的程度。以销售增长为目标的广告战略注重于消费者购买欲望的刺激，这类广告战略目标通常适用于在市场上已有一定影响和销路的产品。

企业形象目标。以企业形象为目标的广告战略旨在扩大企业的影响，其希望通过一个阶段的广告活动能提高企业的知名度和美誉度，或提供某种服务，以显示企业对社会和大众的关注，建立良好的公共关系，促进企业的发展。以企业形象为目标的广告战略不仅仅追求短期内产品销售量的增长，而同时注重同目标市场消费者之间的信息和情感沟通，努力增加目标市场消费者对企业的好感。

（二）按效果划分，可分为广告促销目标和广告传播目标

广告促销目标。广告促销目标是指广告活动所要达到的促销指标，主要包括利润增长率、销售增长率、市场占有率等内容。一般来说，广告促销目标的制定应有一定的弹性，因为广告不是决定销售的唯一因素，销售还要受到其他因素的影响。

广告传播目标。广告传播目标是指广告活动所要达到的心理指标，包括对广告信息的视听率、读者率和注意、理解、记忆、反应等内容。

（三）按重要程度划分，可分为主要目标和次要目标

主要目标。它是众多广告战略目标中涉及全局、处于主导地位的目标。在广告活动中要抓住主要目标，保证主要目标的实现。

次要目标。除主要目标之外，广告活动还具有多元或多重目标，这就是次要目标。不同企业、不同产品的广告目标不同，同一企业、同一产品在不同时期、不同市场环境之中广告

目标也可能不同。

二、广告战略目标的影响因素

制订广告战略目标需要系统地分析与广告目标有关的因素，这些因素主要包括企业经营战略、商品供求状况及商品生命周期、市场环境、广告对象等。

企业经营战略。企业经营战略决定了广告战略目标，如经营战略是长期渗透战略，那么广告战略目标就要有长期目标和为了实现长期目标而制定的各相应阶段的短期目标，采用持久的广告手段和多种广告形式宣传企业和产品形象。

商品供求状况及商品生命周期。商品供求状况不同，广告战略目标也不同。在商品供不应求的条件下，一般应把目标定在进一步巩固企业与品牌形象的目的上；反之，应针对产品滞销的主要原因来确定广告目标；在供求平衡情况下，广告一般把目标定在产品的促销上。在商品生命周期的不同阶段，广告目标也有所不同：在成长期，广告目标主要在产品信息传播上；在成熟期，保证已有的市场份额是广告的主要目标；而在商品衰退期，广告的目标是延缓产品的衰退，尽量延长产品的生命周期。

市场环境。处在不同市场环境下，广告战略目标也不同。广告目标一般应围绕品牌定位而确定，处在垄断性竞争市场情况下，市场定位空隙大，具有分散性特点，广告目标主要放在提高企业或产品知名度上；处在完全竞争市场情况下，人员推销占有重要位置，广告推销主要是辅助人员推销，广告目标可定在辅助推销上。

广告对象。广告对象是影响广告目标确定的重要因素，广告并不是决定商品销售的唯一因素，因此，从广告对象因素来考虑确定广告目标，较为合理的做法是以产品的认知度、广告的回想率、品牌的知名度和消费者行为态度的转变作为广告活动的目标。

三、广告战略目标的制订

（一）环境调查分析

任何一个企业广告战略的制定都不能不考虑环境的影响，必须全面调查和分析企业的环境因素，这里的环境既包括企业所处的外部环境，也包括企业的内部环境。环境分析在广告战略中占有非常重要的地位，广告战略目标就是在对环境因素的反应和谋求改变与控制的过程中逐渐形成的，进行环境分析就是寻找有利机会，探索可能影响企业的因素或障碍，通过对收集到的信息情报进行分析和鉴别，力争捕捉良机并做出正确决策。

（二）确定目标任务

在环境调查和分析的基础上，企业就可以确定广告活动的基本目标和任务。任何一个广告活动，只有确定基本目标和任务之后，才能有效地制订战略规划，广告活动的目标和任务往往取决于营销目标和任务的设定。广告战略目标任务一方面包括指导性的政策，以引导广告活动实现其目标；另一方面就是制订职能战略目标，主要包括市场、产品、媒体、广告实施等一些特殊领域内的战略目标。

（三）目标评估与协调

广告目标是一个由多种目标构成的战略体系，同时又是企业目标和营销战略体系的有机结合。因此，广告的目标必须与企业的总体战略保持协调与统一，既不能彼此分离，又不能顾此失彼。制订目标管理及评估措施，是保证目标实现的关键因素，因此在制订目标之后，还要对目标是否符合战略要求的执行情况进行监控和反馈，以保证取得所希望的结果。

第三节　广告主题策略

广告策略由广告主题策略、广告媒体策略、广告创意策略和广告心理策略组成。而对于广告创意策略和广告媒体策略，本书其他章节有介绍，本章主要介绍广告主题策略和广告心理策略。

广告主题策略解决的是一则广告应该“说什么”的问题，而广告创意解决的是这则广告应该“怎么说”的问题。也就是说，广告主题是广告需要表达的基本内容，而广告创意是广告采用的表达方式。“科学广告”思想认为：“说什么”比“怎么说”更重要。由此可见，广告主题的选择是广告创意的基础和前提。而受众对一则广告策划是否成功往往以该广告创意的好坏作为评价标准，因此，广告主题的确定是广告策划的首要工作。

一、广告主题的目的和意义

广告的最终目的是促进商品销售。所以，广告主题要解决的问题是回答消费者为什么购买我所生产的商品，而不是其他同类商品或代替品。每个人只要回顾一下自己购买商品的过程就会发现，在购买任何一件商品时都会有一个购买理由。任何一种简单的心理或生理需求都会导致复杂的商品消费行为。任何一个购买理由都具有一定的代表性，它往往代表着一个消费者群。因此，提出与商品不同的购买理由就是确定所谓的市场位置。我们认为，确定广告主题就是寻找购买理由，即确定所谓市场上的宣传位置或寻找卖点。

认真进行广告主题的确定是进行成功广告的基础和前提。没有一个科学的主题，广告就如同一条没有方向的船，驶得越快，离目的地越远。正确的广告主题有利于进一步巩固产品定位，是说服消费者购买的关键。所以，广告必须从单纯的艺术殿堂中走出来，真正进入市场，符合消费者的真实需求。

二、广告主题理论与实践

独特的销售主张（USP）。独特的销售主张理论认为广告应该把注意力集中在产品的特点和消费者的利益上，寻找商品之间的差异，选择消费者最容易获得认知的一个说辞作为广告主题，这个说辞具有独特性。这个观点是由美国广告人罗瑟·瑞夫斯提出来的，这个创作主张在当时广告界引起强烈的反响。在 20 世纪 50 年代，广告处于产品导向时代，只要有优良的产品，只要产品有自己的特点，能给消费者带来利益，就会受到消费者的青睐。所以，广告创作要把注意力集中在产品的特点和消费者的利益上。

塑造品牌形象。到 20 世纪 50 年代末，新产品不断涌现，同类产品竞争激烈。当一种受欢迎的产品推出后，在很短的时间内，就会有许多种同类产品出现，越来越多的产品之间差异和区别越来越小。为适应新的市场竞争，广告创作也发生了变化，20 世纪 60 年代后，进入“形象至上的创作时代”，由大卫·奥格威倡导的以塑造品牌形象为主的广告创作理念，逐步深入人心。该理论认为竞争要取得成功，靠的是形象和声誉，而每一则广告，都是对品牌形象的“长程投资”。在这一创作观念指导下，许多广告获得了成功，最脍炙人口的是，由奥格威为“哈特威”衬衫创作的左眼戴眼罩的男人形象。

定位理论时代。进入 20 世纪 70 年代后，“定位”一词首次出现在美国《广告时代》上，作为一种新的营销策略和广告策略而被应用。如果广告诉求仅强调商品的性能特点、消费者的利益以及品牌形象，随着产品种类及数量的丰富，过多的广告产品、品牌信息与受众容量产生了尖锐的矛盾。在众多的产品和品牌中，受众购买决策所面临的问题不仅是买什么，更主要的是接收和选择哪一个品牌。如何解决这一矛盾，艾·里斯和杰克·特劳特在 20 世纪 70 年代早期提出了“定位”观念，主张在广告策略中运用定位这一新的沟通方法，创造更有效的传播效果。他们认为在传播的丛林沼泽中唯一能取得高效果的希望，是集中火力于狭窄的目标，实施市场区隔，即“定位”。

三、USP 理论

（一）USP 理论的理念

USP（Unique Selling Proposition）是罗瑟·瑞夫斯在 20 世纪 50 年代提出的一种有广泛影响的广告理论，其后在 1961 年出版的《广告中的现实》一书中总结了自己的这一广告主张：“独特的销售主张。”这一理论主张主要包括三个部分：①每一则广告必须向消费者“说一个主张”，必须让消费者明白，购买广告中的产品可以获得什么具体的利益；②所强调的主张必须是竞争对手做不到的或无法提供的，必须说出其独特之处，在品牌和说辞方面是独一无二的；③所强调的主张必须是强而有力的，必须聚焦在一个点上，集中打动、感动和吸引消费者来购买相应的产品。

USP 理论是 20 世纪世界广告发展史上最早提出的具有广泛深远影响的广告创意策略理论，对广告界产生了经久不衰的影响。USP 理论在当时成就了高露洁牙膏、M&M 巧克力等许多畅销的产品和知名品牌，对营销理论的发展也产生了极大的推动作用。时至今日，USP 理论还是许多广告、营销策划人员的入门必修课和作业指导原则。

（二）USP 策略的运用

USP 在过去的实践运用中取得了大量的成功，众多企业和广告人仍在绞尽脑汁寻找、创造 USP 更为广泛的应用。罗瑟·瑞夫斯提出了在商品同质化的趋势下，创造产品独特性的三个路径。

第一条路：建议厂商改进产品。

第二条路：产品无法改变以及和其他产品差异不大时，就向消费者说产品过去没有被提到的特性。

第三条路：说竞争对手暂时做不到的或还不具备的产品优势。

（三）USP 策略的运用应注意的问题

在广告创意中对 USP 策略的具体运用，应注意以下问题。

第一，诉求的产品功能利益必须是独特的。在激烈的市场竞争中忽略 USP 的“差异化”这一核心思想必定是失败的，即使是实力雄厚的企业也不例外。例如，全球日化第一品牌宝洁公司，自从 1988 年登陆中国市场以来，在中国日用消费品市场可谓是所向披靡，仅用了十余年时间就成为中国日化市场的第一品牌。润妍是 2000 年宝洁公司为对抗重庆奥妮而推出的战略性产品。当时，因为奥妮力推植物一派的产品诉求，而宝洁已有产品序列中缺乏这样的品类所以便推出针对 18～35 岁女性，以“东方女性的黑发美”为定位的植物洗发水润妍。但润妍推出的两年后，该品牌全面停产并退出市场。润妍品牌的失败离不开其产品功能定位的独特性缺失。

第二，诉求的产品功能利益应具有销售潜力。广告诉求功能或品质利益必须能够与消费者的需求直接相连，如牙膏广告的 USP 一般是洁齿护齿、消除口臭之类，若是以健胃为销售主张，就可能产生问题。雕牌洗洁精在寻找广告诉求点时的经验值得借鉴。雕牌洗洁精在寻找广告诉求点时遇到过这样的问题：市场上的洗洁精普遍采用有颜色的包装瓶，原因是透明包装容易导致产品变质，雕牌研发出不受包装影响且洗涤效果更强的新产品——透明洗洁精。但消费者调查表明：“透明包装”并非购买时的决策因素，因此雕牌放弃了产品的这一“其他竞争对手做不到的”的产品利益点，而是选择消费者关注的核心利益“干净”，提出了“干净的盘子会唱歌”，并取得销售成功。从雕牌在找不到有销售潜力的独特主张的情况下宁愿致力于“干净”诉求中，我们可以理解如果诉求的利益点不具有销售潜力，再独特也是无效的。

第三，广告诉求概念要通俗易懂。在广告诉求中运用高科技或专业的产品概念，可能会使消费者产生产品更进步或专业的感觉，但消费者并不都是行业专家，他们往往不能直接把这些高科技或专业的产品概念，转化成生活中的利益点。例如，强生系列产品，广告诉求“含无泪配方，性质温和无刺激，呵护婴儿般的肌肤”，就让消费者十分容易理解该系列产品的护肤独特性。

第四，广告诉求重点应落在产品利益点上。我们首先要明确产品的特点或属性不等于产品的利益点，如洗衣机的全计算机控制是产品的特点，而采用全计算机控制，减轻了洗衣服的劳累才是消费者的利益。而消费者需要的不是产品的特点而是产品的利益点，如汰渍洗衣粉，消费者需要的不是它含有某某高效去污因子，而是能去除顽固污渍，使衣服更干净。因此，我们在进行广告诉求时要把重点落在利益点上，而不是产品特点上，产品特点只是利益点的支持，是消费者为什么相信利益点的理由。

第五，广告诉求的利益点要具体明确。某食用油广告以“健康”作为利益诉求点，但“健康”的概念太“泛化”，“营养均衡”是健康；“营养丰富”是健康；“品质纯正”是健康；

"绿色天然"也是健康。利益点不具体明确，就会显得空，不能形成强而有力的差异化核心诉求点。

四、品牌形象论

（一）品牌形象的理念

20 世纪 60 年代后期，伴随着产品时代的终结"仿效产品雪崩似的涌入市场"，制订独特的销售主张，开始变得越来越困难。此外，随着生活水平的提高，消费者开始关注心理上的满足。许多成功的公司发现，在销售产品时，声誉与形象比任何明确的产品特点更重要。在这种背景下，形象时代的建筑师大卫·奥格威提出了著名的品牌形象论，他在一次以此为主题的演讲中说："每个广告都是对某一品牌之形象的长期投资。"这标志着营销开始进入"品牌形象时代"。进入品牌形象时代后，广告的目的也发生了相应变化：一是广告的主要目标是树立并维持一个品牌的良好形象；二是每一条广告都是对其品牌印象的长期投资，必要时还要不惜牺牲短期利益来尽量维持一个品牌的长远形象；三是随着产品之间差异性的减少，同质性的增大，决定竞争胜负的关键集中在消费者对于商标乃至企业本身特殊性质的印象之上。因此，描绘品牌的形象比强调产品的具体功能特征更为重要；四是根据马斯洛的需求层次论，消费者购买行为追求的是"实质利益+心理利益"，人们不仅注重产品给消费者带来的具体效用，更注重产品后面的企业形象和产品声誉。因此，广告应重视运用形象来满足消费者的心理需求。

（二）品牌形象策略

广告主题中的品牌形象策略主要有四种类型，分别是企业家形象、名人形象、专业模特形象和标志物形象等。

企业家形象策略。这一策略就是在广告创意中，以直接塑造企业家的美好或独特形象为创意主题，即广告品牌被赋予生产经营者自己的形象。

李·艾柯卡曾任克莱斯勒汽车公司总裁，是美国汽车工业的风云人物。他曾在美国国会听证会上力挽狂澜，为克莱斯勒争取到了宝贵的救济金，引起全社会的关注。1992 年 9 月，李·艾柯卡在退休前以董事长的身份亲自为克莱斯勒进行广告宣传，并很快赢得了媒体的普遍认可。此后在鲍泽尔广告公司的策划下，他的个人形象反复出现在广告中。有时他脱口而出的广告词比事先拟定的还要漂亮。正是由于他的宣传，克莱斯勒的家庭用型汽车和 K 型汽车在美国风靡一时。李·艾柯卡成了克莱斯勒汽车的象征，他的形象代表了克莱斯勒公司的自信和实力。

名人形象策略。这一策略是指借助名人的社会效应来间接地树立产品的品牌形象。SMH 是全球规模最大的制表集团之一，欧米茄（OMEGA）、雷达（RADO）、浪琴（LONGINESS）、斯沃琪（SWATCH）、天梭（TISSOT）等都是 SMH 旗下的手表品牌。在品牌宣传与市场推广中，SMH 请了一些国际性和地区性名人作为欧米茄的形象大使；超级名模辛迪·克劳馥、莱·麦克弗森，国际影星皮尔斯·布鲁斯南，世界一级方程式冠军车手迈克尔·舒马赫，高尔夫杰出人物思尼·艾斯。人人都渴望财富、鲜花和掌声，因而自然地对名人佩戴的欧米茄表产生共鸣和购买欲，以此寻找成功人士的感觉。

据估计，我国流行品牌 70%以上采用了名人形象广告策略，而其成功率只有 30%左右，大部分名人形象没有形成名人效应。实际上，名人效应是一种稀缺效应，当名人过于集中时其效应递减；同时，名人形象也不一定能够完美地体现品牌特征，充分展示品牌个性；再者，名人们的“形象”需付费购买，往往价格昂贵，而在市场经济的条件下，谁付费最多谁就能够买得名人形象。因此，一个名人今天是一个品牌的形象代表，明天也许就是另一个品牌的形象代表，这就难免发生“形象撞车”。过度的名人渲染只会造成品牌形象华而不实，反而会损害品牌形象。

2013 年，劲霸男装连续 10 年入选“中国 500 最具价值品牌”，并以 287.55 亿元的品牌价值继续蝉联中国休闲男装第一价值品牌。劲霸男装能够取得今天的业绩，和其使用专业模特一贯强化休闲男装的品牌形象塑造策略分不开。通过劲霸男装的广告可以发现，公司在选用模特时，不但注重模特的身材，也更加注重模特的气质，并通过这种气质来传递品牌的价值。如图 4-1 所示。

图 4-1　劲霸男装广告主题

标志物形象策略。这一策略是指通过宣传企业的标志物来塑造广告产品形象。常见的标志物主要是一些动画人物、动物或植物，如美国的忍者神龟、唐老鸭，中国的海尔兄弟、腾讯的企鹅等。1990 年我国台湾经济不景气，餐饮业的业绩大面积下滑，但比萨饼行业的销售额却增长了 15%。其很大原因在于台湾比萨饼使用了美国著名的忍者神龟这一标志物。在美国，忍者神龟可以说是家喻户晓，他像功夫王李小龙一样，会中国功夫，会使用双节棍，惩恶扬善，行侠仗义。最引人注意的是，忍者神龟喜欢吃比萨饼。由此，通过媒体的推波助澜，该动画片在台湾播放之后，“吃比萨饼的忍者神龟”便成为媒体受众最流行的话题和注意的焦点。

（三）品牌形象策略运用应注意的问题

品牌形象策略尽管有很多成功的案例，但并不是任何企业使用品牌形象策略都会取得成功，这是因为，以下几方面的问题需要注意。

第一，要对品牌形象进行单一、准确、清晰的形象定位。形象定位是指在消费者心智中建立品牌的形象地位，将品牌的独特个性与气质根植于消费者内心。良好的形象定位会起到三方面的作用：首先，成为广告表达的核心元素，无论以怎样的广告媒介传达，其形象或精神的内核元素保持持久的一致性；其次，建立消费者对于产品价值和品质的联想，良好的广告形象会建立高价值产品和高品位品牌的印象；最后，建立品牌的内涵气质，形成差异于其他竞争品牌的独特个性，从而通过广告表达确立品牌在消费者心目中独特的位置。如张裕，当进口红酒蜂拥进入中国市场时，以张裕为代表的国产红酒并没有被击退，而是通过塑造百年张裕的品牌形象，丰富了酒文化内涵，使一个拥有传奇品质的民族老字号企业毅然挺立。

第二，坚持品牌形象的统一性。坚持统一的品牌形象是一些国际品牌走向成功的法则。百年辉煌的可口可乐一直强调它是“美味的、欢乐的”，从未改变。从 1886 年至今，哪怕可口可乐用过的代表性广告语多达 100 余条，但所传递的品牌形象一直未变。经验告诉我们，如果品牌形象朝令夕改，最终将无法建立强势品牌。

第三，要使品牌形象与时俱进。由于不同时代的消费者偏好不同，在品牌形象的核心不变的前提下，要使品牌形象不断地发展，满足不同时代消费者的偏好，就要保证品牌形象与时俱进。提起“凤凰”牌自行车，大家就会怀念在那物资匮乏的年代，拥有一辆“凤凰”是何等风光的大事，但现在，人们不会再为它怦然心动，原因就在于“凤凰”这一来之不易的品牌形象没有与时俱进，被新一代的消费者抛弃了。

第四，慎选形象代言人。选择形象代言人，尤其是选择名人代言广告，其在创意上一个重要的价值是要把名人通过长期努力奋斗，在受众心目形成的、得到受众认可的形象直接转移到品牌的身上，形成品牌的核心价值。因此，所选的形象代言人其形象一定要与品牌形象的定位相一致。例如，乔丹——耐克、张曼玉——力士等，都是代言人形象与企业希望塑造的品牌形象相一致的。

第五，要求企业拥有全面的品牌意识。影响品牌形象的因素很多，品牌形象塑造是一项长期艰苦的系统工程，需要企业有一整套计划、行动纲领并且前后连贯、坚持不懈地努力奋斗。它不仅是一个经济问题，更是一个文化与人文问题，在企业内部和企业与外部环境的沟通上都必须创造出一个适于品牌形象塑造的品牌文化圈。只重视广告，而不重视其他方面的品牌科学管理，也是行不通的。

五、定位理论

（一）定位理论的理念

20 世纪 70 年代以来，随着科学技术的发展和管理水平的提高，越来越多的品牌开始涌现。但不同品牌产品之间的差异越来越小，同质性越来越高，企业间的竞争不断升级，人们面对数量庞大而且还在不断增加的品牌显得无所适从，只能采取心理上的排序和简化，接受少数几个。要想使企业和产品脱颖而出，就要准确击中消费者的心，并在其心中占据位置。

1969 年，艾·里斯和杰克·特劳特在美国的营销杂志《广告时代》和《工业营销》上发表了一系列文章，首次提出了定位概念。20 世纪 70 年代，定位观念日趋成熟并发展成较为完善的理论。1979 年，两位大师合著了第一本确定定位理论的专著：《广告攻心战略——品牌定位》，他们宣称“定位是一种观念，它改变了广告的性质”，“定位已改变了现今所玩的广告游戏的方法”。里斯充满信心地说：“这是一个我们必须认识商品之重要，及企业形象之重要的时代，同时，还要更为强调在假想的顾客的心中树立定位之重要的时代。”

所谓品牌定位，就是通过广告为品牌在消费者的心中确定一个位置，使消费者在需要解决某一特定的消费问题时，首先、其次或再次想到某一品牌的商品。定位并不改变产品本身，而是使产品在消费者心目中占据一个有利的位置，里斯和特劳特把它称为心智阶梯。这好比在消费者心中的一个二维或三维坐标里，把自己的品牌定位在某一点上，当消费者在需要购买该类商品时，能从整个比较混乱的思维空间里准确地找到某一品牌。在品牌极为丰富、竞争日益激烈的市场环境中，只有“定位”才能更好地突出自己的品牌，在消费者的心中创造出品牌的差异化，为消费者购买自己的商品而不是竞争对手的商品提供理由。

（二）品牌定位的基本法则

争做第一法则。只做第一，而不是更好，因为人们总是将第一的产品当作最好的，当人们产生需要时，首先想到的也是第一品牌。一个公司不可能成为各方面的专家，但人们通常对专注于特定业务和产品的公司印象深刻，他们将这些公司视作所在领域的专家，认为它们有超过其他企业的知识和专业技术。因此，成为所处细分市场的第一或者是通过市场定位成为新细分出的品类市场的第一，是最有效的定位法则。

竞争导向法则。定位在本质上是一种对抗性的营销战略，目的是对抗其他公司或品牌。从竞争角度去分析自身以及竞争者的定位策略，是为了赢得相对于竞争品牌的比较优势。竞争导向不是对“顾客导向”的否定，而是为了更好地对抗其他公司或品牌。在市场竞争中，企业仅仅满足消费需求是不够的，还要给竞争对手以有力的打击。以竞争导向进行定位，要弄清竞争对手的强势在哪儿，以及如何才能把它的强势变成弱势。

聚焦法则。市场营销中最强有力的战略是通过定位将焦点集中在一个简单的名词或概念上，使自己的品牌在潜在顾客心目中拥有一个独特的、无法被其他品牌取代的位置。聚焦于某一点要胜过同时兼顾两个、三个甚至四个方面，这是市场营销中需做出的最大牺牲，同时也能获得最大的成功。在产品信息过度传播的环境中，要使自己的品牌不被其他品牌的信息淹没的办法就是集中力量于一点。在宣传中向顾客传送最简单的、最明确的信息，往往是最有效的法则。

观念竞争法则。市场营销在一定程度上是观念的竞争，而不仅仅是产品质量或服务的竞争。在营销世界中，不存在最好的产品或服务，有的只是存在于顾客头脑中的观念。创造出可以为消费者所接受的观念或者发现消费者头脑中已经存在的观念，实际上就相当于发现了一个新的市场。企业绝不要企图改变消费者头脑中已形成的观念，这几乎是不可能的，因为消费者总是坚信自己头脑中的观念才是对的，很少会承认自己的错误。

独创性法则。两种不同的品牌不可能在顾客头脑中拥有同一个定位观念，因此必须避免定位雷同，定位要有创新性。不要试图与已经在消费者心中占有绝对优势的品牌争夺定位观念，而应该寻找独特的尚未被其他品牌使用过的定位观念，并使其归自己专有从而成为消费者心目中的“第一”。不要因为其他公司的定位观念为它带来了巨大的经济效益，就去追寻同样的定位，这是不可能成功的。例如，沃尔沃已经以“安全”观念占据了顾客的头脑中的位置，其他品牌的汽车在定位中如果仍然从“安全”这一点出发，就很难成功。

占据头脑法则。定位不是针对产品本身，而是针对消费者头脑中的某个观念。进入消费者的头脑比进入市场更重要。捷足先登，进入潜在顾客的头脑是营销成败的关键。IBM 并不是第一个进入大型计算机领域的，雀巢也不是第一家咖啡生产者，但是它们是该领域中第一个进入消费者心中的，因而都成为了所在领域的领导者品牌。定位的最终目的是征服消费者的头脑。即在消费者头脑中成为某一方面的第一，占据一个其他品牌难以替代的位置。如柯达、可口可乐等，它们在消费者头脑中的位置就是其他品牌所无法取代的。

（三）定位策略的运用

根据定位原理，每个人的心智里都有一个阶梯，同类产品的不同品牌占据着阶梯中的不同位置，但如果企业的品牌能够占据阶梯的最顶端，那么该品牌的竞争优势就十分明显。如果消费者的心智阶梯有空位的话，企业的定位就相对容易一些；但假如空位已被竞争者们占据的话，定位就困难了。艾·里斯和杰克·特劳特在其定位理论中指出了三种情况：①消费者的需求心理中还存在空格子；②格子中的最高阶梯层已被占领，但其他竞争者们的争夺还很混乱，剩余的层还没被占领；③格子中的阶梯层已全被占领。针对这三种情况，艾·里斯和杰克·特劳特分别提出了针对性的措施：首次定位、“高级俱乐部”定位、比附定位和重新为竞争者定位。

第一，首次定位。要解决首次定位的问题，企业应该从以下几个方面入手。

（1）在广告中直接诉求“第一”。对于在整个行业竞争中处于优势的品牌或在行业中某一方面较强的品牌，在消费者的心中“第一”的位置还没有被明确占据的情况下，在广告中可直接诉求“第一”，从而建立自己的领导地位。例如，“水井坊”酒诉求“天下第一坊”；双汇告知消费者“双汇——开创中国肉类品牌”等广告语都颇具震撼力。

（2）确立“正宗”和“专家”的位置。可口可乐的典型广告是“只有可口可乐，才是真正的可乐”。在这种情况下，其他同类商品都成为模仿“真正的可乐”，而可口可乐是衡量其他品牌的标准。

（3）寻找空隙，抢占预先占用权。要抢占预先占用权，首先要在消费者的心中寻找空隙，寻找空隙的角度有很多，主要有以下几种。

① **功能定位，从功能利益的角度进行定位**。多年获得“中国金枕头奖”“中国最佳经济型连锁酒店品牌”等殊荣的如家酒店就是通过功能定位迅速成长起来的。走进如家酒店，看不到奢华、夸张的装修，更多的是微笑和关心，满足了消费者对于舒适、安全、干净和卫生的住宿与用餐的功能需求。

② **大小定位**。1960 年伯恩巴克创作了福斯金龟车的一则广告，广告标题是“想一想还是小的好！”左上角是故意缩得很小的福斯金龟车的照片，画面下端是标题和内文，右上角和中间是大面积空白。这一广告使福斯金龟车在消费者的心里成为小型汽车的代表，有力地抢占了小型车这一细分市场。

③ **价格定位**。例如，“只有一种‘快乐’——世界上最贵的香水”；“你为什么不买‘皮亚杰’——世界上最贵的手表”。高价位适合于奢侈品或带有浓厚的情趣性的产品。

④ **性别定位**。根据产品类别等因素，可以从消费者的性别上寻找空隙，进行定位。例如，纳爱斯推出了牙膏也分男女的产品理念。

⑤ **年龄定位**。"目标（Aim）"牌牙膏定位于孩子的牙膏，在被"佳洁士"和"高露洁"两大品牌割据的市场中，开辟出了10%的市场份额。直到后来目标公司放弃这一定位后，10%的市场份额降到了0.8%。

⑥ **类别定位**。根据产品类别建立的品牌联想，称作类别定位。类别定位力图在消费者心目中造成该品牌等同于某类产品的印象，即该品牌成为某类产品的代名词或领导品牌，在消费者有了某类特定需求时就会联想到该品牌。例如，七喜的"非可乐"、五谷道场的"非油炸方便面"、农夫山泉"天然水"等。

⑦ **形象定位**。顺应消费者消费心理的变化，以恰当的情感定位唤起消费者心灵的共鸣，或将某种文化内涵注入品牌之中形成文化上的品牌差异，称作形象定位。

⑧ **情景定位**。情景定位是将品牌与一定环境、场合下产品的使用情况联系起来，以唤起消费者在特定情景下对该品牌的联想。例如，娃哈哈的一则广告里打出"没吃早餐，就喝营养快线"的广告语，它告诉人们在来不及吃早餐的时候，可以买一瓶娃哈哈营养快线作为早餐。这就是一种情景定位（见图4-2）。

图4-2　营养快线的早餐广告

⑨ **附加利益的定位**。通过加强服务、提供公共工程等树立和强化品牌形象，称为附加利益定位。Haier 一句"海尔服务，真诚到永远"几乎家喻户晓，海尔的服务好也几乎成为了消费者的共识。其实这句话告诉消费者，海尔提供的不但是实实在在的产品，还有真诚服务。其实，大品牌之间的产品本身差异并不大，而更好的服务就成了海尔的竞争优势。

第二，"高级俱乐部"定位。强调自己是某个具有良好声誉的小集团成员之一。当品牌不能拥有行业第一和某种有价值的独特属性时，将自己划归为"高级俱乐部"，不失为一种定位良策。我国最近比较流行的就是宣传自己为"中国某某行业 N 大品牌之一"，如 TCL 打出"国产电视三大名牌之一"，一下子就挤入了消费者的视野。

第三，比附定位。比附定位即通过与竞争品牌的比较来确定自身市场地位的一种定位策略。其实质是一种借势定位或反应式定位。借竞争者之势，衬托自身的品牌形象。在比附定位中，参照对象的选择是一个重要问题。一般来说，只有与知名度、美誉度高的品牌作比较，才能借势抬高自己的身价。当某一品牌在同类产品中居于“领导地位”时，可以建立“比附”位置来确定比附于“领导者”的地位。

① **排序或名次比附**。就是明确承认同类产品中另有最负盛名的品牌，自己只不过是第二而已。这种策略会使人们对公司产生一种谦虚诚恳的印象，相信公司所说是真实可靠的，同时迎合了人们同情弱者的心理，这样消费者对这个品牌的印象会更深刻。美国阿维斯出租汽车公司的定位是“我们是老二，我们要进一步努力”之后，品牌知名度反而得到很大提升，赢得了更多的忠诚客户。

② **类比**。当某一品牌在进行定位时，可以通过自己的构思，把自己的品牌类比于在消费者的心智中占有有利位置的竞争品牌，以使早已存在于潜在顾客心智中的品牌的影响能够作用于自己的品牌。例如，台北地区的包种茶比附在台南有着稳定的市场位置的乌龙茶，定位为“南乌龙，北包种”。

第四，重组定位。由于领导者和“第二”的位置都是唯一的，属于稀缺资源，企业想获得该位置是非常困难的。面对上述困难，企业可以利用重组定位的策略，为自己创造机会，也就是说，一个企业可以将竞争者占据在人们心智中的位置重新定位，创造一个新的次序。重组定位的要点是根除一个既存的观念、产品，然后再把一个新的观念或产品搬进人们的心智中。例如，德国的著名啤酒品牌贝克欲进入美国市场，但在此之前已经有不少德国啤酒进入，其中勒文布劳啤酒已成为了美国流行的啤酒。在此情况下，贝克啤酒声称“你已经喝过美国最流行的德国啤酒了，现在你可以尝尝德国最流行的啤酒了”。这一广告使贝克啤酒在美国流行开来，销量逐年提升。

第四节 广告的心理策略

在市场经济的今天，商品同质化现象日趋严重。如何有效地说服消费者相信自己产品的与众不同就显得格外重要。这就需要恰当使用广告心理策略。企业广告在设计时要注意到消费者的心理特点，推出符合心理学规律的广告，在引起注意、增强记忆、启发联想、说服消费者几方面下工夫，使广告真正起到传递信息、促进销售、树立形象、指导消费的作用。这样才会使消费者真正被打动，从而产生去购买企业产品的行动。消费者购买某个商品的心理活动通常包括以下几个环节。

一、引起注意

引起注意是广告心理策略中十分重要的问题，是广告产生效应的首要环节。广告若不能引起消费者的注意，效果就无从谈起。广告界流行这样一句话：使人们注意你的广告，就等于成功了一半。所以，调动人们去注意你的广告是成功的第一步。国外有资料显示，一个消费者每天通过电视、广播、路牌、报纸等各种媒介可接触到 1500 个广告信息，而在这多达上千份的暴露给个人的广告中，真正被受众视听到的或者说注意到的又能有多少呢？

心理学理论认为，注意是人的心理活动对一定对象的指向和集中。人在注意时，心理活动总是有选择地反映一定的对象，而离开其余对象。同时，人在注意时，心理活动不仅指向于一定的对象，而且还集中于该对象上，这样才能保证注意的清晰、完善和深刻。此即所谓注意的两大特点：指向性和集中性。要想把注意的两大特点应用到广告中，企业就应该遵循如下几个原则。

（一）增大广告强度刺激

一般而言，刺激物在一定限度内的强度越大，它所引起的兴奋越强。正是基于这一共识，许多广告主愿意支付更多的广告费用选择长时间和大版面的广告。刺激物的强度包括绝对强度与相对强度，在这两者之中，我们应特别注意相对强度的运用。

绝对强度的刺激如大幅标语、巨型气球、高大建筑物广告等。瑞士雷达表进军我国台湾地区市场时，台湾表业并不景气，为使雷达表一鸣惊人，雷达表的台湾代理商从增大广告刺激强度入手，在台湾 12 种报刊上同时刊登三连页的广告，雷达表广告大有无所不在之势，雷达表风行台湾的声势因而一次形成。

相对强度刺激，是指某一刺激物与其他刺激物的强度相比较而言的。同一强度的刺激物在不同强度的背景上会产生不同的刺激效果。一个强烈的刺激物在其他同样强烈的刺激物背景下出现时，就可能引起注意；相反，在一个不甚强烈的刺激物背景上出现时，就可能引不起注意。例如，在相对宁静的高级购物场所，一则广播广告可能会引起顾客注意；但同样强度的广告，在集市贸易中，就可能引不起顾客的注意。

（二）变化和运动的刺激

大量的心理实验与生活经验表明，动的或变化着的物体远比静止的、不变的物体更容易引起注意。动画片的注意效果胜过幻灯片，变化着的霓虹灯更易引起人们的探究行为。成都地奥集团在全国各大电视台热播的“地奥银黄含片”的广告，广告一开始是电视演员李雪健在向观众诉说，但听不到声音，也没有任何音乐发出，持续了近 5 秒才听见声音，李雪健向观众诉说：“没声音再好的戏也出不来，地奥牌银黄含片……”，在电视播放的过程中，突然静止几秒，这种突发性的变化，容易引起消费者的注意。

（三）新异的刺激

广告作为对消费者的刺激物，如果新鲜奇异，就会吸引消费者的注意，这是由人的求新求异本性决定的。但一旦消费者对某类广告习以为常，熟视无睹时，广告的效果就可能不在了，这种情况下，只有新奇的刺激才能引起他们的关注。例如，在街头发放宣传单是许多企业采用的广告宣传手段，而且在广告开发初期也确实取得了很好的效果，三株口服液的成功就是一个很好的例子，但现在这种方式已显得十分过时了。许多消费者对此也很反感，根本不看。但在美国，一家企业依旧请人在大街上发放宣传单，但每位促销小姐都牵着一条非常可爱的狼狗。这种牵着狼狗发放宣传单的举措，引起广大路人的注意，从而使发传单这种老掉牙的宣传方法再次成为受众关注的焦点，起到很好的宣传效果，这就是新异刺激的效果。

（四）对比的刺激

刺激物在一定限度内的强度越大，人对这种刺激物的注意就越强烈。事实上，不仅刺激物的绝对强度有这种作用，而且刺激物的相对强度也有这种作用。适应水平理论揭示，除目标的刺激之外，还受背景刺激的约束。与此紧密联系，对比因素是很有意义的。刺激物中各元素显著的对比，往往也容易引起人的注意。因此，在广告的创作中，我们可以有意识地处置广告中各种刺激物之间的对比关系和差别，增大消费者对广告的注意度。可以采用画面布局的动静对比与空白对比、图案的大小对比与色调对比，色彩、光线的明暗对比与强弱对比，音响、语调的节奏对比与高低对比，文字语句的长短对比与轻重对比等。同时，除了广告本身元素的对比之外，还有与环境的对比。例如，大众汽车公司生产的金龟车，犹如小甲虫在一片白纸上。这种大胆地使用空白的做法，造成了强烈的视觉反差，也带来了极强的销售力。

（五）突显刺激目标

所谓突显刺激目标，首先是突出目标。在其他条件相同的条件下，注意程度的强弱和被注意物体的多寡成反比，目标越多，注意力越分散，目标少则有利于集中注意力。突出目标的第二个问题是广告画面安排要恰当，要考虑怎么安排才能便于记忆。也就是说，要把所广告的商品、图画、照片和文字等放在视觉的中心上，并进行有序安排，使画面保持均衡、相称、统一和和谐。美国广告专家斯塔茨指出，广告配置目标诉求点，图画或口号最适当、最能引起注意的地方是如下五处：视觉中心；视觉分配线上部；视觉分配线下部；近上端部分；近下端部分。

（六）利用悬念吸引注意

广告中常常利用设置悬念的方法，让消费者对广告的接受从被动的状态转为主动的状态，吊起他们的胃口，让他们主动去关注广告，关注悬念的结果。悬念使广告信息在消费者头脑中得以延长，加深印象，同时由于消费者想象的作用，等于相对延伸扩大了广告的信息量。一个经典的系列广告留悬念的例子是台湾三阳公司的野狼 125 摩托车。

该公司最先于 1974 年 3 月 26 日在中国台湾地区的两家主要报纸上，刊出一则没有注明厂牌的摩托车广告。广告中间留了一块空白，上端有两幅漫画式的摩托车插图，图下面有几行字："今天不要买摩托车，请您稍候 6 天，买摩托车您必须慎重地考虑，有一部意想不到的好车就要来了。"次日广告继续刊出，内容只换了一个字，"请您稍候 5 天"。

广告引起人们的极大注意和反应，各家摩托车店的生意都减少了，同行对三阳表示不满。纷纷责问："为何这两大不让消费者买摩托车？"

第 3 天，将"5"改为"4"，广告照登。广告主自身的经营店也开始抱怨生意的下降。

第 4 天，广告正文取消了"今天不要买摩托车"。改为"请再稍候 3 天，要买摩托车，您必须考虑到外形、耗油量、马力、耐用度等，有一部与众不同的好车就要来了"。

第 5 天的广告内容稍作改动，"让您久候的这部车，外形、冲力、耐用度、省油都能让您满意的野狼 125 摩托车，就要来了，烦您再稍候 2 天。"

第 6 天，广告内容又改为："对不起，让您等候的三阳野狼 125 摩托车，明天就要来了。"

这几天消费者停止了购买摩托车，翘首以盼，等待着“野狼”的出现。

第 7 天，新产品上市，刊出全面大幅广告，第一批几百部摩托车立即销售一空，并接连不断地畅销，引起了极大的轰动。三阳名声大振，创造了销售奇迹，令同行刮目相看。这则广告也成为中国台湾地区广告史上的杰作。

（七）广告符合消费者的兴趣

注意是认识广告的开始，兴趣是引起注意的重要原因。消费者的注意具有选择功能，而这种选择常常是依据消费者自己的兴趣爱好而定的。兴趣对人的心理活动起着积极的影响，人们对广告内容发生兴趣，不仅能引起对广告的注意，且能提高注意的持久性，主动寻求商品的信息，为购买活动做好准备。因此，了解消费者的个性倾向，尤其是广告具体对象的共有的兴趣，并使广告符合他们的兴趣，则可提高他们对广告的注意力。例如，上网的年轻人往往喜欢游戏和动画，因此可使网络广告有较好的动画效果或互动式游戏，使之更有趣味性，使上网者在玩游戏的同时不知不觉地接受了广告宣传。

二、增强记忆

所谓记忆就是人脑对经历过事物的反映。对于信息的记忆，是人们思考问题，做出行动决策的基本条件。同样，对于广告信息的记忆，是消费者思索消费，做出购买决定不可缺少的条件。这是因为，在大多数情况下，消费者接受了广告传递的信息之后，即使对此广告产生良好印象，一般也不会立即去购买。如果广告组成元素难以使其产生记忆，消费者对这则广告很快就遗忘，那么，这则广告的刺激功能就不能充分发挥。因此，在广告创作之中，有意识地运用心理学的记忆规律，增强广告的记忆效果，就显得必要而且必需。

从过程上看，记忆包括识记、保持、再认或回忆三个基本环节。以广告的记忆来说，识记是识别和记住广告，把不同广告区别开，识记包括无意识记与有意识记两种。在多数情况下，人们对广告的识记往往是无意识记，不做太大意志努力。因此，有些广告心理学家认为，在一种媒介上反复宣传，不如同时在许多媒介上进行宣传，这样，可以使人们在更多的方面和机会感知到广告内容，通过“潜移默化”的作用，让人们无意识地记下广告的内容。

保持是巩固已得到的广告宣传的过程。从信息论的观点看，广告保持的过程，就是广告信息编码、储存的工程。这种记忆的保持不是机械或简单的重复，它会对识记材料进一步加工，并随时间和后来经验的影响而发生一定改变。因此，广告的创作，应充分考虑记忆的这一特性，努力增加良性保持因素。

回忆或再认就是在不同情况下恢复过去广告内容的过程。它们之间也存在区别，再认是过去经历过的广告重新出现时能够识别出来，而回忆则是不在眼前的，是过去经历过的广告在脑中重新出现映像的过程，又被称为重视。广告的再认要依靠各种线索来进行，如广告某一部分或特点等。当再认发生困难时，人们就要经过思考和观察，找出各种线索，广告的某一部分的出现可以唤起对其他部分的回忆。根据此原理，系列广告、经常性广告，应注意在不断改进的同时给予人们再认的线索，否则，每则广告被受众割裂识记，以前的广告就失去了意义。

广告主与广告人都非常希望自己的广告能进入受众的记忆领域。然而，人们在有记忆能力的同时又具有了另一项本领：遗忘。要使人们克服遗忘，迅速并长期记忆创作的广告，就必须运用心理学法则，来增强人们对广告的记忆力，其策略如下。

（一）适当减少广告识记材料的数量

广告是在有限的时间和空间内进行传播，心理学的研究表明，学习材料越多，遗忘的速度越快。广告是一种短时的记忆，因此，广告中所传递的信息只有简短、易懂才能取得成功。所以，在广告创作中应注意以下几个问题。

（1）**广告目标应单一**。现在的许多广告宣传都是目标要求过大，想使广告受众变多，从而影响面较广。但在今天的个性化时代，消费者都在寻求一种适合自己个性的独特产品。目标过多，反而分散了广告的效果。例如，三株口服液与红桃 K 是同一时代的两大保健品，一个是针对所有人“有病就喝三株口服液”，一个是针对贫血者的“红桃 K 补血真快”。最终，三株只是风光一时而消亡，而红桃 K 仍然是保健品市场上的一颗明珠。

（2）**广告内容应简洁、易懂**。在广告中，主题思想越明确，词句文字越简洁，画面越单一，记忆效果越好。一般地，广告标题或广告宣传主句字数不宜太多。国外广告心理学家的研究表明，少于六个字的广告标题，读者的记忆率为 34%，而多于六个字的标题，读者的记忆率只有 13%，故广告文案内容不宜过多。以广告的信息点多少而论，数量不能超出 7 个，以广告文案的语句或段落而言，其数量最好也不要超过 5；广告文案内容尽量简洁，应删除无关的信息；广告画面内容单一。这样容易在短短的时间之内，将某一人物、情景突出地加以表现，使受众记忆较为深刻。广告界的一些经典作品都是遵循这一原则的。广告宣传主句，金利来“男人的世界”，飞利浦“让我们做得更好”，诺基亚“科技以人为本”，海尔“真诚到永远”等，无不是简洁明了，字字千金。

（二）将广告信息适当重复

现代认知心理学关于记忆系统的研究表明，外界信息要进入人的长时记忆系统中，最重要的条件就是重复。所以，要提高人们对广告的记忆效果，最重要的手段就是将广告信息不断地加以重复。重复不仅可以加深对广告内容的记忆，还可以使视听者增加对广告的亲切感。但是，从经济效果看，过度的重复并不一定划算，因为广告费增加了；从消费者的情绪反应来看，不能妥善处理重复，反而会增加消费者的厌恶感。因此，广告的重复也应从经济上和技巧上通盘研究，尽可能以最少的支出取得最大的效果。广告重复策略有以下四种方式。

① **将同一广告不断重复刊播**。这是我国商品广告最常见的做法。只要你连续一段时间收看电视节目，那么同一则广告看过多次是司空见惯的事。最典型的是哈药六厂所推出的盖中盖、补锌、补铁等药品都是通过不断重复的刊播，来达到增强观众记忆力的目的。

② **将有关信息在多种媒体上呈现**，使受众分别在不同的时间、不同的地点、不同的活动中，用不同的感官接受到同一品牌的广告信息。这种全方位、立体式广告宣传是很多品牌采用的，事实证明也是非常有效的一种广告宣传策略。当今是一个信息化的社会，广告媒体众

多，除了报纸、杂志、广播、电视这传统的四大媒体之外，还有网络、路牌、灯箱、招贴及形形色色的售点广告。全面整合各种广告媒体发布同一条信息，可让受众从多个侧面接触广告信息，从而保持较高的记忆度。

③ **在同一媒体上进行系列广告宣传**。系列广告可以是每一则广告分别从不同的角度来介绍产品，这样，通过连续的系列广告，既可以加深消费者对品牌的印象，又可以让消费者对产品有一个全面的认识。例如，获中国香港地区 4A 广告创作金帆奖的爱立信企业形象系列广告《父子篇》《健康篇》《教师篇》《爱情篇》《代沟篇》，虽然情节不同，但都是传达了“电信沟通，心意互通”这一主题。

④ **在一则广告中反复重复主题**。例如，中央电视台及各大卫视热播的康师傅对辣方便面的电视广告，选用《欢乐颂》为音乐背景，以欢乐颂的音乐旋律，利用“辣”与“啦”的谐音，不断重复“辣”的概念，最后用一句旁白点明主题“要吃辣，找康师傅，对辣”。

（三）广告形式新颖独特

新颖独特的信息在记忆中不容易受其他信息的干扰，记忆比较牢固，提取也比较方便。因此，选择创意新颖独特的广告形式是提高广告记忆度的一个有力手段。广告形式新颖独特应当包括三个方面：表现形式新颖独特、媒体形式独特、编排形式新颖独特。

（1）广告表现形式新颖独特。广告重在创意、表现，新颖独特的表现形式有利于提高受众的记忆度。例如，晚安床垫利用压土机来压床垫，结果床垫丝毫未损的事实来说明其质量好，并把这一事件作了电视广告的表现素材，配以一句非常富有震撼力的广告语“晚安床垫，压出来的名牌”，给消费者留下了深刻印象。

（2）广告媒体形式独特。好的广告都要借助于一定媒介发布出去，而新颖独特的媒体的形式，本身就是一个好广告，能给消费者留下深刻的印象。例如，前面讲到牵着狗发放宣传单，这种独特的宣传方式，给来往行人留下深刻的记忆。还有利用鸡蛋做广告、把整栋大楼全部包起来做广告以及在地上、在太空中做广告等，各种各样的创意媒体广告都能获得较好的记忆效果。

（3）广告编排形式新颖。心理学研究表明，一则材料开头与结尾部分的记忆度最高，中间部分的记忆度最低。因此，广告必须把最重要的信息放在开头或结尾，如果一则广告能够首尾呼应地突出同一重点信息，则更容易使消费者记住有效的信息。

（四）减少信息变异

记忆不像一面镜子，机械静止地反映镜外的事物，一成不变。记忆是一个动态的过程。在保持阶段，储存的经验会发生变化，保持的数量会随时间下降；由于每个人知识经验的不同，加工组织的方式不同，保持的内容会受到头脑中已有图式的影响。人在记忆时是按照自己的图式进行编码、加工，此时记忆表象在某种程度上被自己的想象和已有经验补充着，因而每个人对客观事物的记忆都夹杂着自己的固有经验与想象的成分，在一定程度上产生信息变异。这种变化使广告内容趋于概括化、意义性，不重要的细节会渐渐遗忘。

如果广告不能使消费者头脑中的记忆信息按照广告所期望的方向加深，即使曾在消费者头脑中留下了概括化的商品信息及其对消费者有意义的信息，也可能会发生信息改变从而违背了广告主的初衷。要避免这种现象，首先，广告要避免与同类产品广告雷同，避免跟风模仿，造成混淆；其次，要突出重点，多次重复，尤其是突出商品的名称这类概念化的东西；最后，广告语言顺口易记。

（五）利用语言特点记忆

在长期的生活实践中，人们在长时记忆中储存了语言的某些特点，如语音、字形、结构等，并利用这些语言的特点对当前接收的信息进行编码，使它们更容易储存。在广告创作中，为了使广告信息更容易为受众所记住，可以考虑采用下列手段。

（1）利用谐音规律。生活中有很多比较吉祥的词汇，许多广告创作者为了博得一个好彩头，就会利用谐音规律。例如，“食（十）全食（十）美”，一则妇科洗液广告语“无炎（言）的女人更温柔”等。

（2）利用语言材料的结构特点。一些写得好的语言材料，由于结构上的特色，可以加强人们的记忆。例如，波导手机的广告语“波导手机，手机中的战斗机”，还有美的电器的广告语“原来生活可以更美的”等。语言的节奏、韵律对于语言材料记忆的重要性早已为人们所认识，所以在广告中已经被广泛地运用。例如，“车到山前必有路，有路就有丰田车”、江铃汽车的“千里江铃一日还”等广告语也均以其巧妙的押韵而给受众留下深刻的印象。除此之外，将广告语变成人们易学的歌曲形式，也是利用语言节奏感的一种方法。

（六）运用多种感官同时参与记忆

心理学研究表明，视觉识记的效果为 70%，听觉识记效果为 60%，视觉与听觉双重识记的效果为 86.3%，从数据可得知，多种感官同时参加的识记，记忆效果优于单一感官的识记。这也是为什么当今电子媒体比印刷媒体更受广告主和广告商青睐的原因。例如，现场展示会、博览会，它不但可让消费者看，还可说给消费者听，同时消费者还可触摸，如果是食品，还可现场品尝。因此，这种展示会能给消费者留下深刻的记忆并能起到很好的宣传效果。

（七）增加感染力，引起消费者的情绪记忆

消费者在记忆时往往把体验过的情感和情绪作为记忆的内容，如一次快乐的购物行动会给消费者留下美好的记忆。但是消费者也会记住一些让他产生忧虑、不愉快的情景。因此，在广告宣传时适当地增强广告肯定或否定的感染力，能使消费者识记下来。广告心理学研究还发现，有时使用否定感染力比使用肯定感染力效果更佳，消费者往往会记住那些宣传“如果不使用某某产品就会产生不利后果”的广告。例如，彼阳牦牛骨髓壮骨粉，一些老年人在一起晨练，一下子腰酸、背痛、腿脚又不好，但服用了彼阳牦牛骨髓壮骨粉，症状都没有，还能尽情地跳舞，扭秧歌，经过这种对比，消费者就能较好地记住该产品品牌。

（八）巧用人物模特

人物在广告中是将广告产品与消费者的实际生活联系起来的黏合剂，创造性地加上对广告作用有一定价值的人物，对促进广告的注意程度，扩大广告的知名度有积极意义。许多给人深刻印象的广告案例，如南极人内衣、TCL 手机、步步高 DVD 等，都是利用人物来介绍产

品，尤其是采用一些名人来介绍产品。

三、促进联想

所谓联想，就是人们在回忆时由当时感觉的事物回忆起有关的另一件事，或者由所想起的某一件事物又记起了有关的其他事物的一种神经联系。依照反映事物间的联系的不同，联想可以分为四类：①接近联想；②类比联想；③对比联想；④关系联想。无论是哪种联想，都可以帮助人们从别的事物中得到启迪，促成人的思维活跃，引起感情活动，并从联想中加深对事物的认识。在广告宣传中，有意识地运用这种心理活动的重要功能，充分地利用事物间的联系形成各种联想，可以加强刺激的深度和广度。

在商业广告中充分发挥联想的心理功能，必须以充分地研究广告目标市场的消费习惯、消费水平和消费趋势为基础，掌握广告目标消费者的心理需求，从而有针对性地利用各种易于创造和激发联想的广告因素，使广告信息取得联想效果，适应消费者的知识经验和审美需求，使之产生对产品的信服、向往，刺激其产生有益的共鸣和感情冲动，从而促进其信心，导致消费行为。

（一）接近联想

接近联想指对于在时间或空间上接近的事物发生联想。例如，节日与礼品是时间上的接近，而水库与水力发电机是空间上的接近。在广告创意时，可以将时间或空间上接近的事物联系起来，形成接近联想的广告。

（二）对比联想

对比联想指对于性质和特点相反的事物产生联想，如黑与白，冰与火等。有些事物在某一种特性中具有较大的差异，由此差异容易引起联想。这种鲜明的对比是引人注目的，因而在广告中应用较多。例如，人在沙漠中的干渴状态与喝了消暑饮料的状态对比，使人倍感饮料的诱惑。某些药品和牙膏、化妆品等商品广告为了强调本商品的作用功能，常以用了此商品的前后状态作对比。

（三）类似联想

这是对类似事物的联想，是指人们对一件事物的感知，立即引起与该事物在性质、形态等方面相似的事物的联想，如“德芙”巧克力广告词为“牛奶香浓，丝般感受”，这是用丝绸的质地与巧克力的纯正口味进行类似联想。广告运用相似联想，可以加强广告的感染力和情调。

（四）关系联想

关系联想是指由见到某种事物而联想到它的意义及它与其他事物的关系等。关系联想包括因果关系联想、种属关系联想、部分与整体关系联想以及作用与效应关系联想等。在广告中常用这种关系联想揭示某种商品可以满足消费的某种需要，把商品观念和需要观念联系起来，以突出产品的个性。例如，弹簧床可以联想到具有弹性、舒适的美好感受；地毯可以联想到柔软、耐用、豪华等高级享受。

四、说服消费者

所谓说服，就是使某种刺激给予消费者一个动机，使之改变态度或意见，并依照说服者预定意图采取行动。广告的心理效果，就是最终说服消费者采取购买某种商品或劳务的行动。广告的说服，是通过诉求来达到的。所谓诉求，也就是指外界事物促使人们从认识到行动的全心理活动过程。广告诉求，就是告诉消费者，有些什么需要，如何去满足需要，并敦促他们去为满足需要而购买商品。消费者的消费行为主要有两大类，即感性消费和理性消费。因此，广告的诉求方法也分为感性诉求和理性诉求两类。

（一）理性诉求

所谓理性诉求，是指广告诉求定位于受众的理智动机，通过真实、准确、公正地传达广告企业、产品、服务的客观情况，使受众经过概念、判断、推理等思维过程，理智地做出决定。理性诉求策略一般用于消费者需要经过深思熟虑才能决定购买的商品或服务，如高档耐用品、工业品、各种无形服务等。在广告诉求中进行理性传达，往往向受众传达彼此具有很强逻辑关系的信息，利用判断推理来加强广告的说服力。

例如，海飞丝洗发香波通过一场旷日持久的广告宣传，把一个“新观念”成功地灌输给了人们：头上长头屑，是用劣质洗发水的结果，而用劣质货的人在社交场合中会感到尴尬。广告商利用了人们好面子、虚荣心的心理，通过无孔不入的广告攻势，让消费者建立了这样一种心理定式：要成为绅士、淑女，要成为体面的人，光有气派的时装是不够的，还得让考究的发型里不留头屑。于是，海飞丝通过广告成为一种成功洗发水品牌。

（二）感性诉求

感性诉求是指广告诉求定位于受众的情感动机，通过表现与广告企业、产品、服务相关的情绪与情感因素来传达广告信息，以此对受众的情绪与情感带来冲击，使他们产生购买产品或服务的欲望和行为。感性诉求广告是直接诉诸消费者的情感、情绪的信息表达方式。广告采取感性的说服方式，使消费者对广告产品产生好感，进而购买使用。

例如，日本横滨轮胎的一则广告：四只老鼠偷吃奶酪，猫发现了它们，老鼠赶忙驾车逃跑，猫紧追不舍，老鼠在前面忽而回头，忽而急转弯，忽而又急刹车，猫被折腾得筋疲力尽、狼狈不堪。追赶中，车子撞翻了牛奶，从四溢的牛奶上驶过时，车子一点也没有打滑。一番惊心动魄后，车子终于停在老鼠洞口，老鼠们平安到家，猫却因为惯性没站稳而扑了个空。广告语是：“现在你胜券在握。”这则广告滑稽幽默，产品高超的防滑性能，在轻松幽默的气氛下，得以充分展现。

本章习题

1. 广告战略的特征及类型有哪些？
2. 广告战略目标有哪些？
3. 简述 USP 理论的要点。

4. 简述品牌形象理论的要点。
5. 简述广告定位理论的要点。
6. 如何从消费心理的角度增强广告的效果?

章末案例

洋河蓝色经典 成功与挑战

白酒的竞争用白热化形容并不为过。但是洋河在一片竞争中，从 2004 年的销售总额为 0.741 亿元进而发展到 2012 年的 172.70 亿元，短短 8 年时间，其销售额净增为基数的 232 倍。惊人销售额不但被称为是白酒行业的奇迹，并且，利润率和市值一度接近茅台，洋河蓝色经典是如何横空出世又将面临哪些成长危险，本文且剖析之。

一、蓝色经典成功的三大密码

洋河蓝色经典的成功，被业界奉为经典，其创造奇迹的原因，在业内剖述较多，但总体上蓝色经典的成功来源于三个方面。

密码 1 做差异化

(1)定位差异化

在 2003 年，蓝色经典初始时期，中国的白酒品牌诉求，差异化风头正盛，茅台、五粮液、水井坊、国窖 1573、酒鬼、道光廿五、金剑南等均以非同寻常的历史厚重感和沧桑感来作为品牌的核心诉求点和支撑点。事实上，洋河大曲已有四百多年的历史，清乾隆皇帝第二次南巡时品尝洋河大曲后，曾欣然挥毫留下了“酒味香醇，真佳酒也”的赞语。作为新中国成立后中国八大名酒之一，洋河却大胆地用现代与历史做了一个分割，打出了“男人的情怀”这样的人群定位概念，最终形成了蓝色经典的广告语：“世界上最宽广的是海，比海更高远的是天空，比天空更博大的是男人的情怀。”

这种艺术的升华的确将洋河所定位的男人文化深深植入品牌的“血液”之中。这种略带有虚荣却有辩证精神的感情强化，让蓝色经典在与传统区别的同时也有了自己的根。尤其在当代部分人缺失正确的创富观念与奋斗终极意义的探索的宏观商务文化背景下，洋河蓝色经典对普遍浮躁和缺失的男性心理进行了一次及时的梳理和矫正。

(2)风格差异化

通常在一个白酒品牌准备向市场发起冲锋的时候，总是要确定下自己的酒体风格，就像茅台是酱香代表，五粮液是浓香代表，西凤是凤香代表，景芝是芝麻香的代表，香型的代表品牌趋于标准化和定型化。除此之外，也有在香型上缺乏优势的一些国内白酒品牌则打出洞藏、窖藏、原浆、年份等眼花缭乱的概念来规避酒体风格上的短处，而制造出自己的相对优势，比如太白酒、国窖等。洋河严格说来是属于浓香型，但是蓝色经典如果按照香型进行定位，显然缺少自己的优势特色，会被淹没。为了避开传统名酒的锋芒，洋河蓝色经典结合自己“甜、绵、软、净、香”的特点，将自己的风格按“味道”划分，开创了“绵柔型”，并称洋河为“中国绵柔型白酒领袖品牌”。蓝色经典这种“味道”划分，使得蓝色经典有了自己独特的风格，鲜明而富有特色。

（3）产品形象差异化

为了与传统的窖池、年份、历史感形成反差，蓝色经典力求凸显时代神韵，因此在包装设计上，洋河大胆地延续了早期洋河经典的蓝色风格，把“蓝色”作为洋河蓝色经典的形象色。为了进一步凸显蓝色形象，首先，洋河在内涵上提出将蓝色与绵柔的一体化，因此在表现上着力突出蓝色的高雅恬淡，使之符合绵柔型白酒的口感特征，突出开放、时尚、现代、品位的元素，成为蓝色经典绵柔型白酒的视觉代表。其次，洋河把这种形象符号化和视觉化，找出蓝色的代表海洋和天空，发掘出蓝色背后蕴含的意韵——“天之高为蓝，海之深为蓝，梦之遥为蓝”，一句“世界上最宽广的是海，比海更高远的是天空，比天空更博大的是男人的情怀”将蓝色定格为蓝色经典的文化象征。与传统老八大白酒相比，洋河的蓝色独树一帜为消费者带来了全新的视觉体验，这时，也完成了自己产品壁垒的构筑，而将竞争对手拒之门外。

密码 2　铁腕战术紧扣渠道

（1）碉堡战术步步为营

江浙一带的企业自古有踏实稳进的风格，很少有冒进的事情发生。蓝色经典同样延续着这样的风格。绵柔定位如果从一开始就放到全国大张旗鼓地推，未必能行得通，因为当时流行高度烈性酒。蓝色经典采取了循序化渐进的策略。

2003 年高炉家、迎驾贡等徽酒与五粮春、口子窖等在南京主战场展开激烈的争夺战，洋河没有贸然进军南京，而是采取了侧翼出兵的策略，以江苏沿江 8 市为主线，实施推进策略，到 2004 年，在侧翼市场蓝色经典取得 7600 万元的销售业绩。这样完全避免主战线与强势品牌的竞争。洋河保存了实力。但是，到了 2005 年，当徽酒在南京市场打得疲惫的时候，蓝色经典突然发动袭击，直取南京，当年蓝色经典销售突破 2 个亿，并且在全省内布局。之后，蓝色经典在坐稳江苏市场后，随即开始拓展河南、山东、安徽、北京、广东、湖北、河北、浙江等次新市场。事实上洋河恰恰采取了碉堡战术，步步为营，带动了整个国内市场的全面快速发展。

（2）铁腕政策牢扣终端

为了把控终端最大限度地调动经销商的积极性和对洋河的忠诚度，在终端模式上，洋河采取了胡萝卜加大棒的所谓“1+1 模式”。洋河的做法是，在产品导入期，洋河首选当地一类优质经销商进行合作，但是为了避免客大欺主，洋河在依赖一级经销商的同时，还不断地培养实力并不是很强的二级经销商。并且，随时准备用二批商来取代一批商。这样，使得一批商受到极大牵制。在依赖经销商的同时，洋河也派出了自己的队伍对经销商进行指导和管理，这就是洋河的办事处制度。派驻到各地的营销队伍来对经销商进行控制，指导当地经销商，来主导当地的营销。

因为有二级经销商作为替补队，所以洋河采取了铁腕政策，对经销商的管理和控制非常严厉。因为这样严格的指导和控制，加上二级经销商时时对一级经销商位置的觊觎，一级经销商无不卖力，使得洋河蓝色经典在终端上反应非常泼辣迅速。

密码 3　广告高覆盖，形象立体宣传

保持较高的曝光率是洋河的又一法宝，洋河在目标市场总是会选择位置好、面积大、上档次的优质媒体进行投放。为了保持较高曝光指数，洋河在各个重要城市之间的高速路上总是选择收费站、服务区、互通立交处进行长期投放，如洋河在沪宁、京沪、南京绕城、南京机场、沿江高速等江苏省内主要地段均投放大规模的户外广告牌。在全国主要的机场高速、重要城市中心、5A 级景区、知名门户网站以及各主要市场的公交车同样也进行大规模广告投放。

在做广告的同时，洋河也以各种公益活动的形式进行形象的塑造。“世界第六届华商大会”“全国旅交会”“省十佳运动员评选”等重大活动，“洋河”鼎力相助；宿迁成立慈善总会，“洋河”相继出资 800 万元……这既创造了良好的社会效益，也受到当地政府的支持。

为了形成全国的高空覆盖，洋河蓝色经典还将广告做到央视，单是 2008 年，进入央视的广告费就达到 8000 万元；2009 年到 2010 年更是高达 8 亿元；2010 年春晚，单是一个小品中蔡明手上提的“洋河蓝色经典”手提袋特写，就花费了将近 600 万元。从央视到网络视屏，再到各种报纸杂志和公交车，蓝色经典无所不在，这不但奠定了其认知基础，而且与整体营销形成有力配合，也能给予经销商更充足的信心。

二、洋河蓝色经典未来面临的考验

伴随国家对高端白酒控制的政策出台，中国高端白酒市场正面临严峻挑战。洋河能否在其后的发展中依然顺风顺水，还需要时间的验证，但有几点依然需要注意。

（1）现代如何能战胜历史

蓝色经典的成功在于其打破了消费者对传统白酒的认知范围，尤其是其蓝色包装和独特的诉求，成为其区别中国白酒的最大差异点。洋河蓝色经典的成功在短期内满足了消费者求新求异的心理，但是消费品市场从来都是充满求新和变数的。未来是否会有其他品牌会以新的差异点，来形成新的区别，目前尚不可知。

（2）洋河 1+1 模式还能撑多久

在快速成长时期，洋河的厂商派驻代表与经销商共同操作市场的 1+1 模式对蓝色经典起到了巨大推动作用。但是，这种模式也有弊端。“恶性竞争合同”的新闻证明了洋河的经销商正在给零售商施以压力，这种被零售商认为是“霸王协议”的出现带来了零售商的不满和对抗情绪。尤其是非代理制商业合作模式出现正在挑战洋河 1+1 模式。

非代理商模式开始避免以往那种把经销商当作工具使用的传统做法，而是白酒厂家与经销商或者业外资本共同组成联合营销公司，这样双方利益更紧密地绑在一起，风险共担。这对以往那种厂家为强势、经销商为被支配的合作模式形成一个巨大反差，而且这种方式正逐渐成为主流，最直接的后果就是洋河的经销商流失的可能性大大增加。

（3）成长阈限的危险

品牌并不是能够无限度地成长，当成长到一定程度它的盈利能力反倒下降。这在营销学上被称作成长阈限。营销费用大幅提高是洋河营销投入的现状，而且洋河采取了大广告换市场的策略，并且形成依赖，一旦广告停滞，其品牌势能就会受到影响。

在市场潜力上，洋河赖以起家的江苏本土市场已经趋于饱和，而省外市场，几个主要市场都有区域品牌崛起，对洋河构成了巨大的挑战。在未来全国布局成长中，洋河的渠道控制能力、终端升级的要求，以及管理协调工作将对洋河形成巨大的考验，未来人才缺乏和管理水平的提升也将成为洋河蓝色经典进一步发展的巨大瓶颈。

（4）品牌的发展方向的考验

因为洋河的基酒本身产量有限，而且最近屡次传出蓝色经典有逐渐向奢侈品靠拢的消息，这种靠拢其实充满了风险，尤其是当前国家出台的一系列政策更是影响甚大。能够走上奢侈概念的白酒，也只有茅台有可能做到，茅台始终坚持年产 2 万吨的概念，把这种稀缺性做到了极致。

目前，中国的真正消费人群恰恰集结在中产收入阶层，中国白酒近 20 年的大发展，也恰恰是依赖于这个阶层的贡献，多数二线、三线白酒在很长时间内是无法摆脱这种消费环境的，因此维持在中产阶层的品牌信誉，是中国多数名酒的方向，同时也是洋河蓝色经典无法躲避的方向。

除此之外，洋河蓝色经典近年来成长过快，越是如此，越是有其天生的脆弱性——一有风吹草动，哪怕是小小的问题，都有可能造成危机，这些问题可能出在上述的营销模式上、成长方向上，也可能出现在资本运作，甚至股东抛售股票、基酒不足、人才不足、组织变动上。因此，在高速的发展和扩张中，精心地维护品牌，对既往的成绩和今后面临的各种问题进行厘清、规范和预防，是洋河蓝色经典未来必须面对的问题，当然也是每个快速成长中的白酒品牌需要思考的问题。

（资料来源：根据网络资料略加整理而成）

第五章　广告调查

学习要点

① 广告调查的内容与程序

② 广告调查的方法

③ 问卷设计技术

④ 调查对象的选择

本章知识框架图

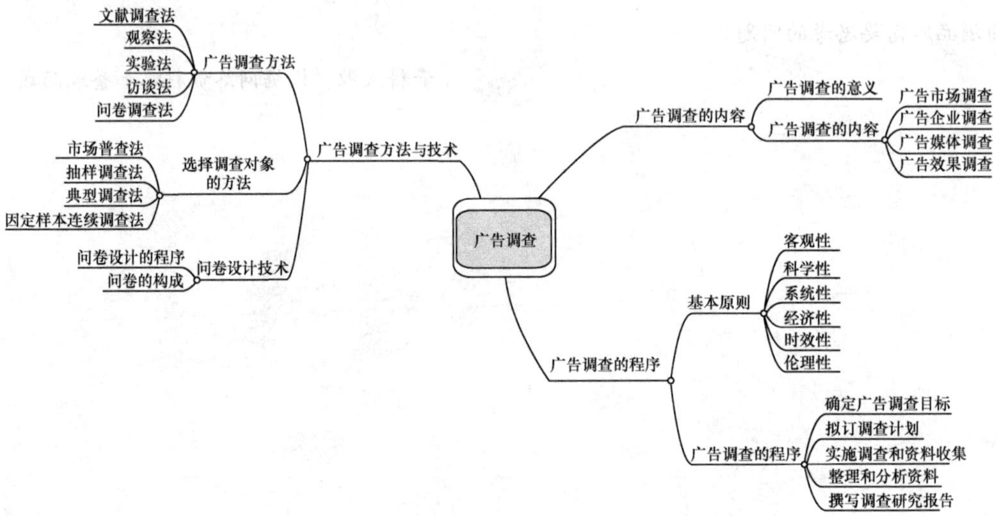

引导案例

广告：调研比创意更重要

“广告公司往往非常看重广告的制作，他们请电影导演来做，最后导致的结果就是广告看起来非常漂亮，最后观众却没有记住是什么产品。此外，广告失败的另一个重要原因就是缺乏与消费者之间的沟通。”益普索 ASI 首席执行官 Jim Thompson 说的这些话，恐怕能够得到目前很多从事广告传播行业人士的共鸣。

一个广告的完成要经过创意、制作、发布等多个环节，其中的每一个环节都有可能出现偏差，如果出现广告与品牌诉求不一致就会使企业的广告费被浪费掉。因此，Jim Thompson建议，在广告制作的每一个环节中都需要主动与消费者进行以调研为基础的沟通，而这种调研也应该是一个贯穿始终的长期过程。“一些广告播出以后，消费者其实并不知道在宣传什么产品，或者事后没有被消费者回忆起来。再有，就是没有把消费者认为跟自己相关的有效信息传递出来。”一个企业广告部门的负责人这样说。

John Hallward 认为，一个广告活动的成功需要具备四个方面的因素：一是创意本身要好；二是信息必须接触到达消费者；三是要看投放的频率；四是看声音的占有率。当记者要求给这几个方面做一个重要性的排序时，John Hallward 表示，根据其在许多国家执行的经验，良好的创意是最为重要的。通过对创意在不同性质广告中的不同定位（如信息、艺术品、策略、生产价值等），益普索发现超过 75%的广告在影响市场目标方面的成败都取决于创意。

但除了创意以外，在传播方面，让消费者看到这个广告是最重要的了。为此，John Hallward 举了一个例子：假如要做一个牙膏的广告，预计有 50 万的潜在消费者，首先是让大家都看到这个广告，每人至少看到一次。如果一半的人看了 10 次，而另外一半的人 1 次也没有看到，这样的结果仍然是平均看到 5 次。这样就没有达到让消费者接触这一广告的目的。因此，重要的是让每个人都看 1 遍，而不是让部分人一遍一遍地看。也就是尽量把信息传递给更多的消费者。

这里，调研就非常重要。因为广告在执行的过程中往往会出现很多偏差，在制作、媒介选择和组合、媒体的发布等过程中，前期的市场调研表面是一种投资，其实最终它是会给客户带来回报的。原因之一就是它可以避免资金的浪费，更重要的是，与广告的总体费用相比，调研的费用所占的比例是非常少的。到底调研的预算应该是多少才是合理的？Jim Thompson 打了个比方：如果要投资策划一个广告活动，市场调研方面的费用会占整个项目经费的 3%～4%，甚至更低。

事实上，一般的广告公司也会为客户在做整体传播策略的时候进行调研，但这种调研是否能反映真实的情况呢？对此，John Hallward 说：“一般广告公司的调研，都是针对广告的目标受众人群进行的宏观数据研究，如描述目标受众的性别、年龄、受教育程度、收入水平以及对信息的接受习惯等基本特征，其目的是确认目标消费群、寻找产品定位、卖点，从而为广告制作服务，而不涉及广告与品牌的研究。广告调研是广告公司进行广告制作必须做的，但事实上一般公司都没有真正去做，只是从一些调查公司花钱购买来的，而这些数据则是调查公司根据广告公司的要求，有选择性地从其数据库中剪辑出来的。”

思考：广告的目的有多种，既有促进产品销售的，也有提升企业或品牌的知名度和美誉度的，但不管是出于什么目的，都必须考虑广告目标受众的需求偏好。任何一个成功的广告都会涉及许多环节，每一个环节的失败都可能会导致整个广告的失败，但本案例中说“广告的调研比创意重要”，你同意这一观点吗？为什么？

（资料来源：《中国经营报》，蔡云锦，2004）

第一节 广告调查的内容

一、广告调查的意义

所谓广告调查，是指利用有关市场调查的方式和方法，对影响广告活动有关因素的状况及其发展变化进行调查研究的活动。

广告调查是市场调查的一个组成部分，是整个广告活动的开端和基础。为了实现广告目标，需要广泛地收集信息，广告调查就是为达到这个目的而进行的。具体地说，广告调查是指采用科学的方法，按照一定的程序和步骤，有计划、有目的、有系统地搜集、分析与广告活动有关的消费者、传播媒体、产品和企业以及广告效果信息等的调查活动。广告调查对于编制完善的广告计划具有重要的意义与作用。

广告调查为制定广告目标和广告策略提供依据。广告目标和广告策略是广告计划的核心。要制订正确的广告目标和广告策略，必须建立在对市场、商品、消费者、生产者、经营者、竞争者、广告媒体等有关情况进行调查研究的基础上，才能制订正确的广告目标和有效的广告策略，从而为制订广告计划打下可靠的基础。

广告调查为广告设计提供资料。广告设计是体现广告计划的重要形式和手段。广告设计需要具有明确的主题、新颖的创意和丰富的题材；同时，要想获得理想的效果，就必须对市场、产品、消费者行为、营销策略等情况进行深入的调查研究和分析提炼，这样才能达到诉求重点突出，有强烈的吸引力。

广告调查为检验广告效果提供依据。广告效果的测定是广告计划的重要内容之一。完成一则广告作品，其效果如何，必须在事前进行测定。为测定广告作品的效果必须进行必要的广告调查才能得出结论。广告作品发布之后，要了解其实际效果，总结其成功经验与失败教训，也需要通过广告调查来实现。可见，广告调查是检验广告效果的重要手段和途径。

二、广告调查的内容

广告调查的内容主要包括四个方面，分别是广告市场调查、广告企业调查、广告媒体调查和广告效果调查。

（一）广告市场调查

一般来说，市场调查的内容极为复杂，范围极为宽广，从不同的角度出发，就会对市场调查的内容和范围有不同的理解。但是，如果我们只从广告运作的规律考虑的话，市场调查的内容和范围还是基本确定的，主要有市场环境调查、消费者调查、竞争者调查和产品调查等几项内容。

（1）市场环境调查。市场环境调查是以一定的地区为对象，有计划地收集有关人口、政治经济、社会文化和风土人情等情况。在现代市场经济中，市场营销离不开所处的市场环境的影响。因此，对市场环境的分析研究就成为广告策划和创意的重要课题。市场环境调查的主要内容有人口统计因素、社会环境、政治经济水平等。人口统计因素包括：目标市场的人口总数、性别、年龄、文化构成、职业分布、收入情况以及家庭人口、户数与婚姻状况等，通过对这些数据的统计分析，为确定诉求对象、诉求重点提供依据。社会环境包括民族、文化、风俗习惯、民间禁忌、生活方式、流行时尚、民间节日、宗教信仰等内容，对这些进行分析可以为确定广告的表现方式和广告日程提供事实依据。政治经济水平包括：国家的法律法规、方针政策、重大政治活动、政府机构情况、社会发展水平、工农业发展现状、商业布局等内容，这是制订产品策略、市场营销策略和进行广告决策的依据。

（2）**消费者调查**。针对消费者的调查，包括工商企业组织和个体消费者的调查，通过对消费者的调查来研究消费者的需求、购买方式、购买决策，为确定广告目标的广告策略提供依据。消费者调查的主要内容有：消费者的风俗习惯、生活方式，不同类型的消费者的性别、年龄职业、收入水平、购买能力以及对产品商标和广告的态度与认识；产品的使用对象属于哪一个阶层，消费者对产品的质量、供应数量、供应时间、价格、包装以及服务等方面的意见和要求，潜在客户对产品的态度和要求，以及消费群体对新产品的需求趋势。影响消费的因素，包括购买动机、购买能力、购买习惯等因素。

购买动机——指推动消费者购买某种商品的念头，只有找准是什么念头促成了消费者的购买行为，才有可能使广告宣传做到有的放矢。

购买能力——是指消费者在感情动机和理智动机的支配下而对某商品的注意、兴趣、购买欲望购买的能力，研究购买能力是制订广告战略的不可缺少的重要内容。

购买习惯——即消费者日常在何时何地以及如何购买的问题。一般情况下，消费者购买商品的时间选择是有规律的，例如，有人常常在星期日到街上购买，有人则常常中午或晚上购物；当然，季节交换、节日来临、发工资等，都是影响购买作为的因素，了解这些情况，可为广告时机、地域的选择提供有价值的参考。

（3）**竞争者调查**。竞争者调查就是要查明市场竞争者的结构和发展趋势、列举现实的和潜在的竞争对手，按目标市场的占有份额、交叉覆盖率及消费者在不同品牌之间的流向情况，确立竞争等级和重点竞争对手，并收集他们在产品和营销方面的信息，从地域、季节、媒体类别等多角度考察他们在广告投放方面的比重分配，推测关于重点区域市场、营销对象及营销进展状况等方面的情况。竞争者的调查内容如下：分析生产、经营同类产品，或生产不同类产品但仍有可能分食目标市场的竞争者数目、规模、市场占有率及变化特点，确定重点竞争对手。分析竞争对手的生产经营管理水平，尤其是销售的组织状况、规模和销售渠道选择。分析竞争对手的产品和服务方式，以及消费者对竞争对手的综合评价。分析竞争对手在不同地区、不同季节、不同媒体的广告投放情况及广告类型和广告效果。通过以上调查，可以把握竞争的现状，预测市场动向，从而使企业在市场竞争中始终处于主动地位。

（4）**产品调查**。产品调查是市场调查的一个重要内容，根据对产品的诸多属性调查结果就可以确定此类产品是否在市场上适销，为企业的营销战略和广告策划提供参考。产品调查的主要内容包括产品的生产工艺与水平、产品的性能与规格、产品的类别、产品的生命周期、产品需要提供的服务等。

（二）广告企业调查

广告企业经营情况调查是指对企业的历史现状、规模及行业特点、行业竞争能力等情况的调查。其目的是为广告策划和创意提供依据，从而有效地实施广告策略，强化广告诉求。调查内容包括企业历史、企业设施和技术水平、企业人员素质、经营状况和管理水平、经营管理方法等。

（三）广告媒体调查

在广告活动中，由于媒体刊播费用在总费用中所占比重较大，因此广告媒体调查是广告调查的重要组成部分。广告媒体调查，是指对传递广告信息的各类媒体在性能、特征、科技手段、传播地位与形象、信誉、媒体受众等信息的调查。其主要包括媒体的基础资料，包括目标区域的媒体拥有量及其分布，各具体媒体的投资背景、节目内容、广告价格及相关广告刊播政策等。媒体的质化资料，包括媒体的侧重内容、编辑风格、传播形象与地位、公信度等的调查。媒体的量化资料，包括媒体的受众数量和受众成分构成等资料。例如，对印刷媒体的销售份额、读者层、阅读率、发行频率、每千人成本费的调查；对电子媒体的传播区域、视听率、视听者层的调查；对大众媒体以外的媒体，如户外广告、邮寄广告、橱窗广告、交通广告等媒体的量化调查。

除此之外，目标消费者的媒体接触习惯也是媒体调查的主要内容。上述资料的获得是制订广告媒体策略和计划的基础。

（四）广告效果调查

广告效果调查，是对某一产品的广告活动效果的测定。它是全面评估广告活动得失，并为今后的广告活动提供借鉴的重要依据。它包括经济效果、心理效果和社会效果调查。

（1）广告心理效果。广告心理效果，是指广告刊播后，受众对广告的印象以及引起的各种心理效应，表现为广告对受众的知觉、记忆、理解、情感、态度和行为等方面的影响。广告活动能够激发消费者的心理需要和动机，培养消费者对品牌的信任和好感，树立企业的良好形象。广告的心理效果是广告效果的核心，它是一种内在的、能够产生长远影响的效果，主要是由广告自身产生的效果，其大小取决于广告表现效果和媒体效果的综合作用。

（2）广告经济效果。广告经济效果，是指广告主通过广告活动所获得的经济收益或带来的损失，即由广告活动而引发的商品和服务销售以及企业利润的变化。广告主运用各种传播媒体，把产品、服务以及观念等信息传播出去，其根本目的就是刺激消费心理、促进购买，增加利润。因此，广告经济效果是广告主最关心的问题，是企业广告活动最基本、最重要的效果，也是测评广告效果的主要内容。

（3）广告社会效果。广告社会效果，是指广告对整个社会道德、文化教育及伦理等方面的影响和作用。对广告所倡导的消费观念、道德规范、文化意识等都会产生一定的社会影响。因此，广告的社会效果不容忽视。

第二节 广告调查的程序

一、广告调查应该遵循的基本原则

广告所需的相关调研资料有时由广告主向广告代理公司直接提供，有时由广告主委托广告公司通过调查研究获取，有时则是向专门的调查公司直接购买所得。不管何种方式，资料的质量都将直接关系到整个广告活动方案的成败。因此，广告调研设计及展开必须非常严谨，需要遵循以下六点基本原则。

（1）**客观性**。调查人员应该摒弃个人的主观因素和个人愿望，对广告活动相关资料的分析及其结论应客观、真实地反映广告市场情况和传播效果。这就要求广告调查人员必须本着忠于事实的态度，客观设题，客观取证，杜绝任何出于自身利益的考虑而避重就轻、故意夸大竞争事实以求客户增加广告预算的欺骗行为。

（2）**科学性**。广告调研及研究结论必须遵循实证性及逻辑性。最终的调研结果应该是在科学的指导方法下取得，包括调研计划的可行性、抽样的科学性、资料搜集过程的严谨性、资料整理分析的逻辑性，以及最终提出结论的完整性和客观性。现代调查技术和电子计算机的分析处理技术的运用也有助于提升结论的科学性水平。

（3）**系统性**。在广告活动的决策中，广告调研的信息之间存在着互相依存、互相影响的关系。广告调研时不能孤立地看待问题，而要把考察对象视为系统，把调查所得的资料视为有机整体，在整体与要素之间、整体与外部环境之间寻求相互联系，进行资料分析，从总体上把握调查对象。

（4）**经济性**。在调研活动中，需要大量的工作人员去搜集资料和信息、整理和分析所获得的调查资料并最终使其成为可供决策的参考依据，这本身就是一件费时、费力、费财的活动。即使在调查内容不变的情况下，采用的调查方式不同，费用支出也不一样。同样，在费用支出相同的情况下，不同的调研方案产生的效果也是不同的。因此，由于各企业的财力情况不同，在进行广告调研时，需要根据自己的实力确定调研费用的支出，并制订相应的调研方案，尽量做到以较小的投入换取较好的调研结果。

（5）**时效性**。广告调查必须有时效性，这是由广告调查的性质决定的。广告调查的目的是及时搜集资料，及时整理和分析资料，及时反映广告方面的情况。时效性高的广告调查能够为宏观和微观的广告决策提供有价值的依据，不及时的资料则往往失去了价值。

（6）**伦理性**。广告调查的伦理性原则主要体现在两个方面：第一，是要为客户信守商业机密。许多广告调查是由客户委托广告公司或市场调查公司进行的。因此，调查公司以及从事调查的人员必须对调查所获得的信息和数据保密，不能将其泄露给第三者。第二，在广告调查的资料收集及结论发布过程中要注意保护调查对象的隐私权，尊重调查对象的人格及权益，不能欺骗调查对象或对之造成身体、精神或物质上的损害。不管调查对象提供的是什么信息，也不管调查对象提供的信息重要程度如何，都不能随意地泄露。

二、广告调查的程序

由于广告调查的内容与范围十分广泛，对象与形式多种多样，目的与要求各不相同，因此其调查程序与步骤也就不尽相同。但是广告调查总的原则与程序是有一定规律性，只要掌握了广告调查的一般程序与步骤，各类不同的广告调查就可以有章可循。

（一）确定广告调查目标

广告市场调查能否成功首先取决于市场调查目标的确立。广告调查是一项目的非常明确的工作，每次广告调查都要事先确定调查对象和所要调查的范围，有组织、有计划、有步骤地进行。这也是由产品自身的特点和广告活动的特点决定的。例如，对新产品的广告调研和对老产品的广告调研就有所不同：对新产品的广告调研更具有风险性和挑战性，一个好的广告可能会使新产品迅速占领市场，而一个劣质广告可能会葬送新产品；对于后者，则要求有目的地找出产品的优势与劣势，扬长避短，保持并提高其市场占有率。

另外，虽然市场调查目标有总体目标与具体目标的差异，但都要求和广告策划的主题紧密结合起来。只有与市场调查的目的相关，才能有的放矢。采取广告的各种策略，也只有重视并抓住市场调查目标，才能使广告策划发挥其应有的作用。

（二）拟订调查计划

确定调查目标后，为了实现调查目标，就要制订具体的广告调查计划。调查计划是广告市场调查的行动纲领，一定要全面、细致，不能有丝毫疏漏。调查计划的主要内容包括：调查目标主题的最终确定；调查对象的划定；调查地点的选择与分布；调查人员分工；规定调查方法的综合使用方案；调查问卷的设计；调查对象的抽样计划，包括范围、方法、程序和数量等内容；调查进度的安排；调查经费预算，包括资料费、印刷费、交通费、礼品费、劳务费和调查的注意事项等方面。这是具体而又复杂的过程，调查计划方案要详实且具有可操作性。

（三）实施调查和资料收集

实施调查这一阶段的主要任务是组织调查人员深入实际，按照调查计划的要求，系统地收集各种可靠的资料和数据，并听取被调查者的意见。这一阶段大体包括以下步骤。

步骤一：设立广告调查机构，组织调查人员学习和培训

公司应该根据调查任务的大小配备调查人员，建立广告调查小组。调查人员可以是本单位调查部门的专职人员，对调查人员的选择将直接关系到广告调查的质量。为了保证调查结果的可靠性，需要集中组织调查人员学习和培训。培训主要内容为：明确调查方案，掌握调查技术，了解与调查目标相关的方针、政策、法令和必要的经济管理知识及业务技术知识；也可以对调查人员进行模拟训练，将调查中可能碰到的问题提出来，以锻炼受训者处理实际问题的能力。

步骤二：组织调查人员收集二手资料

广告调查所需的资料，可分为一手资料和二手资料两大类。一手资料是指需要通过实地调查才能取得的第一手资料。二手资料是指政府机关、企事业单位或个人现有的资料，取得这部分资料比较容易，花费较少。在实际调查中，应当根据调查方案所提出的资料范围和内容，组织调查人员尽可能地收集二手资料。

步骤三：确定调查单位收集一手资料

在广告调查中，仅靠收集第二手资料是不够的，还必须实地调查收集一手资料，这样才能保证资料收集的完整性和客观性。在实地调查中，应该根据调查方案所确定的方式，先选择好调查单位，然后由调查人员通过常用的观察法、实验法和问卷法，直接向被调查者收集第一手资料。

（四）整理和分析资料

广告调查所获得的大量资料往往是分散的、零星的，甚至有些资料可能是不真实的，因此必须对所收集的调查资料加以整理和分析，这样才可能去伪存真，客观地反映被调查事物的内在联系，揭示问题的本质和各种市场现象间的因果关系。这一步工作主要包括以下内容。

（1）资料的检查、核实和修正。对于调查所得的资料在整理编校过程中，首先要检查资料是否齐全，有无重复或遗漏之处，是否有差错，有关数据相互之间是否有矛盾。然后对资料中所存在的问题，及时复查核实，予以订正、删除或补充，力求资料详尽齐全、真实可靠。

（2）资料的分类汇编。资料的分类汇编即把经过核实订正的资料，按照调查方案的要求，归入适当的类别，并制成各种统计表和统计图，以供分析时使用。有关数据可以输入计算机，由计算机来完成统计表格的制作。

（3）资料的分析和综合。资料的分析和综合是一项难度很大的工作，一般是通过各种统计分析，得出各个研究变量的属性特征，反映相互之间的关系，为研究课题提供系统的数据资料。整理和分析资料的过程，也是对资料的研究过程。

（五）撰写调查研究报告

撰写调查研究报告是广告调查的最后阶段。调查报告是广告调查的最后成果，也是分析企业广告机会，进行广告决策的依据。调查报告应准确、客观、科学、系统，否则将直接损害广告客户的切身利益，同时也将危及广告调查单位的声誉。一份优秀的调查报告应具备下列条件。

（1）报告语言简洁、有说服力，词汇尽量非专业化。因为阅读报告的人不一定是专业的调查研究人员，对必要的专业术语要给予适当的注释或说明。

（2）报告应以严谨的结构、简洁的体裁将调查过程中各个阶段搜集的全部有关资料组织在一起。调查报告材料组织的思路与制订调查计划的思路应尽量保持一致。

（3）调查报告应该对调查活动所要解决的问题提出明确的结论或建议。结论和建议是调查报告的核心价值所在，应建立在科学的分析和推理基础之上。

（4）调查报告应该对调查计划和实施的情况进行概括性的陈述，让读者了解调查过程的全貌，即报告要回答或说明研究为何进行，用什么方法进行研究，执行情况如何，得到什么结果。

规范的广告调查报告应包含以下五个部分，见表 5-1。

表 5-1　　　　广告调查报告的结构

结构	内容
第一部分 序言	用于介绍广告调查研究内容等基本情况，序言部分通常包括扉页和目录
第二部分 摘要	概括地说明调查活动所获得的主要成果
第三部分 引言	调查报告的引言通常包括研究背景和研究目的两个部分
第四部分 正文	对调查方法、调查过程、调查结果以及结论和建议作详细叙述或阐述。正文的构成因研究项目不同而各异，但至少应包括研究方法、调查结果、结论与建议三个部分
第五部分 附录	用来呈现与正文相关的资料，以备读者参考。例如，调查问卷

第三节　广告调查方法与技术

广告调查属于社会调查范畴，因此，广告调查的方法主要是参考、借鉴一般社会调查的技术方法，并注意吸收统计学、社会心理学、传播学等多学科对社会调查方法的研究成果。具体来说，广告调查常用的方法有文献调查法、观察法、实验法、访谈法、问卷调查法等。

一、广告调查方法

（一）文献调查法

文献调查法是一种间接调查方式，即对已有的各种文献、档案等文字资料进行的调查研究，是对既存资料的使用。文献调查的作用在于，可以为企业的广告活动提供部分必要的信息，同时也为其他实地调查方式打下基础，从而节约大量实地调查费用开支和时间。

文献资料主要是指企业内部资料与外部资料两类。文献调查要求熟知文献来源和资料检索方法。广告调查的文献来源非常丰富，主要有广告主自己的资料库、档案库所存留的营销记录与相关资料，以前的调查研究资料，包括来自市场调查咨询公司、媒介调查与研究公司、社会及大专院校图书馆、研究所、互联网、各类出版物及政府机构、行业协会、商会、消费者组织等各个方面的数据。

随着计算机在信息处理及调查研究领域的广泛应用，调查人员已经能够轻易地获取大量相关信息，分享其他研究人员的研究成果。而广告公司和广告企业对信息的日益重视及不断完善的资料库，也为文献调查提供了更加便利的条件。

（二）观察法

观察法，是由调查人员观察并记录被调查者或调查现场情况的一种资料收集方法。除了调查人员作记录外，还可以通过录音、录像、照相、自动监测仪等调查机器进行记录。观察法的优点是非常明显的。由于是在消费者不知不觉的情况下进行的观察，因此，消费者没有心理负担，他们的心理表现也比较自然，因而通过观察所获得的资料也比较客观、真实和可靠。特别在研究对象不配合的情况下，更显示出观察法的价值。此外，这种方法也比较简便易行，花费也比较低廉。

但是观察法的使用也受到一些条件的限制。首先，在进行观察时，观察者只能被动地等待所要观察的事件出现。在事件出现时，所能观察到的是消费者如何从事活动，并不能得到消费者为什么这样活动以及当时其内心是怎样想的资料，即只能观察到果，却不能得到因。其次，观察资料的质量在很大程度上受到观察者本人的能力水平、心理因素及敬业态度的影响。最后，为了使观察得来的资料更加全面、真实、可靠，被观察的人和事物的数量要尽量多，面要尽量广，而且为了取得大量的资料，所需的人力和时间自然要多。有鉴于此，只有当研究的问题能够从消费者外部行动得到说明时，才适宜于应用观察法。

（三）实验法

实验法是把实验对象置于一定的条件下，通过小规模的实验，来了解广告受众的评价意见，以及通过实验对比获得有关资料的方法。在广告调查中实验法通常用于广告活动展开前探究消费者对产品口味或包装、产品价格、广告信息等的反应。实验方式有市场反应实验、广告信息实验和媒体效果实验等。

实验法一般用于广告活动开展之前，对广告和广告活动的实际市场效果作出预测，其目的是减少失败风险。但由于众多不可控因素，即使有的时候实验效果理想，但实际效果也未必理想，如消费者的偏好、竞争者的策略等都有可能影响实验对象，进而影响到实验效果。并且，由于实验调查获得资料的时间较长，费用较高，因此，这种方法在广告调查中的应用也受到一定的限制。

（四）访谈法

访谈法是指调查人员实地与调查对象进行接触，从中了解和搜集信息的一种广告调查方法。访谈法是实地调查中获得资料的可靠途径之一，也是比较常用、易用的一种方法。它的突出优点是可以在双方直接交流中考察对方对问题的反映，了解调查对象对广告产品或广告效果的意见。访谈法可分为小组访谈法、面谈法、电话访谈法等。

（1）小组访谈法。小组访谈法是调查小组负责人组织有关人员参加，通过小组讨论、问答或发言等方式获取调研资料的一种信息采集方法。根据访谈过程的组织形式，又可将小组访谈法分为自由讨论法和控制讨论法两种。前者是指调查人员对访谈过程不加控制，而由参加人员自由讨论的一种方法；后者则指调查人员为了让大家讨论的焦点更为集中，防止偏题而对访谈过程施加一定控制的讨论方法。在调查中，调查人员负责拟定和提交需研究的问题，小组成员加以讨论、回答问题或发言等方式，对有关问题发表看法、意见或建议，调查人员负责记录和整理。一般来讲，小组访谈法适合那些需要一定深度的意见性问题。

（2）面谈法。面谈法是调查人员以直接接触被调查对象来获取调研资料的一种信息采集方法。根据调查人员接触被调查对象的环境，可以将面谈法分为街头访问法和入户访问法两种。街头访问时间上可控，不干扰被访者的私密空间，而且寻找样本较容易，成本低。但由于是街头访问，被访问对象往往有事情要做，因此被拒绝的比例也比较高；入户访问法的方式应答率高，环境可控，有效性高。但这种方法比较耗时间和人力财力，对调查人员的素质要求也较高。

（3）电话访谈法。电话访谈法是调查人员通过电话来向被调查对象采集信息的一种调查方法。电话调查法以其操作简便、节省时间和费用低廉等优势而获得调查人员的青睐，在实际调查中被大量采用。但电话访谈也有缺点，一是无法获得调查对象电话号码的典型样本可能会被漏掉；二是对需要使用图画、地图及其他可视媒介的问题，电话访谈无能为力；三是有些复杂问题不容易说清，也会影响到电话访谈的效果。

（五）问卷调查法

问卷调查是把所要调查的内容设计成一组问题，以设问的方式或表格的形式形成一份问卷，通过让调查对象填写问卷来收集信息的一种调查方法，是一种专门为向特定公众调查对某些问题的知晓、态度、意图等而设计的书面测验。

借助问卷进行调查在广告调查活动中最为常见。它不仅由于提问统一化、规格化，而降低了在提问上因人为因素造成偏差的可能性，而且编号作答的方式更便于统计，这就使得大规模的调查成为可能。问卷调查是实地调查的一种方式，以拟好的问卷去进行访问、邮寄、网上调查等。

（1）邮寄调查法。邮寄调查法是将问卷邮寄给特定的调查对象或任意的调查对象，由其填答后回寄给调查者的方法。为提高问卷的回收率，调查方应尽量创造促使问卷回寄的条件，如随邮件附上一封说明信和贴上回寄邮票的信封，或举办回寄者抽奖活动。

（2）留置法。留置法是将问卷交由被调查者带回自行填写，保证充分的回答时间，再由调查员亲自前往回收。这种方法由于被调查者有充分的时间填写问卷，因此比较适合内容较多的问卷。但由于是调查人员亲自回收，调查的距离会受到一定的限制。

（3）网络调查法。网络调查是将设计好的调查问卷公布在互联网上，由点击页面者自愿做答来进行调查，利用互联网调查具有费用低，时效性、趣味性和保密性强，操作简单的优点。随着互联网的普及程度越来越高，网络调查法正成为一种非常重要的调查手段被越来越广泛使用。

综上所述，每一种方法都有优点和缺点，有的时候为了获得更加准确可靠的调查结果，可以采用上述一种或多种组合的方式；只要是对调查结果有利，并且不违背社会伦理，所有的方法都可以使用。

二、选择调查对象的方法

要想针对某个问题获取所有的看法，最好的方式就是调查每一个人，但这显然是不现实的。尽管随着大数据的产生和云计算方法的应用，全样本信息获取正逐步变得可能，但至少在未来一段时间内，传统的样本选择方法还将被广泛使用。目前比较常见的选择调查对象的方法包括市场普查、抽样调查、典型调查、固定样本连续调查等形式。

（一）市场普查法

市场普查法是以市场总体为调查对象的一种调查方法，是为了了解市场某种现象在一定时空上的情况而进行的一次全面调查，这种调查方法的基本特点是具有全面性、精确性和相对稳定性。市场普查法通常是由专门的普查机构来主持，需要组织统一的人力和物力，确定调查的标准时间，提出调查的要求和计划。由于市场普查法的侧重点是宏观的，不但本身包含的内容较多，而且需要调用的人力、物力和财力都比较大，因此在实际中属于被应用得较少的一种样本选取方法。

（二）抽样调查法

抽样调查法是根据概率统计的随机原则，从被研究的总体中抽出一部分个体作为样本进行分析、概括，以此推断整体特征的一种非全局性的调查方法。抽样调查法有三种常用的方式：一是等距离抽样，即将准备调查的对象排列起来，设定等距离来抽取样本的方法。譬如对 100 个样本进行随机编号，然后选择 1，11，21 等每隔 10 个样本进行一次取样。二是任意抽样，即采取抽签、粘阄方法，将调查对象做成签、阄，混合后再随意抽取的方法。三是随机抽样，将调查对象编成号码，运用乱数表抽取样本的方法，这是最常用的一种方法。

抽样调查法是市场调查的一种主要方法。其特点是具体、技术性强，这种方法实施的主要环节有二：一是要注意抽样客观性，避免主观人为倾向；二是选点取样要具有代表性，使样本等特征能较为充分地表现事物的总体特征。由于样本的选择直接影响到调查的质量，因此使用抽样调查法需要特别注意。

（三）典型调查法

典型调查是以某些典型单位或典型消费者为对象进行调查，以达到推算一般的调查方法。这种方法适用于调查总体庞大，调查人员对总体情况非常了解，能准确地选择有代表性的单位或个体作为调查对象的情况。典型调查的主要特点在于，调查对象是调查者有意选择的，所以调查者可以深入应用典型，对实际情况进行具体细致的研究，详细观察事物的发展过程，具体了解现象发生的原因，并掌握现象各方面的因果关系。

在总体发展比较一致的时候，只要选择一个或几个调查对象作为典型就行了；在总体较多且差异较大的时候，则需要把总体划分为几个类型组，再抽取其中各组的典型进行调查。总之，这种方法投资比较少，见效也比较快，关键在于选择的典型要具有代表性。

（四）固定样本连续调查法

固定样本连续调查法是指从调查对象的总体中抽出若干样本组成固定的样本小组，在一定时间内，通过对样本小组反复的调查来收集所需信息的方法，用于了解收听、收视率、消费情况、商品购买情况、产品使用情况等。可以有以下几种调查方式：一是在一定时间内，定期进行面谈或问卷调查；二是向消费者分发日记簿，详细填写，定期回收；三是调查员定期到调查现场进行观察记录或通过录像机、录音机、照相机、收听收视自动监测仪等机器进行观察记录。

三、问卷设计技术

无论是实验的方法还是实地调查，无论是民意测验还是组织形象的评估，凡是属于第一手资料搜集的广告调查方法，几乎都离不开问卷设计这一环节，一份出色的、科学严谨的问卷常常是调查成功最为重要的因素之一。而要想设计出一份令人比较满意的问卷，就必须掌握问卷设计技术，其中的重点要掌握问卷的设计程序和问卷的构成。

（一）问卷设计的程序

问卷设计应该遵循一定的程序，这样才能最大限度地保证问卷的科学性。在实际操作中，问卷设计的程序最容易被忽略，这也是导致一些问卷不合理，缺乏较高信度和效度的原因之一。结合实际经验，将问卷设计程序分为以下几个步骤。

（1）根据调查课题，细化概念并确定测量指标

编制问卷前，要清楚调查的目的是什么，调查对象是谁，调查要收集哪些信息等。这实际是一个将概念指标化的过程，也就是界定调查课题中的概念，使之进一步明确，为问卷设计奠定基础。这是问卷设计最重要的一步，但通常也是最容易被忽视的步骤。细化的过程就是将要测量的主要概念具体化为可以度量的指标，并对与测量有关的概念进行明确说明。问卷设计是一项十分细致的工作，一份好的问卷应做到：内容简明扼要，信息包含要全；问卷问题安排合理，合乎逻辑，通俗易懂；便于对资料分析处理。

（2）列出需要收集的信息，明确哪些信息可以通过问卷获得

并非所有数据都可以通过调查问卷获得，因此在设计问卷时，首先要列出需要收集的信息，明确哪些信息可以通过问卷收集，不能通过问卷收集的信息要通过什么方式来获取等问题，这样做有助于提前做好规划安排，提高调查的效率。一般而言，一些事实性的信息可以直接通过问卷获取，而一些反映被调查者心理的信息很难通过问卷准确获取，这时可以配合访谈等方法进行资料收集。

（3）明确调查的限制条件

也就是要明确这次调查是采用什么方式，投入多少人力、财力，调查中可能遇到的问题和障碍等。明确调查方式方法，有利于合理安排调度人员，提高信息搜集的效率。

（4）设计问卷中的问题

在以上工作完成后，就可以根据问卷类型与调查方法的要求，开始设计问卷中的问题了。问卷问题的类型归结起来分为四种——自由问答题、两项选择题、多项选择题、顺位式问答题，其中后三类均可以称为封闭式问题。

自由问答题　也称开放型问答题，只提问题，不给具体答案，要求被调查者根据自身实际情况自由作答。自由问答题主要限于探索性调查，在实际的调查问卷中，这种问题不多。自由问答题的主要优点是被调查者的观点不受限制，便于深入了解被调查者的建设性意见、态度、需求问题等。主要缺点是难于编码和统计。自由问答题一般应用于以下几种场合：作为调查的介绍；某个问题的答案太多或根本无法预料时；由于研究需要，必须在研究报告中原文引用被调查者的原话。

两项选择题　是多项选择的一个特例，一般只设两个选项，如“是”与“否”、“有”与“无”等。两项选择题的特点是简单明了。缺点是所获信息量太小，两种极端的回答类型有时往往难以了解和分析被调查者群体中客观存在的不同态度层次。

多项选择题　多项选择题是从多个备选答案中选择一个或多个。这是各种调查问卷中采用最多的一种问题类型。多项选择题的优点是便于回答，便于编码和统计，缺点主要是问题提供答案的排列次序可能引起偏见。这种偏见主要表现在三个方面。

第一，对于没有强烈偏好的被调查者而言，选择第一个答案的可能性大大高于选择其他答案的可能性。解决问题的方法是打乱排列次序，制作多份调查问卷同时进行调查，但这样做的结果是加大了制作成本。第二，如果被选答案均为数字，没有明显态度的人往往选择中间的数字而不是偏向两端的数字。第三，对于 A、B、C 字母编号而言，不知道如何回答的人往往选择 A，因为 A 往往与高质量、好等相关联。解决办法是用其他字母，如 L、M、N 等进行编号。

顺位式问答题 又称序列式问答题，是在多项选择题的基础上，要求被调查者对询问的问题答案，按自己认为的重要程度和喜欢程度顺位排列。

在现实的调查问卷中，往往是几种类型的问题同时存在，单纯采用一种类型问题的问卷并不多见。

（5）确定问卷的版面

问卷的版面安排容易被忽视，在实践中，调查常常也会因问卷版式安排不合理而受到影响。问卷版式安排的注意事项包括：一是版面要清晰，问题之间、问题与答案之间、开放式问题的回答部分要留足空间。二是重要的部分要加以强调（通过调整字体、字号等方式）。三是话题的转换要加以强调。为了使话题转换一目了然，最好使用标记标明，比如下画线、黑体等。四是问题与选择项放在同一页。五是纸张和印刷要保证精良。

（6）试调查、测试修改与最后定稿

初稿要经过多次检查，确认无误。问卷设计好后，要进行检查，主要从问题表述、问题排序、选择项是否全面合理，以及有无错别字、语病等方面进行检查。检查时，最好由问卷设计人员以外的人检查。初步检查合格后，可以进行试调查。

试调查完成后，根据发现的问题，要对问卷进行再修改。根据情况计算问卷的信度和效度。试调查时，要选择那些与样本特征相近的调查对象进行调查，同时尽可能不要对样本产生影响。经过试调查，进一步发现问卷中存在的问题，修改后就可以定稿。当然，为了保证问卷的质量，在试调查后，最好对问卷的信度和效度进行分析。只有问卷具有较高的信度和效度时，才能收集到合格的调查数据。

最后定稿。根据试调结果对问卷进行修改后，就可以定稿，安排印刷和实施调查了。

（二）问卷的构成及设计中需注意问题

（1）问卷的构成

一份问卷通常由三部分组成：前言、主体内容和结束语。问卷前言主要是对调查目的、意义及填表要求等的说明，包括问卷标题、调查说明及填表要求。前言部分文字须简明易懂，能激发被调查者的兴趣。问卷主体是市场调查所要收集的主要信息，它由一个个问题及相应的选择项目组成。通过主体部分问题的设计和被调查者的答复，市场调查者可以对被调查者的个人基本情况和对某一特定事物的态度、意见倾向以及行为有较充分的了解。问卷结束语主要表示对被调查者合作的感谢，记录下调查人员姓名、调查时间、调查地点等。结束语要简短明了，有时也可以省略。

（2）问卷设计中要注意的问题

为了设计出更为合理、科学的问卷，设计者除了要了解问卷的构成外，还要清楚问卷设计中应该注意的一些问题。

文字要表达准确 为了避免填写问卷的人产生歧义，问卷中的问题不应使填卷人有模糊认识。如调查商品消费情况，使用“您通常喜欢选购什么样的鞋？”就是用词不准确，因为“通常”“什么样”的含义不同的人有不同的理解，这就会导致回答各异，不能获得准确的信息。如改为具体的问题：“您外出旅游时，会选购什么牌子的旅游鞋？”这样表达就很准确，不会产生歧义。

要避免使用引导性的语句 如设计问卷时，问“××牌子的旅游鞋质优价廉，您是否准备选购？”这样的问题将容易使填表人受引导性语句的影响而得出肯定性的结论或对问题产生反感，这样不能反映消费者对商品的真实态度和真正的购买意愿，所以产生的结论也缺乏客观性，结果可信度低。

不要提不易回答的问题 这里可能有两种情况：一种是涉及填卷人的心理、习惯和个人生活隐私而不愿回答的问题，即使将其列入问卷也不易得到真实结果。遇有这类问题，如果实在回避不了，可列出档次区间或用间接的方法提问。如调查个人收入，如果直接询问，不易得到准确结果，而划分出不同的档次区间供其选择，效果就比较好。另一种是时间久、回忆不起来或回忆不准确的问题。

避免使用假设性语句 先假设有某一条件，然后再了解被调查者采取什么行动的假设性语句，所得到的回答没有多少价值，广告调研中应避免出现。例如，如果您的收入增加了一倍，您会增加消费支出吗？

本章习题

1. 简述广告调查的基本内容。
2. 广告调查有些程序？
3. 广告调查方法有哪些？
4. 如何使用问卷进行广告调查？
5. 某位同学在设计关于某品牌运动鞋的调查时，有这样一道问题“××牌运动鞋质优价廉，您是否准备选购？”你觉得这样设计问题合适吗？为什么？

章末案例

以下是一份网络用户购车问卷调查，通过该案例，可以更加直观地了解调查问卷的设计。

尊敬的朋友，您好！

非常感谢您能阅读并填写此问卷，本次调查问卷旨在调查购车人群对网络的使用习惯。仅用于车天下汽车网探索未来网站发展模式及相应的学术研究。您所填写的相关内容，均将被严格保密。这次调查将花费您大约 5 分钟的时间，再次感谢您的帮助！（注：

为了表示对参与问卷朋友的感谢，参与本次问卷的所有网友均将获得一份车天下社区小礼品，以示谢意！）

一、问卷内容

1. 您目前是否已经购买了一辆汽车？

○是　○否，正准备购买汽车　○否，还未列入计划

2. 如果您已经购买了一辆汽车（或准备购买一辆），您购买汽车的渠道是什么？

○通过4S店或汽车销售商　○通过网络（团购）　○通过厂家网站直接购买

如果您是通过"网络购买"，请问你对此的满意度？

○非常满意　○满意　○不确定　○不满意　○非常不满意

3. 在您的想象中，哪种购买方式能提供给客户最大的满意度？

○厂家网上直销　○汽车网站销售　○传统的4S店

4. 您感觉在您购买汽车所使用的方式上是否便捷？

○非常方便　○方便　○不确定　○不方便　○非常不方便

5. 如果您购买了或正准备购买汽车，您认为互联网上汽车销售的价格会低于传统4S店销售的价格吗？

○是　○不是

如果您回答"是"，那您认为互联网上的汽车价格与传统4S店相比能低到什么程度？

○非常便宜　○便宜　○不确定　○不便宜　○非常不便宜

6. 您认为传统销售店中销售人员的介绍对您在以下几个购车方面起到的重要程度：

比较品牌：○非常重要　○重要　○不确定　○不重要　○非常不重要

比较车型：○非常重要　○重要　○不确定　○不重要　○非常不重要

比较配置：○非常重要　○重要　○不确定　○不重要　○非常不重要

比较价格：○非常重要　○重要　○不确定　○不重要　○非常不重要

7. 您认为互联网对您在以下几个购车方面起到的重要程度：

比较品牌：○非常重要　○重要　○不确定　○不重要　○非常不重要

比较车型：○非常重要　○重要　○不确定　○不重要　○非常不重要

比较配置：○非常重要　○重要　○不确定　○不重要　○非常不重要

比较价格：○非常重要　○重要　○不确定　○不重要　○非常不重要

8. 您认为传统媒体对您在以下几个购车方面起到的重要程度：

比较品牌：○非常重要　○重要　○不确定　○不重要　○非常不重要

比较车型：○非常重要　○重要　○不确定　○不重要　○非常不重要

比较配置：○非常重要　○重要　○不确定　○不重要　○非常不重要

比较价格：○非常重要　○重要　○不确定　○不重要　○非常不重要

9. 您认为厂家宣传册对您在以下几个购车方面起到的重要程度：

比较品牌：○非常重要　○重要　○不确定　○不重要　○非常不重要

比较车型：○非常重要　○重要　○不确定　○不重要　○非常不重要

比较配置：○非常重要　○重要　○不确定　○不重要　○非常不重要

比较价格：○非常重要 ○重要 ○不确定 ○不重要 ○非常不重要

10. 您认为口碑宣传（亲朋介绍）对您在以下几个选购某款汽车方面起到的重要程度：

比较品牌：○非常重要 ○重要 ○不确定 ○不重要 ○非常不重要

比较车型：○非常重要 ○重要 ○不确定 ○不重要 ○非常不重要

比较配置：○非常重要 ○重要 ○不确定 ○不重要 ○非常不重要

比较价格：○非常重要 ○重要 ○不确定 ○不重要 ○非常不重要

11. 您认为汽车的能否定制/改装（例如：天窗、音响、空调等）对您选购汽车是重要的吗？

○非常重要 ○重要 ○不确定 ○不重要 ○非常不重要

12. 您认为国内将来在线购买汽车会有可能吗？

○可能性极大 ○有可能 ○不确定 ○不可能 ○肯定不可能

13. 如果您现在要购买一辆新车，您会通过互联网在网站中购买吗？

○会 ○不会 ○如果网站在价格上有优势的话，可以考虑

14. 如果您将来（2～3 年内）要购买一辆新车，您认为在以下几种可能购买的方式下可能性有多大？

通过网络购买： ○可能性极大 ○有可能 ○不确定 ○不可能 ○肯定不可能

通过 4S 店购买： ○可能性极大 ○有可能 ○不确定 ○不可能 ○肯定不可能

通过厂家网站直接购买： ○可能性极大○有可能 ○不确定 ○不可能 ○肯定不可能

15. 您认为互联网络购买汽车会影响传统 4S 店的销售吗？

○肯定会 ○会 ○不确定 ○不会 ○肯定不会

16. 您经常游览汽车网站的哪些内容？

○汽车新闻 ○最新的车价信息 ○最新市场促销信息 ○车型信息 ○车友论坛 ○厂家或经销商信息

17. 您认为目前的汽车网站能提供给您哪方面的需求？

○车价参考 ○了解行业动向 ○了解自己所关注车型的评论 ○实际感受汽车 ○参加汽车团购

18. 您认为目前 4S 店销售的优势是什么？

○ 可靠 ○服务好 ○唯一的销售渠道

19. 您认为网站的优势是什么？

○信息更新速度快 ○受众广，能形成群体的优势 ○能解决购车、用车的实际问题

20. 您认为汽车网站还有哪些不足？（可多选）

○新闻信息不及时 ○栏目分类太少 ○栏目名称不够明确 ○版面结构混乱 ○文章数量太少 ○互动内容少 ○实用信息少 ○图片质量差 ○内容不够专业 ○更新速度慢 ○重复使用内容多 ○搜索功能弱 ○其他

二、个人资料

1. 您家庭年收入大约为多少？

○3 万元以下 ○3～5 万元 ○5～10 万元 ○10～20 万元 ○20 万元以上

2. 您的年龄有多大?

○20 岁以下　○20～25 岁　○20～35 岁　○35～50 岁　○50 岁以上

3. 您的教育程度是怎么样的?

○大专以下　○大专　○本科　○研究生及以上

4. 您的性别?

○男　○女

5. 您一周在网上时间大约为多少?

○5 小时以下　○10 小时左右　○20 小时　○40 小时及以上

第四篇

广告创作及实施

第六章　广告创意

学习要点

① 广告创意及理论

② 广告创意的过程

③ 广告创意的技巧

本章知识框架图

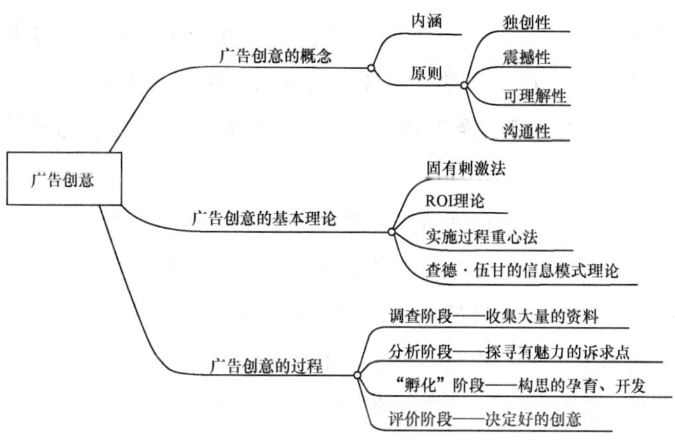

引导案例

《热的油炸食品》——相关性原则备忘

大卫·奥格威说：“若是你的广告基础不是上乘的创意，它必遭失败。”威廉·伯恩巴克也说：“在创意的表现上……要竭尽你的智慧使广告信息单纯化、清晰化、戏剧化，使它在消费者脑海里留下深刻而难以磨灭的记忆。”汉堡王就是领略了两位广告巨人的意图，因此在炸薯条的广告宣传上取得了巨大成功。

在多年来的汉堡包口味测试中，汉堡王连续击败了麦当劳（见图 6-1），但麦当劳在炸薯条的口味上却连年夺标。于是，汉堡王花了几年时间研制出新品种，即外敷一层淀粉以增加热度和脆度的炸薯条。准确地说，“热的油炸食品（中文）”并没有准确地表达英文原文的含义。“Fiery”，意思是“燃烧的”“似火的”“炽热的”。因此，用“热”并没有反映出广告的原意，也缺少对这则广告创意的深刻理解。图片中，油炸薯条的一端是番茄酱，火红色让人联想起一点即燃的火柴，暗示出油炸食品热辣滋味的特点。“更热、更脆、更美味”正是汉堡王推出这种新式薯条的最初构想，作品当然也力图表现这种特征。

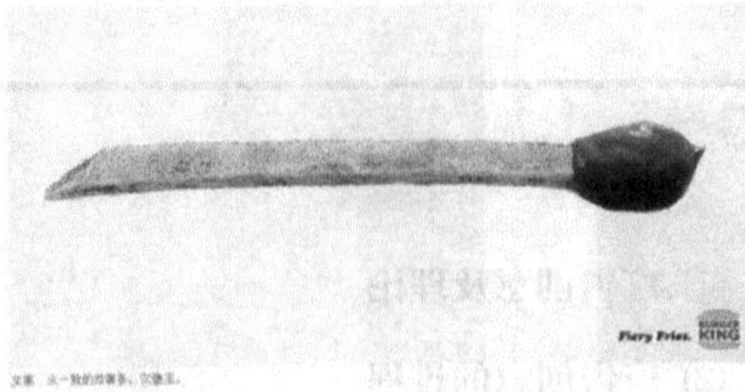

图 6-1　汉堡王：火一般的炸薯条，即刻“点燃”了大家的食欲

伯恩巴克认为良好创意的标准有三个，即相关性（Relevance）、原创力（Originality）和震撼力（Impact）。这也一直成为戛纳国际广告节评审的标准之一。这则广告之所以能脱颖而出被评为金奖，实在也得益 ROI 的创意原则，相关性显然是它制胜的法宝。

在这则广告中，火柴（喻体）与油炸食品天然地联结起来，其结点就是红红的番茄酱——汉堡王最常见的食物，它将视觉的符号和产品的特点紧密联结起来，却又不显突兀牵强，使广告仿佛是天成之作。平庸的广告只能做到“信不信由你”，而出色的广告则“不由你不信”。一个好的广告创意总是因为能打破人们的固定思维而轻易地攫取众人的目光，令人过目难忘。

思考：上一章的案例说，广告调研比广告创意重要，本章案例又强调了广告创意的重要性。其实，作为广告活动的一个部分，广告创意和广告调研同样重要。没有好的调研，创意就可能偏离广告受众的偏好；再好的调研，但如果没有好的创意，广告就可能失去震撼力，同样不可能成功。从本案例中，你能总结出广告创意为什么重要吗？要想取得广告创意的成功，你是否可以发现有些理论或方法可以作为依据？对于广告创意过程的各个阶段你又应该注意哪些事项呢？

（资料来源：根据胡晓云主编的《世界广告经典案例——经典广告作品评析》改编和整理而成）

第一节　广告创意的概念

一、广告创意的内涵

创意是广告的灵魂。在有了完整的广告策划之后，广告活动就进入了实质性的创意阶段。此时，广告创作者需要考虑的是如何充分地、艺术地表达和阐释广告主题的问题。成功的广告战略，首先来自不同凡响的、卓越的创意。创意是引起消费者注意、激发消费者购买欲望的动力，是整个广告作品中的“点睛之笔”。

关于广告创意的含义，学者们往往有不同的说法。广告大师奥格威认为“好的点子”即创意，他认为：要吸引消费者的注意力，同时让他们来买你的产品，非要有好的点子不可，除非你的广告有好的点子，不然它就像快被黑夜吞噬的船只，缺乏创意的广告犹如暗夜向情人送秋波的笑话。

另一美国广告界权威詹姆斯·韦伯·杨则认为：创意是一种商品、消费者以及人性诸事项的组合。他解释真正的广告创作，眼光应放在人性方面，从商品、消费者以及人性的组合去发展思路。另外，还有专家称广告创意为“伟大的构思”“创造广告表现意境的思维过程”“以艺术创作为主要内容的广告活动”等，这些说法，都在不同程度上解释了广告创意的含义。下面对其含义略加讨论。

（一）从广告战略、策略上理解创意

当前广告业比较流行的看法是创意与品牌战略、策略有紧密的相关性。创意有大小，而策略有对错。策略正确，创意的增量越大，品牌的跳跃能量就越高；策略错误，创意的增量越大，品牌受到的伤害也越大。有策略而无创意，品牌的提升也无法实现，因此，创意又是品牌跳跃最珍贵的基因。应使创意和策略处于良好的互动状态，体现于广告运作的各个环节。

“果冻布丁喜之郎”在广告运作中取得了骄人的业绩。喜之郎这种可替代的小食品，在诸多品牌的夹击中一步一个脚印，从一个年销售额不到 5000 万元的地方品牌，发展壮大成为销售 10 多个亿，市场占有率达 70%以上的全国性品牌，广告在其间起到了重要的作用。

喜之郎的广告一开始就放弃了产品具体功能的诉求，而只把着眼点落在了它给人们带来的情感享受上。这种情感享受的不断积累，便形成了喜之郎广告特有的价值观——亲情无价。

运用策略创意，用价值观来整合不同广告片的表现形式，使得喜之郎每年不断翻新的电视广告百变不离其宗。针对不同的人群，儿童、情侣、家长、老人，虽然牵涉到的具体产品不同，各自有异，但由于价值观的坚持和不断重复，喜之郎的广告具有很强的聚合能力，逐步使品牌形象在消费者心目中丰满起来，并占据了牢固的位置。从战略、策略上理解广告创意，其含义相当宽泛，大到广告战略目标、广告主题、广告表现、广告媒介，小到广告语言、广告色彩，都可用有无创意或创意优劣来评价。

（二）从广告活动特征上理解创意

从广告活动特征来理解，广告创意就是关于如何用艺术形象影响、吸引消费者的构想。按照这种理解，创意是以艺术创作为主要内容的广告活动，以塑造广告艺术形象为其主要特征。

首先，创意是广告活动，与一般的文学艺术创作有根本差别，要受市场环境和广告战略方案的严格制约来再现某一广告主题，而不能像一般文艺创作那样，全凭作家艺术家个人的生活体验和审美趣味去决定和表现生活主题。广告创意所构思塑造的是广告艺术形象，所追求的是以最经济最简练的形式和手法，最鲜明地宣传品牌、产品，最有效地沟通和影响消费者。在广告创意中，创作者个人的情怀和个人艺术风格都必然应该退居于次要的服从地位。

其次，广告创意是一种创造性的思维活动，不同于一般的广告计划或宣传，它必须创造适合广告主题的意境，构思表达广告主题的艺术形象。枯燥无味的说明，空洞的口号，在某种程度上只能算“广而告之”的作品，因为无法吸引和打动消费者的心，十有八九要失败。广告创意正是要为作品赋予强大的艺术感染力，以此去震撼、冲击消费者心灵，唤起消费者的价值感和购买欲望。

北京电通广告公司为联想集团笔记本计算机创作的《玉剑扇篇》系列平面广告，是创意优秀的佳作。玉是中国儒家文化中所追求的人文精神的象征，玉的“坚其内，润其外”的特点正是中国人文精神的崇高境界，自古就有贵人佩玉的说法。

联想昭阳《玉剑扇篇》广告充分挖掘中国古代文化中精髓，巧妙地把玉、剑、扇这些文人雅士佩戴的性情之物与联想的昭阳笔记本计算机联系起来，使该品牌形象得到提升。它贴切、形象，具有典型的中国气质（见图 6-2）。《玉剑扇篇》推出后，获得了显著的市场销售绩效，很多消费者拿着广告来购买昭阳笔记本计算机。昭阳的指名购买率在广告推出后明显提高，更有不少读者看到联想昭阳“玉剑扇”的广告后，爱不释手，干脆把广告剪下来，当作艺术品珍藏。

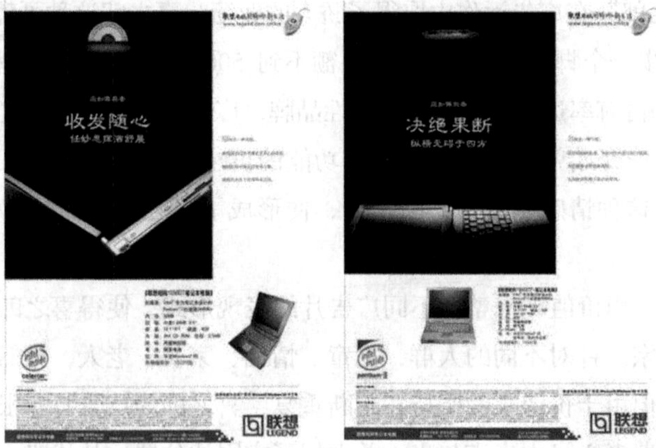

图 6-2 《玉剑扇篇》系列平面广告

（三）为广告创意下定义

以上两种解释从不同方面、不同角度说明了广告创意的含义，但仍不完备，值得进一步探讨。首先，从广告战略、策略上理解广告创意，其内涵略嫌宽泛。当然，任何一次成功的广告运动，任何一个成功运作的广告环节，或者任何一件成功的广告作品，都必须是创造性思维活动的结果，以创意的优劣加以评价是言之有理的。但这类说法，极大扩展了广告创意的外延，可能使人对其产生误解，对广告创意本身也缺乏明确界定。其次，创意必须服从于广告战略，必须体现广告主题，必须与市场策略紧密联系和互动，这是完全正确的，但据此给广告创意下定义，却没有抓住其最本质的方面，那些注意市场策略灌输，将广告主题简单地文字化、图像化或音响化的广告作品，往往引起视听众的反感乃至唾弃，我们对此都会有切身体会。可见，从这方面强调并给广告创意下定义是不够准确和有欠稳妥的。

第二种观点认为，广告创意即如何用艺术形象影响和吸引消费者的构想。这是大多数论著或广告人的看法，当然也是言之有理的。创意必须进行艺术形象的构想，但不能仅限于此。那些醉心于艺术表现和文字技巧的广告作品，包含广告主所要传达的信息甚少，即使有，也往往产生对视听众的误导，人们注意力集中于艺术欣赏，对广告信息必然不感兴趣。这类“喧宾夺主”的广告现象并非少见，我们稍加注意既能察觉，这说明广告创意的含义不宜过多从艺术方面强调。

那么，究竟什么是广告创意？如何加以定义才算科学、准确、适当？在信息化、数字化、网络化的新时代，广告业正发生历史性的变化，很难出现大家都赞同的广告创意的定义，人们尽可以从不同方面、不同角度进行探索和加以定义。

我们给广告创意所辖的定义为：从广义上说，广告创意是对广告战略、策略和广告运作每个环节的创造性构想；严格说，广告创意是表现广告主题并能有效与受众沟通的艺术构想。本书大多运用后一种定义，现略加以说明。

（1）**创意必须紧密围绕和全力表现广告主题。**在广告策划中要选择、确定广告主题，但广告主题仅仅是一种思想或概念，如何把广告主题表现出来，怎样表现得更准确、更富感染力，才是广告创意的宗旨。有了好的广告主题，但没有表现广告主题的好创意，广告就很难引人注目，很难引人入胜。例如，喜之郎的广告主题是亲情无价，但如果没有一系列创意优秀的作品来表现，喜之郎的亲情无价就不可能感染消费者。

广告创意与主题策划有不可分割的密切联系，但两者又有差异。两者都是创造性的思维活动，但广告主题策划是选择、确定广告的中心思想或要说明的基本观念，广告创意则是把该中心思想或基本观念，通过一定的艺术构思表现出来。广告创意的前提是必须先有广告主题，没有预先确定的广告主题，就谈不上广告创意的开展。

（2）**广告创意还必须是能与受众有效沟通的艺术构思。**一般化、简单化的构思也能够表现广告主题，但却算不上是广告创意，或只能说是构思平平。此类广告主题虽然明确，但却无多少创意可言。

艺术构思的基本特征是具有创造性和艺术美。孙悟空、林黛玉即为艺术构思所创造的、具有不朽生命的文学人物；《梁祝》《二泉映月》即为艺术构思所产生的、动人心弦的音乐名曲。广告创意，就是要创造出能与受众有效沟通的形象和意境，使广告内容与广告形式达到完美的统一，去感染受众和引发共鸣。对这种形象、意境的创造和构思是广告创意的任务，缺乏艺术的构思就根本谈不上达此目的。

（3）**广告创意是广告制作的前提。**广告制作，就是把创意构思出的表现主题的形象、意境通过艺术手段鲜活地体现出来。广告作品，则是广告内容与形式的有机组合，是广告创意的具体表现。即是说，广告创意是一种创造性的思维活动，是把广告主题如何形象化、艺术化表现出来的思考，广告制作则是把创意思考成果具体化、物质化，直至完成作品的加工过程。没有广告创意就谈不上广告制作，而广告创意则需要通过广告制作来具体表现。制作精美的广告，对创意表现有重大作用。

由上可见，广告创意含义包括两个要点：第一，必须以广告主题为核心，必须紧扣广告主题；第二，必须是能与受众有效沟通的艺术构思。

就广告创意而言，广告主题与构思缺一不可，两者像人的生命不能与身体分割般有机统一。广告创意是把广告主题这种抽象的思想和概念，构思成为某种形象或景真、情浓、意切的艺术境界，以便制作成向消费者展现的作品。即是说，要构想广告信息应通过怎样的艺术形式才能准确有效地传达给目标受众，在沟通过程中收到预期的广告效果。

总之，从广告创意与广告主题、广告制作、广告作品、广告效果等的关系来看都在不同程度上说明：广告创意是表现广告主题的能有效与受众沟通的艺术构思。“Ideas”“Creative”在英语中表示“创意”，意思是创造、主意、想法、点子等。“创意”从字面上理解是“创造意象”之意，从这一层面进行挖掘，则广告创意是介于广告策划与广告表现制作之间的艺术构思活动。即根据广告主题，经过精心思考和策划，运用艺术化手段，把所掌握的材料进行创造性的组合，进而塑造一个或一组意象的过程。简而言之，广告创意就是广告主题意念的意象化。

二、广告创意的原则

广告创意的一个通用性原则就是情感切入。情感是人类的本性，是人类生存不可缺少的精神寄托。尽管随着人类社会的发展、生存竞争的加剧，越来越多的人开始感叹人与人之间的关系逐渐淡漠，不管是亲情、友情还是爱情都变得越来越淡，但是正因为如此，人类对情感的渴望才会越来越强烈，广告正是通过某些艺术化的手段，切入到人类情感领域，从而赢得了消费者的芳心。下面是创意的主要原则。

关联性 关联性是指广告创意中的意象组合与广告主题内容相关联，以便准确传递产品特征和品牌形象，如果广告创意不能促销产品，再好的奇思异想也算不上是好创意。传达商品的有效信息才是商业广告最首要的任务。好的创意广告会与商品、消费者、竞争者关联。在广告信息传达时，既突出商品的特点，生动形象地表达商品的个性特征等信息，又不能让消费者产生过度的反感，这才是广告创意的关键点，只有围绕消费者的需求去构思，从现实生活中挖掘创意素材，才有可能创作出打动消费者的广告。好的广告创意作品中，关联体是生动、形象的；关联体为大众所熟悉的；另外关联体与商品特性的关联性要强。

例如，为了突出某皮肤病药的疗效，创作人员在广告中采用生活中常见的药品铝塑包装的背面来暗示使用前后的对比效果，形象生动，又巧妙地传达了药物的相关信息。

独创性 所谓独创性原则，是指在广告创意中不是因循守旧、墨守成规，而是善于标新立异、独辟蹊径。即在思路的选择、思考技巧或思维的结论上具有前无古人的独到之处。独创性的广告创意，往往可以带来最大强度的心理突破效果。第一个把女人比作鲜花的人是天才，第二个是庸才，第三个是蠢才。广告切忌拾人牙慧、邯郸学步。与众不同的新奇感，可以达到引人注目的效果；特立独行的魅力，会触发人们强烈的兴趣，能够在受众脑海中留下深刻的印象，并被人们长久地记忆，这一系列心理过程均符合广告传达的心理阶梯的目标。

日本三菱 Mitsubishi Pajero 汽车在车展上的创意——地狱归来篇，它从地狱归来！你相信吗？是不是仿佛已经可以看到它在地狱般的环境中驰骋！用这种场景中的信息来提醒目标消费者，还有比这更能胜任在恶劣的环境中畅通无阻的好车吗？这则广告的目的达到了。如图 6-3 所示。

震撼性 震撼性是指广告“打破受众的漠视的能力”。优秀的广告往往以新颖别致的画面，配以生动传神的语言，营造出一种引人入胜的超然胜境，延伸和升华广告意境与品位，给消费者的精神和情感以强烈的震撼，使他们由此产生联想、回味、追忆、感慨、惊奇、赞赏等一系列的心理活动，进而激发起强烈的购买欲望，不由自主地跟着广告的感觉走。具有震撼力广告作品往往是通过挖掘独特的诉求内容，寻找独特的销售说辞、高雅的文化品位、幽默诙谐等来“打破受众的漠视”。

在奥迪的一款汽车广告画面中，骆驼与豹子接吻，喻示着耐力与速度的结合，色彩大气，配以相应的音乐，足以吸引受众眼球，让人惊叹不已，这是一则优秀的 AUDI 汽车产品形象广告。如图 6-4 所示。

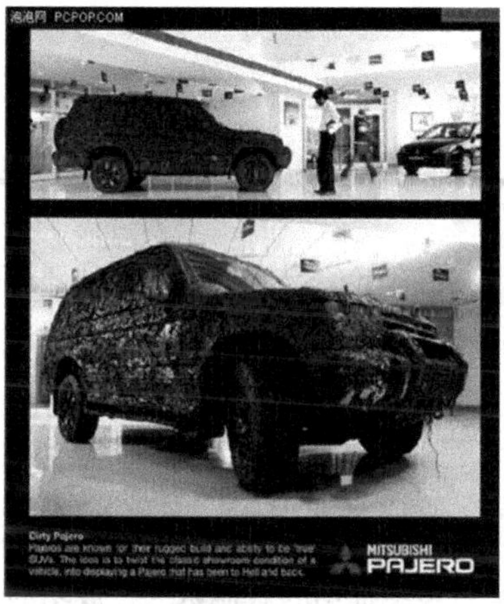

图 6-3　三菱帕杰罗越野车——地狱归来篇

图 6-4　奥迪广告

可理解性 广告创意最终要落实到广告受众，受众对广告创意的理解影响着广告传达的效果。独创性是广告创意的首要原则，但独创性不是目的。广告创意能否真正达到促销的目的，主要取决于广告信息的传达效率。印象画、钢琴曲、舞蹈追求的是内涵与唯美，不是大多数人能接受和理解的艺术，而商业广告不同，针对的是目标消费者，信息的传递既要考虑其新颖性，具有新鲜感为受众乐意接受，同时要顾及信息的可理解性，否则广告会失效。

在进行广告创意时，要善于将各种信息符号、信息元素进行最佳组合，使其具有适度的新颖性和独创性。要在“新颖性”与“可理解性”之间寻找到一个最佳的结合点，既要新颖别致，又不能光怪陆离，令人不知所云。

在第 44 届戛纳国际广告节获奖作品三星宽幅彩电广告中，设计师通过对幼儿近距离视物时间过长容易形成对鸡眼的生活观察，反其道而行之，用夸张的表现手法诙谐地将宽幅彩电的功能特色传达出来，获得了十分抢眼的视觉效果。受众既能马上理解商品信息，又能获得一种乐趣，通过创意表现，使单调的商品信息具有了趣味感。如图 6-5 所示。

沟通性 消费者越来越回避叫卖式的单向促销广告，广告创意成了激发消费者兴趣的一种有效途径，是一种沟通技巧。广告创意需要揣摩消费者的需求以及其感兴趣的方式，只有抓住受众心理才能使信息沟通畅通无阻。在沃尔沃汽车气垫广告中，人们在一眼看到躺在母亲怀抱里的婴儿的同时，也接受了广告画面传递出的沃尔沃一贯的"安全"诉求理念。

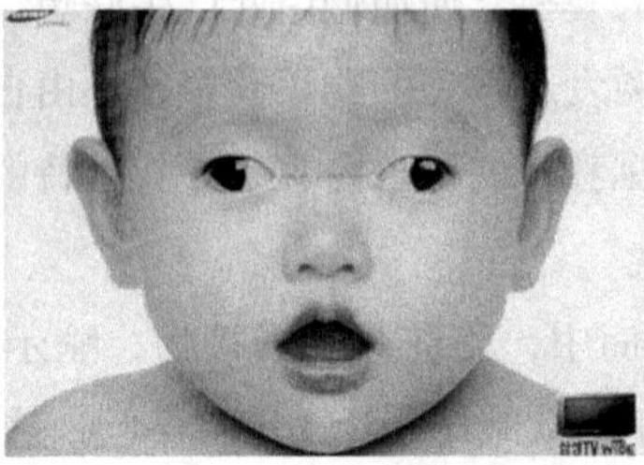

图 6–5 三星宽幅彩电广告

第二节 广告创意的基本理论

广告创意的基本理论有多个，除了本书第四章介绍的 USP 理论、品牌形象、定位理论可以作为创意的理论基础之外，本节将另外介绍固有刺激法、ROI 理论、实施过程重心法、查德・伍甘的信息模式理论。

一、固有刺激法

固有刺激法——也称"与生俱来的戏剧性"，是由李奥・贝纳提出的。他认为，成功的创意广告秘诀就在于找出产品本身固有的刺激，广告创意最重要的任务是把固有的刺激发掘出来并加以利用，也就是说要发现生产厂家生产这种产品的"原因"以及消费者购买这种产品的"原因"。产品本身内在固有刺激的产生是建立在消费者的欲求和兴趣基础之上的。但是，此种创意方法的出发点是产品，从产品出发去寻找消费者心中对应的兴趣点，即认为产品中必然包含有消费者感兴趣的东西。这种创意的方法带有产品至上年代的思考特征。但是，从另一方面，这种创意方法也包含了以消费者为思考中心的萌芽。

李奥・贝纳创作的"绿色青豆巨人"是采用固有刺激法获得成功的一个经典案例，通过这个案例，我们可以深刻理解该方法的精髓。这则广告是李奥・贝纳为"绿巨人公司"所创作的。当时，那家公司的名称还叫作明尼苏达流域罐头公司。为了向消费者传达广告主在收割和包装青豆过程表现出的精心细致以及消费者对"新鲜"的渴望，李奥・贝纳用自然而简洁的方式，向消费者传递可信和温馨的信息。广告的标题是：月光下的收成。文案是："无论日间或夜晚，青豆巨人的豌豆都在转瞬间选妥，风味绝佳……从产地到装罐不超过三个小时。"李奥・贝纳解释道，如果用新罐装做标题是非常容易说的，但是月光下的收成则兼具新鲜的价值和浪漫的气氛，并包含着特种的关切。"在月光下收成"，这在罐装豌豆的广告中的确是难得一见的妙句。这在罐装豌豆的广告中，具有划时代的意义。

固有刺激法主张，广告产品中必然存在着两种内在的特质，一是企业生产这种产品的成因；二是消费者购买这种产品的动因。两者的契合构成了产品本身内在的固有刺激，即“与生俱来的戏剧性”。创意的出发点是产品，从产品出发去寻找消费者心中对应的兴趣点，即认为产品中必然包含有消费者感兴趣的东西。按照此方法我们可对该广告做进一步分析。

“绿色青豆巨人”产品生产成因：①获取市场回报的经济利益驱动性；②满足事业有成时社会对企业的认同感；③符合产品生产制造与原料生产基地可获得较低成本的原则。

购买“绿色青豆巨人”产品的动因：①获取购买所需消费品的应有物质价值（新鲜、无污染等）；②从精神上寻求对农产品生长、生产方式的情感（如土地、农人劳作方式等）；③“新鲜的价值和浪漫的气氛”成为产品广告创意诉求。

使用固有刺激法也要注意使用的风险，下面罗列三种背离固有刺激创意法的做法。

用许多不证自明的事实做成一篇无趣味的自吹自擂的文章。这种人可能会这样写广告——“如果你想要最好的豌豆，你就要青豆巨人。青豆巨人经过精心种植与罐装，保证你最后对味道满意。因为它们是同类产品中最好的，所以这些大而嫩的豌豆在美国最畅销。今天就在你买东西的食品杂货店中买一些吧。”

用明显的夸大之词构成夸张的狂想曲。李奥·贝纳指出，有这样倾向的创意人员可能会醉心于这样的文案——“在蔬菜王国中的大颗绿宝石。你从来不会知道一颗豌豆能够像这样的——似露的甜蜜，像六月清晨那么新鲜并洋溢着丰富的豌豆的芬芳。把它端到烛光照射的餐桌上，如果你丈夫把你的手握得更紧一点也不足为奇。”

炫耀才华，舞文弄墨。这类创意人可能会这样写下去——“这种豌豆计划永远终止蔬菜战争。青豆巨人，它不过有玉米粒那么大，剥豌豆的人能够剥下。青豆巨人有一个保证豌豆永存于世的计划——豌豆在大地，善意满人间。”

二、ROI 理论

ROI 理论是一种实用的广告创意指南，是 20 世纪 60 年代的广告大师威廉·伯恩巴克创立的 DDB 广告国际有限公司根据自身创作积累总结出来的一套创意理论。该理论的创造者伯恩巴克是广告唯情派的旗手，是艺术派广告的大师。他认为广告是说服的艺术，广告“怎么说”比“说什么”更重要。该理论的基本主张是优秀的广告必须具备三个基本特征，即：关联性（Relevance）、原创性（Originality）、震撼力（Impact），三个原则的缩写就是 ROI。

使用 ROI 理论必须明确这样几点。一是好的广告应具备三个基本特质：关联性、原创性、震撼性。二是广告与商品没有关联性，就失去了意义；广告本身没有原创性，就欠缺吸引力和生命力；广告没有震撼性，就不会给消费者留下深刻印象。三是同时实现“关联”“创新”和“震撼”是个高要求。针对消费者需求的“关联”并不难，有关联但点子新奇也容易办到。真正难的是，既要“关联”，又要“创新”和“震撼”。

为了正确使用 ROI 理论并获得期望的效果，广告创作者必须解决好以下五个问题。

第一，广告的目的是什么？

第二，广告做给谁看？

第三，有什么竞争利益点可以做广告承诺？有什么支持点？

第四，品牌有什么独特的个性？

第五，选择什么媒体是合适的？受众的突破口或切入口在哪里？

三、实施过程重心法

广告创意策略的拟定，昭示出广告信息诉求“说什么”的定位。而相继就是创意“怎么说”这一核心过程，威廉·伯恩巴克将这一过程视作一个较为独立的广告创意体系。他提出，广告的秘诀不在于“说什么”，而在于“如何说”。因此，他十分强调创意实施过程的周密性、主动性、技术性及广告主题与广告目的的单一性。这就是所谓广告创意的“实施过程重心法”。在实施过程重心法中，威廉·伯恩巴克强调了以下几点。

① 永远将尊重消费者摆在首位。要明白，让消费者最不堪忍受的就是遭到愚弄，而这种愚弄最突出的表现便是广告诉求口吻的浅薄和张扬。

② 反对广告诉求内容的庞杂，提倡诉求主题创新的前提必须是广告创意目的单一、主题单一的净化。

③ 好的广告创意是个性和风格鲜明、原创性和新奇性并举。

④ 不要忽视幽默的作用。幽默可以有效地吸引人的注意力，使人得到一种收听、收看和阅读的补偿。

伯恩巴克赞同这样的创意过程：将客户的产品与消费者联系起来，明确人类的品质与感情扮演怎样的角色，然后广告决定如何利用电视或平面形式向消费者传递信息并赢得他们。伯恩巴克认为广告信息策略的“如何说”这个实施的部分可以独立成为一个过程，形成自己的内容。这就是所谓的实施过程重心法。

伯恩巴克利用实施过程重心法的著名作品是为大众金龟车（中国消费者称之为甲壳虫）所做的系列广告。金龟车被初次介绍到美国市场时，被认为有四个特征：外观不漂亮，小，后引擎驱动，外国制造。这四个特征皆不被看好。在此之前，美国所有的汽车广告都是展现富丽堂皇或赏心悦目的图景。然而，伯恩巴克却在产品特点的基础上，抛弃传统的诉求方式，以幽默和别致的创意创造了广告史上的奇迹。

金龟车的系列广告画面都很简洁，只是单纯的金龟车，通常是黑白两色，主标题是“想一想小”。标题简单却富有深意。金龟车系列广告中有一篇被称为蛋壳篇。这则广告标题是“某种外形很难再改良”。广告文案是这样的：“问任何一只母鸡都知道，你实在无法再设计出比鸡蛋更具功能的外形，对金龟车来说也如此。别以为我们没有试过（事实上金龟车改变将近 3000 次），但是我们不能改变基本的外观设计，就像蛋形是它内容物最合适的包装。因此，内部才是我们改变的地方。例如，马力加强而不耗油，一挡增加齿轮同步器，改善暖气，诸如此类的事。结果我们的车体可容纳四个大人和他们的行李。一加仑可跑大约 32 英里，一组轮胎可跑 4 万英里。当然，我们也在外形上做了一些改变，如按钮门把，这一点就强过鸡蛋。”

四、查德·伍甘的信息模式理论

1979 年，美国 FCB 国际广告公司研究室主任理查德·伍甘从消费者思维与感觉相互制约和影响层面，综合创意理论和广告理论模式，依照消费者的不同购买方式将其划归为思维者、感觉者、行动者和反应者四个不同的类型，对购买商品的重要性程度、购买行为发生的测试手段、广告媒体恰当选择以及创意诉求的目标等，建立了一套创意分析模型，我们把它称为思维——感觉的四象限创意分析法。这种模式有四个象限，如图 6-6 所示，每个象限都把产品类型与消费者联系起来，指出广告应如何处理，并提出创意、媒介和测定的含义。目的在于识别对某一产品的信息、感情或行为水准，为广告活动创造一个适宜的模式，然后加以实施。

思维—感觉沟通的四象限创意分析模型

思维 → 感觉

重要性强 ↓ 弱

思维	感觉
信息性（思维者） 汽车—房子—家具—新产品 模式：了解—感觉—行动 可行的做法 测试：记忆诊断 媒体：长篇文稿安排 反射载体 创意：具体、信息、表现	影响性（感觉者） 珠宝—化妆品—时装—摩托车 模式：感觉—了解—行动 可行的做法 测试：态度变化，情感激化 媒体：大空间 形象特别 创意：实施、刺激
习惯组成（行动者） 食物—日常用品 模式：行动—了解—感觉 可行的做法 测试：销售 媒体：小幅广告 10秒电视广告 广播广告销售推广 创意：提醒	自我满足（反应者） 香烟—酒类—糖果 模式：行动—感觉—了解 可行的做法 测试：销售 媒体：海报 报纸 销售推广 创意：醒目

图 6-6 思维—感觉沟通的四象限创意分析模型图

它迫使创意者在创意时，使产品特征信息与消费方式信息相符。这一方法有助于建立创意思维与消费者感觉一致的关系，便于寻找两者互传的通感性，以识别某一商品的信息、感情或行为水准，为广告创意的实施提供了一种选择模式。

第三节 广告创意的过程

广告创意过程是一个发现独特观念并将观念以新的方式重新加以组合的循序渐进的过程。遵循创意过程，人们便可以提高自己发掘潜能、交叉联想和选取优秀创意的能力。

现代广告创意人面临着一个复杂多变的环境，他们在协助自己的客户与高度细分的市场建立关系的过程中，要应付整合营销传播中的诸多挑战，如了解影响着广告的大量新技术（如计算机硬件、软件、互联网、高清电视等）、学会如何针对新兴的国际市场做广告。几十年来，人们提出了多种有关广告创意的模式。弗兰克·阿南克德·阿姆斯壮在其《创意寻踪》一书中，把创意过程分为五个阶段：第一阶段是评估形势；第二阶段是明确问题；第三阶段是利用潜意识；第四阶段是产生构思；第五阶段是判断最佳构思。通过这五个阶段，有效的构思、最佳的创意就可能得到。罗杰·冯·奥克提出了他的四步创意模式，这是当今许多跻身美国 100 强的广告公司所采用的模式。这种模式为事实型思维方式和价值型思维方式的人都提供了同样的灵活性。按照他的模式，创意人在创意的不同阶段仿佛都在扮演不同的角色：探险家——寻找新的信息，关注异常模式；艺术家——试验并实施各种方法，寻找独特创意；裁判——评估实验结果，判断哪种构思最实用；战士——克服一切艰难险阻、干扰障碍，直至实现创意概念。弗兰克·阿南克德·阿姆斯壮在他的著作《创意寻踪》一书中，上述创意过程虽然大致相同，但每种模式又各有其特点。本书以冯·奥克和日本广告学专家植条则夫教授的看法为主导，并综合其他专家的见解，详细说明广告创意过程。

第一阶段：调查阶段——收集大量的资料

广告创意者的工作首先从收集资料开始。优秀的创意是以缜密调查和分析为基础的。创意者在这一阶段必须收集有关的所有资料。但目前我国的不少广告人却疏忽这项工作，往往凭自身的经验和感觉来补偿相关调查。在广告环境如此复杂的今天，用一个人的经验和感觉要正确地把握问题是不可能的。所以，资料收集作为创意过程的第一阶段，成了最重要的基础工作之一。威廉·斯潘塞对有关资料的叙述是："第一，有关商品的知识——其长处和制造方法等；第二，有关消费者的知识——他们的欲望、必要性、对该商品的心理态度等；第三，有关竞争品的广告——要研究怎样直接地吸引消费者；第四，要尽力地发现产品的特色，与其他竞争商品的不同点，并确定其在情感诉求中的特色。"

植条则夫从自身的经验说明怎样收集大量的必要资料：从广告主的广告负责人处收集；从企业的技术研究人员处收集；从工厂有关生产人员处收集；从有关商品的研究会、讨论会、展示会处收集；从媒介上收集其他企业发表的广告、出版物；通过亲手对商品的试验而得到的资料。

在广告天地中，创意人员扮演探险家这个角色时，他们要摆脱常规，去新的地方寻找信息，以便发现新的观点并辨明非同寻常的格式，冯·奥克建议"开阔思路"，就是说要敞开胸怀，接受外部世界的新知识。创意无处不在：参观一座博物馆、一座艺术馆、一家硬件商品、机场，都可能令你开阔思路，有意想不到的收获。思路越宽，发现独特构思的机会越多。

第二阶段：分析阶段——探寻有魅力的诉求点

这是从收集到的资料中导出结论的阶段。调查资料有旧的、新的、重要的、不太重要的，建立一个体系是这一阶段的重要工作。分析从调查资料中获得的问题点，并从中提取该商品吸引顾客的重要卖点，从而引出产品概念、定位、广告的诉求等。在导出结论、建立一个体系的阶段，应形成一个创意纲要。

宝洁公司和李奥·贝纳广告公司采用一种简明创意纲要，有三部分组成。

第一，目标说明。具体、准确地描述广告打算达到什么目的，要解决什么问题？目标说明还包括产品、服务的品牌名称和简介、具体的目标消费者描述。例如，广告将使要求很高的吉他演奏者相信泰勒吉他是一种独特的、高品质的乐器，并劝服他们在下次购买原声吉他时考虑选购泰勒吉他。

第二，支持性说明。对支持产品承诺的证据进行简要说明，也就是利益的缘由。例如，支持证据是，泰勒吉他由目前最好的木材手工制作而成，这使乐器具有一种独特的甜美音乐。

第三，基调或品牌特点说明。基调说明是对广告战略的短期感性描述；品牌特点说明则是对品牌持久价值——即赋予产品品牌资产的东西——的长期描述。基调说明可能会是这个样子的：泰勒吉他广告的基调应该传递出漂亮、优质、精良、价值，再加一丝自然的幽默。另一方面，品牌特点说明可能是这个样子的：泰勒吉他——由最好的材料手工制作，发出最甜美的声音。

创意纲要的形成，帮助创业人员找到了创意的方向。哲学家杜威说：“问题说清楚了就等于问题解决了一半。”人们如果清楚自己在找什么，那么就会有机会找到它。这就是创意纲要为什么如此重要的原因，它有助于创业人员明确自己要寻找的东西。

第三阶段：“孵化”阶段——构思的孕育、开发

根据以前的调查和分析，产品概念和卖点确立之后，创意活动就进入一个“发酵”和“消化”的阶段。按冯·奥克的说法，就是创意者由探险家变为艺术家。艺术家这个角色最艰苦、时间最长，但也最有收获。艺术家在“孵化”期要进行长期而艰苦的工作，即沿着创意纲要指明的方向，分析问题，寻找关键的文字或视觉概念来传播需要说明的内容。也就是说，要在撰写文案或设计美术作品之前，先在大脑中构思出广告的大致模样。

威廉·阿伦斯说，这一环节又叫形象化环节或概念化环节，是广告创作中最重要的一步，也是寻找大创意的环节。“大创意是建立在战略之上的大胆而又富有首创精神的创意，以一种别开生面的方式将产品利益与消费者的欲望结合起来，为广告表现对象注入生命活力，使读者或听众忍不住驻足观看和收听。”

在创意过程中，我们除自觉思考外，一定要十二分地活用潜意识。潜意识朝哪个方向不仅取决于创业人员的经验和才能，更取决于第一阶段和第二阶段调查研究的质和量。

创意来自于素材的运用与改造。冯·奥克指出在我们扮演艺术家时，必须把扮演探险家时收集的素材进行一番改造，才能使其产生价值。这就是说，他们必须多提问题，如把这个加上会怎样？把那个拿掉会怎么样？反过来看会怎么样？把它比喻成其他东西又怎样？艺术家必须不断改变花样，试验各种方法。

在创意过程阶段，出色的艺术家有许多改变事物的策略。冯·奥克推荐了几种产生创意的技巧：

其一，调整。改变背景。想想除了显而易见的东西外，产品还有可能成为其他什么?金宝汤的一则广告表现了一碗热气腾腾的西红柿汤，醒目的标题写在碗下：“健康保险。”

其二，想象。问“如何……会怎样？”让你的想象长上翅膀，不怕出格。如果人们会在睡眠中完成工作会怎样？如果动物在客厅中畅饮会怎样？乔治镇的克莱德酒吧真的用了那个想法，广告表现了一头美丽的大象和一头漂亮的驴穿着西装，坐在桌旁互相敬酒，标题是“克莱德，人们的选择”。

其三，颠倒。从反面看待事物。有时，所期待的结果的反面恰恰好具有很大的冲击力和记忆度。有家化妆品公司为其保湿润肤膏做的广告如是说："向你的丈夫介绍一位更年轻的女士。"而大众老爷车的广告则采用了这么一则标题："丑陋只是表面现象。"

其四，联系。把两个不相干的想法联系在一起。问问自己：我的构思能和哪些创意产生联系？为了鼓励人们索取目标介绍，加勒比皇家油轮公司的广告极为简单：一页目录封面，上面是简洁的标题"邮寄航海"。

其五，比喻。用一个概念描述另一个概念，有助于人们理解。某公司给自己的洋葱圈作广告——在路牌上画一个洋葱圈，然后请开车的人"来做环形表演"；一家高档杂志上的派克高级钢笔的广告更是一个纯粹的比喻："美妙绝伦，纯银出身，丝般流畅。"

其六，删节。抽掉部分东西，或打破常规。在广告创作中，墨守成规几乎不会有什么收获。例如，七喜就是因为宣传了它所不具有的因素（非可乐）而名声大噪，而且成功地把自己定位为可乐的替代品。

其七，滑稽模仿。开玩笑、逗乐、讲笑话——尤其是在压力之下。幽默与创造性发现之间有着密切的关系。幽默展开了我们的思维，如果运用得当，便可能产生出色的广告。美国飞乐公司的电视广告"异乎寻常、绝对的狂欢、绝对的酷"篇，表现一只螳螂脚穿飞乐运动鞋飞快地爬上叶梗，以逃避杀手般的配偶。

在此阶段，急欲一下子解决给予的题目，而好点子怎么也产生不了的情况司空见惯。那是由于潜意识的"孵化"状态尚未成熟。构思的创造绝不能急躁。优秀的广告作品不是简单就能完成的，常常是即使费了很长时间也未必产生好的构思。

创意人员发现，当大脑处在信息超载状态时，可以把这个问题抛开一段时间去干一些别的事情，让麻木的大脑自然冷却下来，这倒不失为最好的解决办法。它能让问题回到视觉中，让大脑得到休息，让问题在潜意识中得到酝酿，使更好的创意浮上来。这时再回过头来重新开始，创意人员往往会找到一套全新的构思。

第四阶段：评价阶段——决定好的创意

一个个地审核第三阶段产生的诸多构思，决定最好和最合适的一个，是这一阶段的工作。创意人员必须解决以下问题：这个创意确实不错呢，还是凑合（我的第一反应是什么）？这个创意哪点对（或哪点不对）？如果不成功又会怎样（是否值得去冒这个险）？我的文化偏见是什么（受众是否有同样的偏见）？什么阻碍着我的思维（我是否一叶障目）？

总之，对这个创意的优点、缺点，可能使用或不能使用的东西、崭新的或平凡的东西，一定要加以分析和评价，到这一步，再次确认已经形成的卖点和产品概念是非常必要的。创意是否适用于广告目标、特定消费者和媒体性格？与竞争对手商品的表现相比较是否有创造性？都需要严格分析，以便做出正确的评价。

从诸多构思中抽选出优秀的构思，并从中决定一个可使用的构思，这是创意过程的最终阶段。选定的构思一定是创意小组索求的最高目标。它是广告活动的核心，撰稿人和设计者的具体工作可以说无不从这个构思开始。

第四节 广告创意的技巧

广告创意追求的是新颖独特、别具一格。但它的出现，并非天马行空、率意而得。遵循一定的方法，运用适当的技巧，是广告创意获得圆满的根本保证。百余年来，无数广告人通过他们的辛勤探索，总结出许多切实可行、行之有效的创意方法，了解、掌握、运用这些方法，无疑会对后来者的广告实践产生巨大的促进作用。本节将介绍几种常用的广告创意技巧："二旧化一新"创意法、"水平思维"创意法、"集脑会商思考"创意法三种方法。

一、"二旧化一新"创意法

亚瑟·科斯勒的"二旧化一新"的概念并非专为广告创意而提出，它是在研究人类心智作用对创意的影响时提出的一种构思。这种被称为"创意的行动""解放的行动""以创造力击败习惯"的构思，在实践过程中对创意的构想和发展影响很大，因而人们也就把它当作一种创意方法倍加推崇、大量应用。

"二旧化一新"的基本含义是：新构想常出自两个想法相抵触的再组合，这种组合是以前从未考虑过、从未想到的。即是说，两个原来相当普通的概念，或两种想法、两种情况甚至两种事物，把它们放在一起，结果会神奇般地获得某种突破性的新组合。有时，即使是完全对立、互相抵触的两个事件，也可以经由"创意的行动"和谐地融合为一体，成为引人注目的新构思。

依据"二旧化一新"的基本原则，有限的元素通过不同的组合，可以形成无限的新构思。正如著名广告人莫康荪所言，百余种化学元素经过不同的组合变成了我们每天接触的用品、食品、工具等；分色印刷的四原色，又可以组合成千千万万的不同色彩；时装设计的色彩、布料和款式的组合，让每一个季节的新潮流充满激情与浪漫……这种"化腐朽为神奇"的创意将随着时间的流逝永无止境地绵延下去。在广告创作领域，"旧元素，新组合"的创意理念更是深入人心，无处不在。

澳大利亚一家航空公司为吸引游客乘坐该公司的飞机，打出了"下雨，免费旅游"的广告。就一般生活常识而言，下雨与旅游应是一对几乎不可调和的矛盾。旅游者大多热衷于选择晴天出发，而天气的变化，特别是遇上刮风下雨等恶劣天气往往会让人改变主意。此创意将两个相互抵触的事物组合在一起，形成"下雨旅游"的新构思。这个表面看来违反常规、不合常理的荒唐组合却产生了极佳的广告效果，虽然广告内容里附加有下雨时间不满三天，旅游者不能享受免费优待的条款，但该航空公司的年营业额仍增加了 30%。且连续数年长盛不衰。其奇迹便来自于"二旧化一新"的广告创意，来自于互相矛盾的两个元素的奇妙组合。

"二旧化一新"的创意方法的价值主要体现在它能使创意者把各种互不相关甚至互相抵触的事物交融、组合在一起，形成一个令人注目的创意，并给人以意料之外、情理之中的感觉。其科学性可从心理学关于思维规律的研究中得到印证。

二、“水平思维”创意法

“水平思维”的概念是由英国心理学家爱德华·戴勃诺博士在进行管理心理学的研究中提出的。他的本意是“管理上的水平思维法”，并非专用于广告创意。在广告实践中，广告创意人员和广告学者逐渐发现，水平思维法能极大地促进、激发广告创意的诞生，于是便将其移植到广告创意中，使其成为广告创意中屡试不爽的有效方法。

所谓垂直思考法，是指传统逻辑上的思考。传统逻辑上的思考法的明显特点就是思考的连续性和方向性。连续性是指思考从某一状态开始，直接进入相关的下一状态，如此循序渐进，直到最终解决问题，中间不允许中断。方向性是指思考问题的思路或预先确定的框架不得随意改变。有人曾以一个非常形象的比喻来说明垂直思考的连续性和方向性：犹如建塔，只能一块石头垒加在另一块石头上，不断向上垒，绝不允许向左或向右垒，也不能从中间抽掉石头；又好似挖井，必须从指定位置一锹一锹往下挖，不能向井壁两边挖，也不允许中间漏掉一部分不挖。正是由于这种思考方法注重事物间的逻辑联系，习惯于在一定思路的引导下，在一个固定的范围内向上或向下运动，故人们将之称为“垂直思维法”。

爱德华·戴勃诺博士曾说，大多数的人，过于重视旧知识与旧经验，根据所谓旧经验，逐渐产生了“创意”。这就是以垂直思考法观察思考某一件事。这种思考法，往往会阻碍“创意”的产生。与其利用垂直思考法去产生创意，不如用水平思考法来得有效。水平思考法就是完全脱离了既存的概念，对于某一件事，重新思考与检讨的一种方法。戴勃诺博士曾对这两种思考方法进行细致的比较分析，总结出两者的主要差异。

（1）垂直思考法是选择性的；水平思考法是生生不息的。

（2）垂直思考的移动，是只指有了一个方向时才移动；水平思考的移动则是为了产生一个新方向。

（3）垂直思考是分析性的；水平思考则是激发性的。

（4）垂直思考是按部就班；水平思考可以跳来跳去。

（5）用垂直思考，必须每一步都正确；用水平思考者则不必。

（6）垂直思考为了封闭某些途径要用否定；水平思考则无否定可言。

（7）垂直思考要集中排除不相关者；水平思考则欢迎新东西闯入。

（8）用垂直思考，类别、分类和名称都是固定的；用水平思考则不必。

（9）垂直思考遵循最可能的途径；水平思考则思考不可能的途径。

（10）垂直思考是无限的过程，水平思考则是或然性的过程。

水平思考法能有效地弥补垂直思考法的不足，克服垂直思考法所引起的头脑的偏执和旧经验旧观念对人的思维的局限，进而有利于人们突破思维定式，转变旧有观念，获得创造性构想。然而，水平思考法也有自身的缺陷，它不能像垂直思考法那样对问题进行深入的研究和挖掘，常流于浅尝辄止，难以透彻地把握对象。因此，水平思考法虽然优于垂直思考法，但却无法完全取代垂直思考法。在优秀的广告创意中，我们常能看到两者的交融。正是两者的相互补充、相互辅助，才最终诞生了别具一格、新颖独特而又深具效力、影响久远的广告佳作。每一个广告创意者，都应充分认识、掌握这两种思考方法各自的特点和作用，对之予以综合运用，以水平思考法拓展思维，用垂直思考法向纵深挖掘，两相结合，促成新颖、独特、深刻、有效的广告创意的产生。

三、“集脑会商思考”创意法

集脑会商思考法，又称为头脑风暴法、脑力激荡法。由美国 BBDD 广告公司负责人奥斯本于 20 世纪 40 年代提出，当时称为动脑会议，主要是通过组织广告公司内各方面的人员聚集在一起，以“头脑风暴会议”的方式寻求最佳广告创意。它依靠的是集体的智慧和力量，故有人又将之称为集体思考法。目前，在我国一些大型的广告公司，普遍采取的创意方法就是集脑会商思考法。

集脑会商思考法的运行，首先必须进行精心的准备。应于会议前两天将会议议题、举行时间、地点通知每一个与会者，使其有时间预先思考、准备。会议议题尽可能明确、单一，一般一会一题，不要纠缠太多问题，同时，与会人员也不要太多，以 10～15 人为宜；人员分布不可太集中，应具有广泛的代表性，最好男女兼顾。在动脑会议进行的过程中，会议主持者要善于引导、协调，保证会议自始至终在比较宽松、自由、和谐的氛围中展开。只有每一个人都无拘无束毫无保留地发表自己的意见，才能真正称得上“集脑会商”。头脑风暴会议结束后，可派专人对提出的诸多构想进行筛选、综合、补充与丰富。

然而，集脑会商思考法也有自身的缺陷，对它的批评之声也很强烈。据植条则夫所言，批评的焦点集中在它阻碍了具有独特性的广告人的创意力量，迫使优秀的创意者去迎合其他缺乏创造力的成员提出的平庸的构想。有人对之进行改造，提出了几种与集脑会商思考法相似的创意方法。

德国的荷立肯提出了一种以“默写”代替“发言”的头脑风暴法，规定每次会议有 6 个人参加，以 5 分钟为时间单元，要求每人每次提出三个构想，故又称“635 法”。默写式头脑风暴一般先由主持人宣布议题，解答疑问，然后发给每人几张卡片，每张卡片上标有序码 1、2、3，在第一个 5 分钟里，每人针对议题填写 3 个设想，然后在把卡片传给另一个人，在下一个 5 分钟里，每个人又在他人的卡片上针对其所提设想再提出 3 个设想，以此类推，直到卡片传递 6 次，产生 108 个设想，再在此基础上形成创意。

与此类似的还有卡片式头脑风暴法，主要采取与会者（3～8 人）填写卡片（每人 50 张）的方式收集构想，然后每个人在会上宣读自己的构想，并回答他人的质询，最后再相互讨论诱发新构想。

以上所列创意方法，只是众多创意方法中比较常见的几种。每种方法都有自身的优点和缺点，因此，在具体的运用过程中，常常是几种创意方法交叉使用，共同去冲击某个问题。

本章习题

1. 如何理解广告创意？
2. 广告创意的原则有哪些？
3. 简述固有刺激法广告创意理论。

4. 简述ROI理论。

5. 简述实施过程重心法的创意理论。

6. 简述信息模式创意理论。

章末案例

泰勒吉他

一、泰勒吉他简介

鲍勃·泰勒设计和装配吉他有 20 多年历史；泰勒吉他是质量非常好的专业吉他，市场售价为 2000~7000 美元；泰勒吉他的销售量和质量不成比例，原因是在有限的圈子内人们承认泰勒吉他是高品质的乐器，问题是，对于广大的吉他业余爱好者来说，他们压根儿不知道泰勒吉他。

二、泰勒吉他的广告创意

泰勒吉他广告目标是：让每一认真的吉他爱好者嘴里都能提到泰勒吉他这个名字。如果广告成功的话，这批人在考虑购买下一把吉他时，也许就会要求“拨弄”一下泰勒吉他。

策划人员调研数据发现，竞争对手大致采用两种方法：要么侧重比较，要么突出艺术界名人推荐。为了提高品牌的识别率，泰勒的广告必须全然不同，必须卓尔不群，同时必须反映出每只泰勒吉他具备的优秀品质，此外，还必须打动当今音乐家的感情。广告必须与他们促膝交心，而不是居高临下。

在创作过程中，他们面临的挑战在于要把所有的构思凝结成一个单一的“大创意”，如果能实现这一点，他们就可以为一系列广告制作出独具特色的信息。创意的酝酿是艰苦卓绝、费神费力的过程。筛选、归类、权衡、放弃、重新开始，一条大创意的产生是 90%的辛劳和10%的灵感结合。经过多次的舍弃，突然灵光闪现，大创意应该是树，因为木头来源于树。创意人员用大量的树的图片——单棵的树、森林中的树、雾中的树，用整版跨页，用非常短小、带点幽默色彩的文案向人们讲述森林与人类生活之间的微妙关系。

与竞争对手的做法不同的是，他们要针对市场的情感一面进行诉求，并且让他们的潜在顾客思考一些问题。在多幅创意草图中，最终选定一幅突出表现荒原上孤立的一棵树，文案中说：“其实，吉他最简单的形式，就是一个木制的空盒，如何填满它，全在于您自己。”

每条广告都应力求达到“轰动”效果，这是广告在受众心中产生直接而长久印象的基本素质，泰勒吉他凭借着这系列广告赢得了同行和竞争对手的尊敬与艳羡。广告带给泰勒吉他相当不错的识别度，该广告获得了国家级的大奖，并且也受到了《广告时代》和《广告周刊》的好评。市场知名度和销量大大提高。

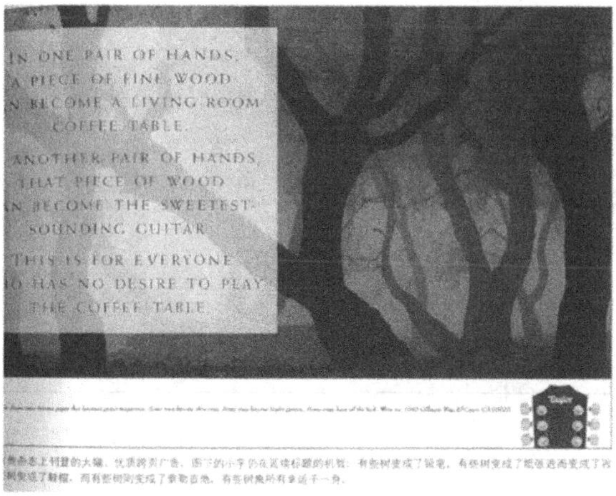

广告战略由 4 个部分组成：目标受众、产品概念、传播媒介和广告信息。泰勒公司的目标受众是谁？泰勒公司的目标受众包括中间商、消费者和影响中心。中间商是泰勒的主要市场，公司向他们出售吉他，肯定也希望这批人能看到广告。由于泰勒吉他完全由高级的材料手工制作而成，所以价格也很高，因此，主要目标受众也包括零售商的部分顾客——那些注重吉他音质，并愿意花 2000～5000 美元购买高级乐器的音乐迷。专业吉他演奏家一般不通过正常分销渠道购买，因此，没有必要把他们计入目标市场。但他们却可以发挥影响中心（重要影响因素）的作用。因此，他们可以作为广告的二级目标受众。

泰勒吉他的产品概念是什么？泰勒吉他是用世界上目前所能找到的最好的木料、经手工制作的顶级乐器，其设计和制作均与其他吉他不同，体现出了泰勒吉他在音质上的独特性和卓越性——音色淳厚，深受顾客喜爱。

泰勒吉他运用什么传播媒介？公司的预算有限，利用的媒介也有限，选择的广告媒介针对吉他爱好者这块细分市场的消费者杂志。这类媒介的还原效果非常好，可以彩色印刷，其读者对象既有同行业者，也有专业音乐家。公司制作了高质量的样宣和价目表，详细介绍了乐器的特点与构造。

泰勒吉他的广告信息是什么？用最简单的话说，信息战略取决于一家企业想说些什么，打算如何去说。虽然泰勒吉他的品质在业内广为人知，但广大的吉他消费者对此毫不知晓。因此，广告的目标就是要让潜在顾客在购买吉他时能指定要泰勒吉他。而要做到这一点，广告就必须散发出一种高品质的气息。为此广告公司创意小组选择了一个简洁而富有创意的、欢快的、可信的、富有特色的信息战略。

第七章　广告文案

学习要点

① 广告文案及结构

② 广告标题的表现形式

③ 广告文案的写作技巧

本章知识框架图

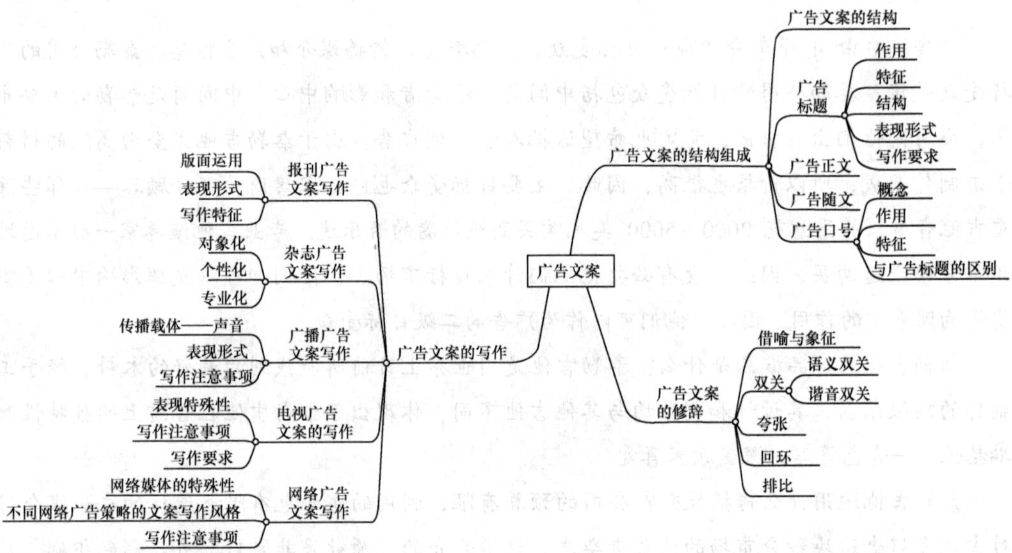

引导案例

芝华士（CHIVAS）父亲节平面广告（见图 7-1）

因为我已经认识了你一生

因为一辆红色的 RUDGE 自行车曾经使我成为街上最幸福的男孩

因为你允许我在草坪上玩蟋蟀

因为你的支票本在我的支持下总是很忙碌

因为我们的房子里总是充满读书声和笑声

因为你付出无数个星期六的早晨来看一个小男孩玩橄榄球

因为你坐在桌前工作而我躺在床上睡觉的无数个夜晚

因为你从不谈论鸟类和蜜蜂来使我难堪

因为我知道你的皮夹中有一张褪了色的关于我获得奖学金的剪报

因为你总是让我把鞋跟擦得和鞋尖一样亮

因为你已经 38 次记住了我的生日，甚至比 38 次更多

因为我们见面时你依然拥抱我

因为你依然为妈妈买花

因为你有比实际年龄更多的白发，而我知道是谁帮助它们生长出来

因为你是一位了不起的爷爷

因为你让我的妻子感到她是这个家庭的一员

因为我上一次请你吃饭时你还是想去麦当劳

因为在我需要时，你总会在我的身边

因为你允许我犯自己的错误，而从没有一次说“让我告诉你怎么做”

因为你依然假装只在阅读时才需要眼镜

因为我没有像我应该的那样经常说谢谢你

因为今天是父亲节

因为假如你不值得送 CHIVAS REGAL 这样的礼物

还有谁值得

图 7-1　芝华士平面广告文案

这篇文案没有标题，广告画面是一瓶芝华士酒，酒的旁边有一张卡片：“给爸爸”。文字通俗朴实而流畅，文字中充满着对宽容而细腻的父爱的美好回忆，真情告白，拨动受众心底那根温暖而又常常易被忽略的细微情感之弦，表达对父爱的无限感恩，引发受众共鸣的同时，提醒他们在父亲节这个特别的日子，用芝华士这种父辈们通常喜爱的好礼慰藉亲人，再适宜得体不过了。将父亲的形象与芝华士带来的温馨巧妙结合起来，显得自然与亲切，以情动人，给人以深刻的印象。

思考：没有好的剧本，再好的导演也很难导出好作品。文案就如同一部电影的剧本，可见其对广告的重要性。本案所述的广告文案是一个非常成功的案例，通过本文案，你觉得一篇好的文案应该具备哪些要素？你能举出中国类似的文案，或者说打动了你内心的中国广告的文案吗？

（资料来源：根据网络资料整理而成）

第一节　广告文案的结构组成

广告文案是表达广告创意的语言文字符号，是广告作品中将广告信息诉诸文字解释的沟通语言。不论是醒目的标题，隽永的广告语，还是抒情的正文，所有能传达特定广告诉求的语言文字媒介符号，都属于广告文案研究的范畴。

一个优秀的广告文案必须具有特殊的感染力，能在瞬间引起读者注意，透过信息的传播（如商品的品牌、质量、规格、性能、用途、价格等信息），针对消费者的心理特点刺激其需求，引发其购买兴趣；进而有效保持对广告商品的印象记忆，以达到引导日后的购买行为和促成消费者的购买行为。因此，欲使产品达到营销效果，需要靠广告有效的宣传，广告文案的语言艺术若能掌握精湛洗练的技巧，营造美好的意境，方能发挥最佳效果，提供消费者最美好的联想。

一、广告文案的结构

广告文案在长期的发展过程中形成一套比较完整的模式。一个完全由语言符号表现商品诉求的广告，其文案一般由标题、正文、附文、广告语四个部分组成。广告文案除了上述四个元素之外，还有图片说明、标签等常用元素。

广告标题是广告文案的导语，也是每则广告所要传达的最为重要的信息。广告正文是广告文案中承载广告信息的文字语言，以文学型体裁和说理型体裁加以划分。广告语则是最能打动受众心理的诉求沟通或企业精神高度浓缩的经典口号，以其简洁、贴切、独创、易记的特点征服消费者。广告附文是传达提示购买的各类附加文字，包括公司名称、品牌形象、联络方式、产地信息、银行账号等，一般出现在广告的结尾或最下部。

广告文案的结构具有灵活多样的特点，并非所有的广告文案都具有上述的完整结构。通常，广告都只包含两三个常见的结构元素，有的广告文案没有随文；有的广告文案既无随文也无标题；有的广告文案没有正文，只有一条广告标语；有的广告文案甚至只有一个品牌名称。尽管广告文案的结构灵活多变，但并不能因此认为广告文案的结构没有规律可循。一般来说，广告文案的结构较多地受到刊播媒体的影响，报纸广告文案的结构通常比较完整，广播广告文案和电视广告文案则通常采用省略的结构。广告文案采用何种结构要受具体的广告目标、产品所处生命周期、广告信息及广告创意等多种因素的影响。包含所有文案结构元素的广告现在比较少见。在为某个客户或潜在客户准备广告战役时，为了传达基本的广告创意或方法，文案往往只需要一个结构元素，这就是标题。

引题：中国高油价时代来临（见图 7-2）

正题：节油科技，全“心”突破

副题：06 款 1.6L 伊兰特，搭载 CVVT 发动机，油耗锐减 14%

正文：终于，与领先世界的节能技术完美结合了；终于，一部期盼已久的好车正向您奔来!伊兰特 06 款，全新装备 CVVT 发动机，低耗高效更胜一筹，倡导绿色环保，引领绿色生活，为您呈现生活更鲜活的境界!

附文：北京现代汽车有限公司（略）

图 7-2　伊兰特汽车广告

以图像为主展示产品和企业信息的平面、影视和网络广告的方案结构已经发生了颠覆性的变化。第一，文案的构成要素极简化。不少广告将标题和正文全部省略，只留下广告语和品牌。有的著名品牌的广告画面除图形图像外，甚至只剩下了品牌。第二，文案的组合方式符号化。在城市地铁站的墙壁上，在公交车的车身上，人们可以见到以各种亮丽的色彩为背景，随着音乐节拍拨动着各种舞姿的黑色剪影，大都带着长长的白色的小盒子，这就是苹果 i P od 播放器的广告（见图 7-3）。这些以视觉传达为主的广告能在瞬间吸引人们的眼球，并给过客留下极深的品牌印象。

图 7-3　iPod 广告

虽然现代社会越来越依赖于符号、图片、声音等信息元素进行交流，但广告文案依然重要。其一，为了“让画面说话”，首先就要通过方案提炼主题，确定广告诉求点。其二，图像有直观、形象的优点，但也有模糊、多义的缺点，有时必须借助于语言文字加以阐释。其三，耐用品和异质化产品，需要较为详尽的文字说明才能最终被消费者接受。

二、广告标题

标题是处于广告首要位置的文字，是读者首先读到的文字，处于吸引人注意力的位置，通常标题的字体总是比广告其他部分要大，是整个广告文案乃至整个广告作品的总题目。广告标题为整个广告提纲挈领，将广告中最重要的、最吸引人的信息进行富于创意性的表现，以吸引受众对广告的注意力；它昭示广告中信息的类型和最佳利益点，使他们继续关注正文。人们在进行无目的的阅读和收看时，对标题的关注率相当高，特别是在报纸、杂志等选择主动性强的媒介上。“读标题的人平均为读正文的人的 5 倍。”（大卫·奥格威）一项测验报告表明，80%的读者都要先浏览广告标题再看广告正文中的信息。因此，广告文案人员在进行文案表现时，总是将标题的制作作为一个非常重要的甚至是首要的工作。

（一）广告标题的作用

（1）标题能迅速吸引读者，向他们提出阅读广告其余部分的理由。如果标题不够直接，读者就有可能把注意力转向另一个事物，忽略广告信息。广告标题为整个广告提纲挈领，让广告最重要、最吸引人的信息在创意的表现中得到展现，以最醒目的方式对应受众的内在需求，以引起他们的关注。

（2）在无目的阅读和收看的受众中间，分离出目标消费者。广告标题提出的广告信息中的利益点能成为受众潜在消费欲望的对应物，让他们自觉地对广告内容产生深度关注的心理和好奇。有的广告标题直接或间接地提出产品的品牌名或产品突出利益点，广告受众有时不必看广告正文，仅看标题和图片就能直接获取广告的基本信息。例如，“绝对，一夜就到”（联邦快递）或“折得更扁，便于收藏”（本田思域汽车）。

（3）诱使目标消费者进一步关注正文。广告标题一定要激发出读者的阅读兴趣，最好能简单明了地“把故事讲出来”，在内容上，标题是广告向潜在对象传递的重要内容，说明或丰富图像的含义，提示正文中将表现的信息内容；在形式和内容上都引导着目标消费者继续关注广告正文的表现，对应他们的好奇、审美和阅读冲动，以诱导目标消费者进一步关注正文。特别是复合标题中的副标题设置，在大标题和正文之间连接起了一座桥梁，受众能在这座桥梁上走向正文，得到正文部分的细部诉求。

（4）直接诱发消费者产生购买行为。广告的劝导作用多数是从标题开始的。在广告标题中，有直接地表现产品品牌的消费者利益的标题：“现在波多黎各对新工业提供百分之百免税”（波多黎各工业区）、“再也不用牙齿咬了”（某啤酒）；有直接或间接地对受众发出消费劝导和呼唤的标题：“肉，使得你所需要的蛋白质成为一种乐趣”（美国肉类研究所）；有用煽动性的口吻来号召购买行动产生的标题：“看足球，喝可口可乐”（可口可乐）。这样的广告标题，广告受众甚至都不用再去看正文就已经被利益点、劝导和呼唤所吸引，直接诱发消费行为。理想的标题应该表现广告的全部销售观念。调查显示，阅读标题的人比阅读正文的人平均多 2～4 倍。因此，如果标题没能打动人心，广告主就等于在浪费金钱。耐克运用美妙的杂志广告和户外广告，只突出一名运动员、标志和琅琅上口的标题“Just Do It”。去掉图形，单单标题也可以造成一种气氛，通过暗示鼓励读者采取行动——购买耐克。标题协助引发了人们的认知反应，进而提高品牌认知率和品牌偏好。

最后，标题还应该表现产品消息，消费者随时都在寻找新产品的新用途或老产品的改善。只要在同类产品中尚未被使用，暗示新颖的“力量型”词汇总会提高广告的阅读率，增强广告的“轰动”效果，只要情况属实，就应当加以利用。这类词汇包括：免费、现在、令人惊叹、突然、宣告、介绍、在此、改进、终于、革命性的、刚到的、重要进展等。

（二）广告标题的特征

一幅好的广告标题一定是引人入胜的，而要达到这一效果，广告标题必须具有以下特征。

（1）主题鲜明。标题是广告内容的高度概括，要使人们看到标题就能理解广告的信息内容是什么，就必须主题鲜明，不能故作离奇之笔，与广告内容毫无关联。

（2）简明扼要。从记忆规律来看，广告标题以 7～12 字为宜，以达简洁明快之效果。

（3）内容具体。广告标题的内容须是明确且具体的，不能含糊其辞或过于抽象，以免被人忽视，或由于令人费解而激发不起人们的兴趣。

（4）个性独特。标题要具有个性且有独到之处，否则就缺乏较强的刺激性和吸引力，因此，广告标题要有创意，而且是独特的创意。

（5）引人注目。标题的内容只有与消费者的心理需求联系起来，诱发他们的关心、好奇、喜悦等情绪，才能够充分发挥广告的宣传效果。因此，标题在字体、字号和位置等各方面，都应考虑可视化和艺术化，要能引起人的注意。同时，对不同的广告宣传对象，广告标题的拟写也要有针对性，不可离题。这样，才可以充分发挥广告的说服力。

简言之，广告要达到目的，就必须满足广告标题所蕴含的荣誉性、新闻性、优惠性、通俗性、好奇性、单纯性、忠告性。因此，文案的写作有两个重点：第一，用最少的文字，表达出商品的优点特色；第二，措辞生动，深入浅出，使人易读易记。

（三）广告标题的结构

广告标题就编排形式而言，可以分为单一型和复合型两种结构。

（1）单一型。单一型广告标题是由单句或排列成一行的复句构成的标题形式，它的特点是单刀直入、简洁明了。广告标题应尽量采用引人注目的独特内容和表现形式，采用能吸引读者注意力的特殊字体或加大字号，形成能迅速捕捉消费者注意力的视觉效果，最好撰写出那些能表现出商品的本质特性以及与消费者利益密切关联的广告标题。例如，女鞋广告仅一句“贴合脚形（Fit Feet）!”就将产品能增加女性美感和魅力的诉求准确地传递了出来（见图 7-4）。又如，台湾地区兰丽绵羊霜广告标题“只要青春不要‘痘’”，针对脸部长青春痘而烦恼的青少年，将产品的利益点做了富于创意的表现，为整个广告提纲挈领，让人一见便知广告要说什么。

（2）复合型。复合标题又称多重标题，是由引题、正题、副题所组成的标题群。各个部

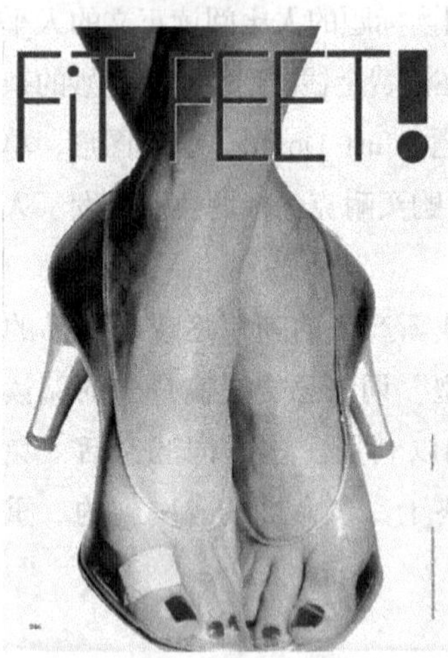

图 7-4　诉求突出的简洁广告

分所起的作用不尽相同。引题又称为肩题或眉题，主要是用来交代背景及烘托气氛的；正题作为主标题是用来传导商品信息的主体部分；副题作为辅题或子题是对正题内容的补充说明。复合型标题在具体运用中又形成了三种形式。

形式一：引题+正题+副题　这种引题、正题、副题齐全的标题形式可以更加全面地阐释商品广告功能诉求和情感魅力，在标题中就能较完整地将广告信息表现出来。一方面可以使得无目的的阅读和接收的受众在标题的浏览中就能大致了解广告的信息指向，另一方面也由副标题建立了标题和正文之间的桥梁。如某房产广告：

引题：天涯海角寻觅，安得理想家园

正题：锦绣花园

副题：平地青云好去处，恰似人间“伊甸园”

形式二：引题+正题　这种标题组合，是为了通过引题将商品的使用背景和特定场合进行渲染，以便为主题凸显铺平道路，有时引题的悬念也会吸引人们仔细回味正题的含义。如：

引题：是什么让过年的气氛高八度

正题：你我的开心果，美国加州开心果

形式三：正题+副题　采用正题和副题相结合，往往可以更加有效地突出广告画面中的视觉语言和沟通效果。如在正题中直接表现产品或品牌的信息，以诱发好奇心，再在副题中进一步加以解释和说明。如佳得乐运动型饮料的广告中，正题传递了该品牌的一贯理念，副题以疑问句形式加以提醒，给了受众一个充足的购买理由。

正题：迅速补充因运动消耗的电解质，让您更有活力

副题：它进入了您的体内吗？

（四）广告标题的表现形式

广告标题的形式多种多样，并无固定模式，这里仅介绍些常见的形式，供写作时参考。

（1）新闻式。其指采用新闻标题和导语的写法、形式的广告标题，为了加强广告的新奇性和可信性，把广告信息做新闻处理。采用新闻式标题的先决条件是，广告信息本身必须具有新闻价值，必须是真实的、新的事物和事件的产生与发现，所涉及的事件与消费者关注的利益密切相关。常用词汇有：新、最新、发现、首次、隆重推出、闪亮登场、震撼开盘等，往往能营造出十分抢眼的新闻效果。如万科·光明城市楼盘广告中，用“震撼开盘”和“热销”等十分抢眼的主标题，快速吸引消费者的注意力，同时在标题和其他文案中传递消费者可能关注的详尽信息（见图 7-5）。

（2）利益承诺式，也称许诺利益式。广告标题通常是广告作品中除图片以外最为醒目的元素。因此，广告标题不仅要提纲挈领地传达出最重要的信息，而且要承诺最能打动消费者的利益点，常用词汇大致有：免费、定能、优惠、美丽、气派、方便、减价、附赠等。但承诺的表现并不是只用常用词汇来进行承诺，除了直接承诺之外，还有间接的或暗示性的承诺

方式。在标题中突出优点，直接夸奖商品或劳务的优点、长处。

直接承诺：买上海桑塔纳新车，一年内不限里程免费质量保证

间接承诺：你只需按一下快门，余下的一切由我自己来做（柯达公司）

暗示性承诺：这些我们留着，其他的统统给你（统一晨光果汁）

图 7-5　万科广告

（3）号召式。即以鼓动性的词句作为广告标题，号召潜在消费者从速做出购买决定。这种标题往往文字具有鼓动力量，或具有强烈的心理作用刺激，如激发出逆反心理、发挥暗示作用等，使受众受到“请、千万不要、让、应该、无论如何、来吧、试一试”等语气词语的鼓动，敦促其采取购买行为。

——选令“金陵热线”，把握无限商机

——请服用神州三专口服液

（4）悬念式。在标题中提出相关奇怪的问题，或讲一件奇怪的事情，制造悬念，迫使消费者受好奇心的驱使去阅读正文。好奇是任何年龄层的消费者在外界信息刺激下都有可能发生的一种心理反应，在广告标题中设置悬念能充分利用消费者的好奇心满足受众追根溯源的猎奇心理，也能引起他们对广告传播信息的更多关注。悬念广告通常会在广告标题中设置一个疑问，激发受众的好奇心，以达到预期的效果。如：

——每个人至少应戴三顶草帽（帽子广告）

——从 12 月 23 日起，大西洋将缩短 20%（航空公司广告）

（5）设问式。标题中提出问题，去引起受众思考“为什么”“怎么样”之类的问题，以引起消费者的注意。设问式广告标题有时给出答案。

——你知道 2006 年最具超人气的电子邮箱吗？（网易电子邮箱广告）

——乐百氏奶，今天你喝了没有？（乐百氏广告）

（6）拟人式。赋予没有生命的商品或劳务具有人的思想和感情，使之人格化、人性化，标题生动、亲切、可爱、有趣，颇能吸引人。如：

——我就是您的秘书（电话广告）

——我是您从不做声的仆人，却有　百双手（厨房用具广告）

当然，除了上述比较常用的标题形式以外，还有很多其他类型的写法，如比喻式、幽默式、比较式、数字式等。

（五）广告标题的写作要求

广告标题好比广告的眼睛，是吸引消费者、引导消费者行为的重要手段。为此，标题制作必须采用独特的内容和表现形式，在视觉上也要通盘考虑文稿在版面中的位置，采用能吸引消费者注意的字体、字号，使之能在一瞬间抓住读者。美国广告大师大卫·奥格威积累几十年广告创作经验，提出了在广告标题创作中应掌握的原则，具体如下。

第一，广告标题应向消费者承诺其所获得的利益，这个利益就是商品所具备的基本效用及附加值。

第二，标题里最好包括商品名称，不要遗漏品牌名。

第三，要把最重要的信息纳入标题中，要始终注意在标题中注入新的吸引人的信息。

第四，标题要富有魅力，应写点诱人继续往下读的东西，这样才能引导读者阅读副标题及正文。

第五，使消费者看了标题就能知道广告内容，而不是强迫他们研读正文后，才能理解整个广告内容。

三、广告正文

广告正文是指广告文案中处于主体地位的语言文字部分。其主要功能是，展开解释或说明广告主题，将在广告标题中引出的广告信息以不同的体裁加以陈述，对目标消费者展开细部诉求。广告正文的写作可以使受众了解到各种希望了解的信息，力求使受众在正文的阅读中建立对产品的了解和兴趣，信任并产生购买欲望，促进购买行为的产生。

广告正文的主要表现内容包括以下几个方面。

（1）对标题中提出或承诺的商品或商品利益点给予解释和证实。

（2）对广告中企业、商品、服务、观念等的特点、功能、个性等方面进行细部说明和介绍。

（3）表现广告中企业、商品、服务、观念等的背景情况。商品由什么企业生产，这企业在同类企业中的位置，商品的制造过程及其制造者的情况，甚至是商品制造过程中的有利于商品形象建立的趣闻逸事。表现商品的背景种种是为了形成品牌效应，或使消费者产生放心购买的心态。

（4）告知受众获得商品的途径、方法和特殊信息。这里的特殊信息，也可以是折扣、奖励等信息。在直接的销售促进的广告配合中，其折扣等特殊信息可以在标题、正文等各部分中给予表现。一则产品形象广告中，折扣等特殊信息就只能在广告正文中或广告附文中进行表现。

在广告正文中可以表现的内容是很多的，而在具体的一则或一系列广告文案中要表现哪些内容，关键是要看广告的起因和目的。

四、广告随文

广告随文，也称广告附文、尾文，是在广告正文之后向受众传达企业名称、地址、购买商品或接受服务的方法的附加性文字。因为是附加性文字，它在广告作品中的位置一般总是居于正文之后。

广告随文的存在具有重要意义：一是对广告正文起补充和辅助的作用；二是可以促进销

售行为的发生。当广告的标题、正文和口号已经使目标消费者产生了消费的兴趣和渴望时，如果在广告附文中表现了商品购买或服务获得的有效途径，使得他们能以最直接的方式、最短时间之内得到商品，消费者就会乘着兴趣产生消费行为。因此，广告附文可形成一种推动力，促进消费行为的加速完成。三是可产生固定性记忆和认知铺垫。在附文部分具体地表现品牌名称、品牌标志，使得受众对品牌的记忆固定而深刻。这个固定性记忆和认知铺垫，可以用品牌效应和企业形象来说服消费者产生消费。

广告随文的具体表现内容大致分以下几个部分：品牌名称；企业名称；企业标志或品牌标志；企业地址、电话、邮编、联系人；购买商品或获得服务的途径和方式；权威机构证明标志；特殊信息：奖励的品种、数量，赠送的品种、数量和方法等。如需要反馈，还可运用表格的形式。

五、广告口号

（一）广告口号的概念

广告口号，也叫广告语，是企业精神高度浓缩的经典口号或是能对消费者产生亲和效果的诉求提炼，包括出现在广告作品中的标语、警句、标题、主题句、中心词等。它是企业和团体为了加强受众对企业、商品或服务等的一贯印象，在广告中长期反复使用的一两句简明扼要的、口号性的、表现商品特性或企业理念的句子。它是基于企业长远的销售利益，向消费者传达长期不变的观念的重要形式。

（二）广告口号的作用

广告口号由于句式简单，表现有力，且读起来朗朗上口，因此，它对企业的品牌或产品信息的传播具有重要的作用和意义。

首先，广告口号是企业、商品、服务与受众之间的认知桥梁。广告口号以表现企业、商品、服务的精神、理念、特性为自己的内容，经过长期流传，这些句子就成了企业、商品、服务和受众之间的桥梁。

其次，广告口号能够加强受众对企业、商品和服务的一贯印象。广告口号在使用过程中反复表现、统一表现和长期表现，而这种表现能在人们心目中留下一贯的、不变的印象。这个一贯的、不变的印象可以使受众心目中的企业、商品或服务体现出各自的个性特点和形象特征，使得它们能从众多的同类中突出自己，给受众一个深刻而绵长的印象和记忆。

再次，通过多层次传播，形成口碑效应。口语化的语言风格形成流畅、明了、通俗易懂的表现特征，它利于人们的接受和记忆，也利于口头传播。人们可以在轻松的状态下完成人与人之间的多频度、多层次传播，形成一种波及效应，产生口碑力量。

最后，传达长期不变的观念，改变消费指向的同时，产生长远的销售利益。广告口号的表现内容不外乎企业的理念和商品的特性。广告口号在表现企业特征、商品特性的同时也体现了消费新观念。

（三）广告口号的特征

广告口号，作为企业广告信息传播的一种重要工具和手段，需要具有以下特征。

（1）**信息单一，内涵丰富。**广告口号一般都用一两句完整的句子来表现一个信息或一个观念，信息单一，容易理解，没有过多的信息需要受众用心记忆和理解；内涵丰富，不仅是对广告信息的认知、肯定、观念表现，同时也是一种文化现象的表征，一种生活方式的倡导和价值体系的建立。如“百事，新一代的选择”“大宝，天天见”“万家乐，乐万家”“农夫山泉，有点甜”等。

（2）**句式简短，朴素流畅**。广告口号要在受众的心目中形成一定程度的印记，就要句式简短，容易记忆；要形成多频度、多层次的波及传播，在句式上，除了简短，容易记忆之外，还要易念，易传。而要使广告口号成为大众阶层日常生活中的流行语，广告口号需具备朴素的口语化风格。因为口语化风格可以使得广告口号像一句日常用语、顺口溜。因此，简短的句式、朴素的遣词造句方式、流畅的音韵效果，是广告口号的一大形式特征。如雀巢咖啡的“味道好极了”，雪碧饮料的“晶晶亮，透心凉”等。

（3）**反复运用，印象深刻**。广告口号的特点不是变而是不变。它是企业、商品、服务在广告运作的整个过程中，在各种媒介、各个广告作品中都以同一面貌甚至是在同一位置、用同一种书写方式出现的句子。它长期不变地向受众进行同一种观念、同一个形象、同一项利益点的诉求。在反复不变的诉求中，留给人们一个一贯的、个性的、深刻的印象。

（四）广告标题和广告口号的区别

广告文案的基本结构为广告标题、广告口号、广告正文、广告附文、广告准口号五部分。但是，在实际的操作中，并不是广告标题和广告口号都作为一个不变的结构部分全部存在的。在具体作品中，我们可以看到无标题文案、无口号文案、标题和口号同一的文案。但这并不表明广告标题和广告口号两者之间是无差异的，两者之间有着重要的区别，这种区别具体见表 7-1。

表 7-1　　　　广告标题和广告口号的区别

区别	广告标题	广告口号
功能	吸引受众注意	加强企业一贯、长期的形象
风格	要新颖，有特色，能吸引人	口语化、易读、易传
时限和范围	一则广告，一个标题；时间短，范围窄	口号唯一；使用时间长，范围广
信息负载	为吸引消费者，信息内容更宽泛	是观念和特征的体现

总之，广告标题和广告口号在广告作品中所起的作用不同，所处的位置不同，两者之间变与不变、长期与短期、运用范围大与小等方面都有很大的不同。

第二节　广告文案的修辞

广告文案是一种由异质符号构成的新的复杂的语言系统，也是高度修辞化、以劝导性陈述为主要特征的语言系统。广告文案撰写人往往使用各种技巧来吸引消费者，而修辞就是其中最重要的技巧之一。一则好的广告文案所传递出来的广告信息，不仅要能激发受众的兴趣，产生审美共鸣，而且还应有利于达成最终的广告目的，使受众产生购买行为。因此，广告文案应在动之以情、晓之以理的诉求中实现广告宣传的目的。广告文案所借助的工具是语言符号，探索语言的规范与技巧是广告文案创作的基本功能。修辞在广告文案中的应用极为灵活，可以根据广告目标反复推敲酝酿。常用的修辞技巧具体如下。

一、借喻与象征

通过一定的媒介物将产品的特点和功效、企业的理念和精神等以形象的语言呈现给受众，化简单为神奇，化抽象为具体，往往会大大增强广告文案语言的形象与生动性。而当我们对语言进行修辞时，必须掌握三个原则。

第一，思想内容与语言形式的统一，须力求精确：思想是修辞的内容，语言形式是修辞的手段，须力求选取恰当的语言形式，以增强思想内容的表达效果。

第二，主观感受与客观对象的统一，须力求生动：语言所表达的是对客观对象的主观感受。

第三，运用修辞须因具体语境（即语言环境）而异，须力求合宜：语言环境指的是不同的交际对象、场合、语体、上下文，以及目的等。

二、双关

双关是广告创作中常用的一种技巧，在特定的语境中，借助语音或语义的联系，使语句同时关联两种意思或事物的辞格。这种修辞的运用，使广告含蓄幽默，耐人寻味，引起消费者丰富的想象，增加广告语的表现力。而广告中的双关运用主要分为语义双关和谐音双关两种种类。

（一）语义双关

语义双关是指利用汉语中的词语、短语或句子的多义性现象，在特定的语境下，形成转义条件，从而构成双关辞格的内容。语义双关在广告语中被大量运用。

例1：“人类失去联想，世界将会怎样？”（联想计算机广告语）

这个广告给人的第一反应，都会以为这句子中的“联想”是指人类的想象力，如果人类失去想象力，后果可想而知，整个社会将会停歇不前，没有进步与活力。但是，再仔细想想，就会意识到这里的“联想”指的是一个计算机品牌。众所周知，计算机在我们生活中的地位越来越重要，已经成为生活的必需品。失去它，人们会像失去想象力一样没有乐趣，所以其实这里的广告语是指人类没有想象力是可怕的，同样地，没有了联想计算机，人类也无法前进，所以人类是需要联想计算机的。这样的广告使用双关的修辞，讲述了两种含义，使人们在感悟中得到启发，从而接受这个计算机品牌，不得不说这里双关辞格运用得十分好。

例2：“谁能惩治腐败？”（新飞电冰箱广告语）

一读到这个广告，很多消费者都可能会被吸引并产生许多联想。这是因为当今社会的腐败现象已经成为大家所关注的事情。但是再仔细一看，原来这是一则电冰箱广告，人们则会马上想到这里的“腐败”其实不是指政治上的腐败，而是指食物的腐败。一个是政治的腐败，另一个则是食物的腐败，两者之间本来没有关联，却被这一广告紧密地结合在一起，构成了创意奇妙的双关。这则广告语在当今反腐倡廉的大背景下，产生了极大的幽默效果，给人留下十分深刻的印象。

当然在广告语中还有“不打不相识”（某打印机的广告语），“小鸭，小鸭，顶呱呱”（小鸭品牌洗衣机的广告语），“补血，我就服红桃 K”（红桃 K 产品广告语）等。这些广告词都使用语义双关的辞格，使得这些广告语具有风趣、幽默、易于记忆的特点，使人们较为容易地接受这些产品。

（二）谐音双关

谐音双关是指利用汉语中的同音或近音现象，作为构成双关形式的条件，使词语、短语或句子的含义达到一语双关。谐音双关是广告语中常见的修辞手法。

例 1：“健康人生，从美晨开始。”（美晨牙膏广告语）

这里的“美晨”可以理解为“美好的早晨”或者“美晨牙膏”。健康的人生可以说是从美好的早晨开始，也可以说是从“美晨牙膏”开始的，而第二种意思就是广告要表达的真正意思，让人们会心一笑。

例 2：“你来我网，一网情深”（中国通讯 163 上网广告语）

用“网”替换“往”，讲述了网民使用 163 上网，就会被它的魅力所牢牢吸引，对它忠贞不二，一往情深。

例 3：“要胃舒，请喝胃苏”（某药品广告语）

这里的胃药广告，采用了“舒”与“苏”近音的关系，巧妙地说出其药效和药名，“胃苏”是其胃药名字，“胃舒”是其胃药功效，使胃变得舒服的功效，正好符合人们追求健康的心理，利用谐音双关达到其宣传产品的目的。

当然在广告语中还有 “聪明的妈妈会用锌”（葡萄糖酸锌口服液广告语）、“真橙爱你每一天”（汇源真鲜橙广告语）等都利用谐音双关，使消费者在玩味广告语语言技巧的同时从内心接受这些产品。

三、夸张

夸张是广告中经常使用的一种技巧。在不影响宣传内容真实性的前提下，为了表达上的需要，对宣传内容的某一特殊之处，故意言过其实，从而引起消费者的注意。一般而言，人们不会把夸张后的情形当作是事实来看待，但是原来的事物在人们的头脑中会发生微妙的变化，这也体现了广告语的推销力。

例 1：“今年二十，明年十八”（百丽美容香皂广告语）

时光是不会倒流的，人也不可能会越来越年轻。这则广告语所说的情形显然是幻想，但是看似是荒谬的说法，却说出了许多人渴望越活越年轻的想法，因此，人们不会认为这广告语是在胡说八道，相反，人们会觉得这百丽美容香皂应该具有很好的美容功效。

例 2：“眼睛一眨，东海岸变成西海岸”（某航空公司广告语）

这则广告语一样运用了夸张的修辞手法，“一眨”就使“东海岸变成西海岸”，很巧妙地说出其速度，人们不会觉得很不可思议，一般在飞机上人们睡一觉，起来就会发现已经从东海岸到达了西海岸了。所以，这则广告不会让人们觉得难以接受，相反，时间对于消费者来说是十分重要的，这里的速度正好符合人们的心理。

在广告语中还有许多类似的例子，如“波导手机，手机中的战斗机”（波导手机广告语），“如果说姑娘的脸好像一张天然画布，那么抹上一点美加净爱萝莉，就会诞生一幅世界名画!”（某化妆品广告语）等都是夸张修辞手法的运用。

四、回环

回环是利用语句以像穿梭一样的回环往复的形式来增强表达效果的修辞方式，从而给人们留下深刻的印象。

例 1：“万家乐，乐万家”（万家乐电器广告语）

这则广告语仅用了六个字，不仅说明了产品的数量之多，改变了群众的生活，给大家带来了欢笑，而且很巧妙地说出了产品的功能，即它能给每家每户带来欢笑与乐趣。凭借其耳熟能详的广告词，走进千家万户，为厂家赢来实在的广告效应。

例 2：“晚报，不晚报”（北京晚报广告语）

第一个“晚报”是名词，第二个“晚报”是动词短语。“晚报不晚报”五个字短小而精悍，意蕴而深远，通过适量的信息，传达了北京晚报追求时效性的特点，在语言设计上采用回环往复，带有一定的辩证色彩，使读者读时能会心一笑，印象深刻。

例 3：“车到山前必有路，有路必有丰田车”（丰田汽车广告语）

这一句话也是采取了回环往复的修辞，反映一定的内在关系，而且“车到山前必有路”一句还是谚语，给人以希望，给人以战胜困难的信心，激起人们的购买欲望。

五、排比

排比这种修辞是使用两个或两个以上结构相同的句型，使广告重点突出，节奏感很强，极具感染力和说服力。

例 1：广东金曼集团营养食品厂广告语

“没有太多的成分，只含河鳗提取液 98%，西洋参 2%；没有太多的功效，只适应免疫、健脾、益智和润肠；没有太多的荣耀，只是金灿灿的火炬计划中唯一的滋补液，沉甸甸的中国质量万里行的推荐产品；没有太多的承诺，但深知内涵的人总免不了来一只鳗鲡精。”这则广告语中，四个排比句了一气呵成，起到抑扬顿挫、平中见奇的艺术效果，使消费者对其产品有更为深刻的印象。

例 2：美菱冰箱广告语

“带着春天的问候，带着柔柔的温情，带着吉祥的愿望，我们来到您的家。”这则广告语节奏轻快，音韵优美，情感充沛。看到它，让人觉得十分的温馨，有着春天的温柔问候，给人带来温暖，让人心中充满暖暖的感觉，让人不禁想拥有这样一台电冰箱，让它成为家庭的一部分。

当然恰当的修辞能使广告生动形象，容易引起消费者的共鸣，从而推动产品的销售。但是在应用广告修辞中也要把握好尺度，不然将会起到反面效果。各种修辞赋予广告简洁、生动形象，幽默等特点，给人留下丰富的想象空间，强化了广告语言的艺术魅力，让人在简洁的文字中体会到广告语言中所蕴含的生活信息。

第三节　广告文案的写作

一、报纸广告文案写作

报纸广告文案，是直接与读者见面的广告作品的最后形式，这是其与广播电视广告文案的本质区别。根据报纸广告的版面大小，可将报纸广告分为跨版、整版、半版、双通栏、单通栏、半通栏、报眼、报花广告等。根据广告所表达的内容，可将报纸广告分为商业、告知、软文和分类广告等。

（一）报纸广告的版面运用

（1）要研究广告版面的大小

报纸广告所占版面的大小，是广告主实力的体现，直接关系到广告的传播效果。实践证明，广告的版面越大，读者注意率越高，广告效果也就越好（当然不是绝对的），因此，广告版面的大小与广告效果是成正比的。究竟选择哪种版面做广告，要根据企业的经济实力、产品生命周期和广告宣传情况而定。一般来说，首次登广告，新闻式、告知式宜选用较大版面，以引起读者注意；后续广告，提醒式、日常式，可逐渐缩小版面，以强化消费者记忆。节日广告宜用大版面，平时广告可用较小版面。

（2）要研究广告位置的排放

所谓研究广告位置，就是研究报纸广告放在哪一版，什么位置效果最好。除专页广告（整版全登广告）没有位置问题外，其他版面形式广告均有位置的排放问题。同一则广告，放在同一版面的不同位置，广告效果是大不一样的。原因在于广告版面的注意值不同。经科学研究验证，根据读者视线移动规律，报纸版面的注意值是左面比右面高，上面比下面高，中间比上下高。中缝广告处于两个版面之间，不易引起读者的注意。

（3）要讲究“情境配合”

报纸的每个版面，都有不同的内容和报道重点，如新闻版、经济版、法制版、文化教育版等。报纸广告应根据广告产品内容的不同，放在相应的版面中。比如，各种企业或产品广告放于经济版；影视、图书、音像广告可放于文化教育版等。同类产品广告应排在一起，便于消费者选择；各种分类小广告可放于经济版下方。

（二）报纸广告的表现形式

报纸广告的表现形式是多种多样的，如文字形式（即文案形式）、插图形式、漫画形式、摄影形式、装饰形式、抽象形式、构成形式、综合形式等。其中文字（即文案）形式是最基本的，采用最多的，也是最强有力的表现形式。因为语言的表现力是无穷的，它可以详尽地介绍、阐述信息内容，并赋予其感人至深的魅力。因此，选择了报纸这一大众性媒体做广告，也就等于选择了以文案写作为主的表现形式。报纸广告文案，是直接与读者见面的广告作品的最后形式，这是其与广播电视广告文案的本质区别。

（三）各种版面中广告文案写作特征

（1）报花广告。这类广告版面很小，形式特殊。不具备广阔的创意空间，文案只能作重点式表现，突出品牌或企业名称、电话、地址及企业赞助之类的内容。不体现文案结构的全部，一般采用一种陈述性的表述。

（2）报眼广告。报眼，即横排版报纸报头一侧的版面。版面面积不大，但位置十分显著、重要，引人注目。如果是新闻版，多用来刊登简短而重要的消息，或内容提要。这个位置用来刊登广告，显然比其他版面广告注意值要高，并会自然地体现出权威性、新闻性、时效性与可信度。由于报眼广告版面面积小，容不下更多的图片，因此，广告文案写作占据核心地位，具有举足轻重的作用。

使用报眼广告应特别予以注意的是：要选择具有新闻性的信息内容，或在创意及表现手段方面赋予其新闻性；广告标题要醒目，最好采用新闻式、承诺式或实证式标题类型；广告正文的写作可采用新闻形式和新闻笔法，尽量运用理性诉求方式；广告文案的语言要相对体现理性的、科学的、严谨的风格；广告文案要简短凝练，忌用长文案，尽量少用感性诉求，尤其不能用散文体、故事体、诗歌体等假定性强的艺术形式，以免冲淡报眼位置自身所具有的说服力与可信性。

（3）半通栏广告。半通栏广告一般分为大小两类：约 65mm 乘以 120mm，或者约 100mm 乘以 170mm。由于这类广告版面较小，而且众多广告排列在一起，互相干扰，广告效果容易互相削弱，因此，如何使广告做得超凡脱俗，新颖独特，使之从众多广告中脱颖而出，跳入读者视线，广告文案的写作就要注意以下几点：一是制作醒目的广告标题。标题字数要短，字体要大，新颖别致，有冲击力，能一下子抓住受众的注意力。二是用短文案。语言要高度凝练，提纲挈领，突出重点信息。力求做到小版面多内涵。三是文案写作要注意与画面编排的有机结合。最好在编排先行、编排为主的制作意念中进行。

图 7-6 为“富士通 C800i 系列”计算机服务器的广告。画面占据了广告的主体部分，显然体现了编排先行、编排为主的创作思想。两幅画面中分别有一个可爱的小女孩和小男孩，小男孩在吃力地往一只脚上穿着鞋子，但鞋小了，怎么也穿不上；小女孩在吃力地系着外衣的扣子，衣服瘦了，系不上。与画面相结合的是一句十分醒目的大字广告语：不久前我们还认为它挺合适。这似乎是一句孩子幼稚的低语，却造成了一种悬念：从什么时候起，变得不合适了？怎么办呢？这两则广告想说什么？一系列的悬疑，不能不引起读者的好奇心，必然要细读全文。正文以简要的文字，以分行排列形式，运用比喻手法，将信息重点加以陈述。用孩子的成长，来比喻电子计算机的飞速发展，反衬富士通 C800i 系列能为日后发展留有余地。以突出该品牌扩展性强的特征。化无形为有形，化抽象为具体，使难于解释的科技知识具体化、形象化了。它给消费者带来的好处是不言而喻的：不仅省事而且省钱。这是多么有

说服力的诉求点！为了不冲淡画面主体，文案只将广告语放于画面中，而将正文置于画框外右侧边缘处，可以看出编排的匠心。

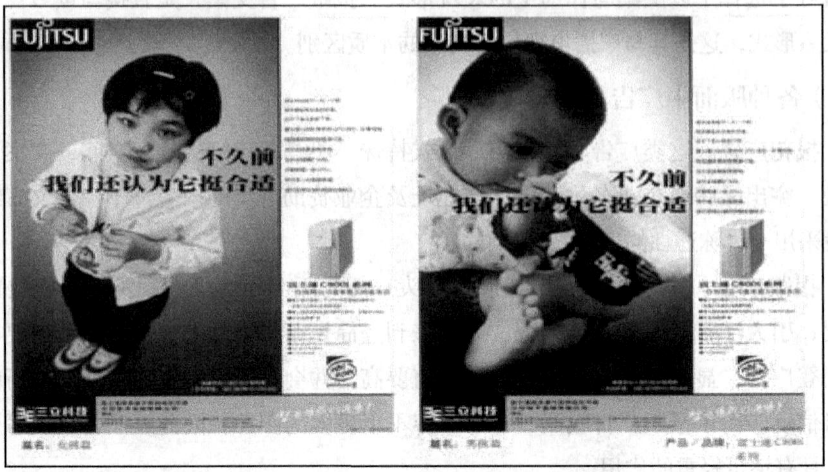

图 7-6　富士通 C800i 系列计算机服务器广告

广告文案：

广告语：不久前我们还认为它挺合适

正文：成长中的孩子一天一个样，

现在看起来合身的衣裳，

过不了多久就变了样，

富士通 C800i 系列双 CPU 设计，扩展性强，

给迅速发展的您度身定造，

为日后发展留有余地，

当企业规模扩大时，

只需购置一块 CPU，

而不是一台服务器，

便可获得足够的网络处理能力。

富士通 C800i 系列——一台预期公司愈来愈大的服务器

（4）**单通栏广告**。单通栏广告也有两种类型，约 100mm 乘以 350mm，或者 650mm 乘以 235mm。它是广告中最常见的一种版面，符合人们的正常视觉，因此，版面自身有一定的说服力。从版面面积看，单通栏是半通栏的 2 倍，这种变化也应相应地体现于广告文案的撰写中：一是文案写作可以作为广告的核心部分，文案的对应性诉求可以起主要作用。二是广告标题的制作既可以运用短标题形式，也可以采用理性诉求的长标题形式；但为了与画面的编排相和谐，最好用单标题而不用复合标题。三是文案中可以进行较为细致的广告信息介绍和多方位的信息交代、信息表现。但正文字数不可多于 500 个汉字，以免造成版面拥挤，影响编排效果。四是文案的结构可以有充分地运用自由度，从一到五个部分的构成，都可自由表现，可以体现文案最完整的结构类型。

（5）双通栏广告。双通栏广告一般有约 200mm 乘以 350mm 和约 130mm 乘以 235mm 两种类型。在版面面积上，它是单通栏广告的 2 倍。这给广告文案写作提供了较大的驰骋空间，凡适于报纸广告的结构类型、表现形式和语言风格都可以在这里运用。

（6）半版广告。半版广告一般是约 250mm 乘以 350mm 和 170mm 乘以 235mm 两种类型。半版与整版和跨版广告，均被称为大版面广告。是广告主雄厚的经济实力的体现。它给广告文案的写作提供了广阔的表现空间。

（7）整版广告。整版广告一般可分为 500mm 乘以 350mm 和 340mm 乘以 235mm 两种类型。是我国单版广告中最大的版面，给人以视野开阔、气势恢宏的感觉。如何有效地利用整版广告的版面空间，创造最理想的广告效果，是广告文案写作的重要任务。目前，对整版广告的运用大体有三种用法：一是有文无图，或偶有插图，基本以文案方式出现。运用介绍性的文体对产品系列或企业作较为详细的、全方位的介绍。二是以图为主，辅之以文。以创意性的、大气魄的大画面、大文字和少文字来进行感性诉求。这里，广告文案的点睛作用，以及文案与画面风格的协调，是值得重视的关键要素。三是运用报纸的新闻性和权威性，采用报告文学的形式来提升企业的形象。实践证明，第二种用法效果最佳。因此，这种类型的整版广告越来越多。

（8）跨版广告。即一个广告作品，刊登在两个或两个以上的报纸版面上。一般有整版跨版、半版跨版、1/4 版跨版等几种形式。跨版广告很能体现企业的大气魄、厚基础和经济实力，是大企业所乐于采用的。

二、杂志广告文案写作

杂志媒体具有知识性、娱乐性、专业化特征，而且目标受众群体相对明确、稳定并具有较高的文化水平，这就决定了杂志广告语言的独特性，即对象化、个性化和专业化特点。杂志广告文案写作具有以下几个特点。

（1）对象化。每种杂志都有自己的目标受众群体——读者，他们就是杂志广告的诉求对象。杂志广告的语言风格应针对他们而定，即符合他们的文化水平、欣赏兴趣、美学爱好和语言习惯。例如，采用理性诉求还是以情感人，语言表达高雅一点还是通俗一些，语言风格含蓄深邃好还是浅显直白好……都要针对不同的受众对象而定。这就是语言风格的对象化。

（2）个性化。语言的表达是广告创意和信息内容的体现。语言风格的个性化，就是指杂志广告文案的语言要体现出广告信息的个性化特征，并与目标受众的个性心理相吻合，使人感到新鲜、独特、不落俗套，令受众耳目一新。如此，才能使杂志的目标受众乐于接受，并深受影响。

（3）专业化。杂志广告的目标受众群体，均有一定的专业素养和文化水平，因而，在专业性杂志上做专业商品广告，采用专业化的语言风格，易于为专业目标受众所理解，不仅可以节省很多文字，而且有利于有的放矢，增强广告效果。例如，在电影杂志上做影视广告，在体育杂志上做体育用品广告，在妇女杂志上做化妆品或服装广告，在医学杂志上做医疗器械和药品广告等，广告文案的语言均可选用相应的专业术语和专业化的语言风格，从而以短小的文案传达出大量的信息。

三、广播广告文案写作

（一）声音是广播广告文案的唯一传播载体

广播广告中的人声，包括话语声、感叹声、笑声、哭声、吵嚷声、嘈杂声等。其中，话语声，即有声语言是最主要的，也是三种构成要素中最重要的。有声语言是广播广告中用以塑造形象，传达广告信息的主要工具和手段。也是听众辨析、接受信息的唯一途径。因此，有声语言在广播广告中是举足轻重，决定成败的关键性要素。它必须具备如下特点。

具体形象性 能够唤起受众的想象和联想，在听众脑海中形成画面或图像。

亲切真实感 充分发挥广播媒体“固有的温暖特性和陪伴功能”，通过亲切的话语，与受众心心相通，使信息平添真实感。

轻松愉悦性 让听众感到轻松愉快，能激起人们的欣赏兴趣。

悦耳相关性 每句话、每个字音都应悦耳动听，富于节奏感和音乐美。信息代言人应与信息密切相关，其声音应与广告目标吻合、一致。

作为仅凭声音传递信息的广播广告，音乐是其又一重要构成要素。它是通过旋律和节奏来传情达意，为表现广告内容服务的辅助性手段。因而它不具备独立的确切的表意功能，不能单独传播广告信息，只能间接地为广告信息的传播起辅助作用。广播广告中悦耳动听的，与语言的节奏和谐一致的音乐，能够唤起听众的情感共鸣，消除与听众之间的心理距离。特别是广播广告中的歌曲或民谣，可以调动听众的参与意识，强化广告信息，增进记忆，促进哼唱与流传，延续广告的传播效果。因而，音乐，特别是歌词的创作是广播广告文案不可忽视的重要因素。例如，“兰州啤酒”广告 （甘肃人民广播电台）：叫一声哥哥你慢些走/喝一杯咱的兰州啤酒/人生路上手挽手/高高兴兴朝前走/好啤酒，好啤酒/兰州啤酒最风流。

音响的应用也是广播广告文案的重要构成要素，它指的是除了有声语言和音乐之外的各种声音，是为塑造广告形象，体现广告主题服务的又一辅助手段。它包括以下四种类型：一是大自然中的各种声音，如山崩、地裂、洪水、海啸、浪涛、暴风雨等；二是各种动物的声音，如鸟鸣、狼嚎、虎啸、犬吠、猪哼、鸡叫等；三是物体运动摩擦发出的声音，如各种机械声及使用产品时的声音，如摩托车的“突突”声、火车的“轰隆”声、飞机的马达声、轮船的汽笛声、烹调炸锅声等；四是人在活动时发出的声音，如脚步声、鼓掌声、喘息声、打斗声等。

显然，音响在广播广告中并非可有可无，它的作用也是很重要的：可以烘托环境背景，增强逼真性；创造运动感，平添生活气息；叙述产品性能特点，强化听众感受；渲染情绪气氛，表达思想感情；用作比喻象征，深化信息内容等。因此，广播广告文案对音响的处理也应予以重视，恰当运用。例如，“泸州大曲酒”广告（泸州人民广播电台）广告文案（选自张农主编的《全国广播广告获奖作品选析》）：

（《祝酒歌》由强渐弱……）

泸州大曲，中国名酒，

浓香，醇和，酒中泰斗。（斟酒声）

为老山英雄庆功，

为革命先辈祝寿——

请干了这杯泸州大曲酒！（碰杯声）

巴拿马荣获金奖，

驰名中外历史悠久。（斟酒声）

庆贺女排凯旋，

欢迎各国朋友——

请干了这杯泸州大曲酒！（碰杯声）

泸州大曲，陈年老窖，

祝您节日快乐，祝您事业成就，

祝您新婚美满，祝您健康长寿——

请干了这杯泸州大曲酒！（忙乱的碰杯声，音乐混入）

泸州大曲酒，您的好朋友！

这则广播广告文案，以《祝酒歌》为线索，通过诗一般的语言和音响效果的恰当处理，把一幅幅激动人心的画面串联起来，既宣扬了泸州大曲酒出类拔萃的品质，又强化了酒的人文价值和意义，表达了对祖国的卫士、民族的功臣、国际友人，到每个普通人的真诚祝福。斟酒声和碰杯声的巧妙穿插，既烘托了祝酒的热烈气氛，又抒发了澎湃的时代激情，并创造了错落有致的“蒙太奇”节奏。气势豪迈，大气磅礴，感人至深，使听众深受鼓舞。这里，音响效果对信息的成功传播起了决定性的作用。

（二）广播广告文案的表现形式

广播广告文案的表现形式，是由广告内容决定的，同时也受广播媒体特点的制约。由于广告内容的丰富多彩，广告创意的千变万化，有声语言的博大精深，广播广告文案的表现形式也就色彩纷呈，不拘一格。诸如直陈式、对话式、故事式、小品式、戏曲式、说唱式、快板式、相声式、诗歌式、歌曲式、新闻采访式、讨论式等，都适用于广播广告文案写作。这些表现形式，均以有声语言为表现手段，而且声音是唯一的表现手段，从而形成了广播广告文案独有的表现形式的特殊性。

（1）**直陈式**。又称直接式、直截了当式。即首先将广告文案写好，直接由播音员在录音间播出的广告形式。这是电台广告中最常见的，也是最基本的表现形式。特点是简便、快捷、时效性强，而且价格低廉。缺点是形式简单，容易枯燥。但可在文案写作上下工夫，充分发挥语言的感染力和播音员的播音技巧，以及音乐、音响的配合来弥补。这种形式可进行现场直播，所以又称“直播式”或“单人播送式”广告。例如，“廉泉啤酒”广告（合肥人民广播电台）（选自张农主编的《全国广播广告获奖作品选析》）：

在包公的故乡——合肥，有一口古老的井，取名廉泉。相传，清廉之士饮了廉泉之水，甘甜爽口，明目清心。

而今的合肥有一座现代化的啤酒厂。该厂生产的廉泉啤酒，清亮透明，酒香味纯，以其独特的风格深受消费者欢迎。

在上海、天津，参加 1987 年全国饮料评定，经群众投票打分，专家审查，获得了上海的健乐奖和天津市畅销啤酒之美称!

廉泉啤酒，不负廉泉盛名。

这则广告文案，由播音员将广告内容直接陈述出来，形式比较单调，但却以创意新颖和语言的简洁凝练响亮取胜。创作者巧妙地把廉泉啤酒与历史名人及古老的传说联系起来，不仅使品牌得到了强化，而且使产品披上了浓郁的文化色彩，从而深受听众欢迎。

（2）**对话式**。即通过两个或两个以上的人物相互交谈的方式，将信息内容介绍出来。这种形式比较生动活泼，富于生活气息，再加上音乐和音响的烘托，能够创造特定的情绪和氛围。如此，对话者便成了小品中的人物，比较容易吸引听众的注意力和收听兴趣。也是一种较为普遍的广告形式。如下是“翠竹牌添加剂”广告（泸州人民广播电台）（选自张农主编的《全国广播广告获奖作品选析》)。

甲：八戒，你的子孙长得可真快呀!

乙：猴哥，它们长慢了，市场上就没有猪肉供应啦!

甲：它们为何长得如此之快?

乙：那是因为服用了翠竹牌添加剂。

甲：翠竹牌添加剂是哪位神仙的灵丹妙药?

乙：这位神仙啊，就是××后勤部。他们炼就了翠竹牌饲料添加剂。

甲：八戒呀，祝你多子多福!

乙：这就全靠翠竹牌添加剂啦!

这则广告文案，通过孙悟空与猪八戒充满情趣的对话，将广告产品的功能表述得十分清楚。语言质朴通俗，很符合人物的身份和性格，风格幽默、诙谐，形式新颖活泼，为广大农民喜闻乐听，是一则成功的对话式广告。

（3）**故事式**。即通过精心构思的有头有尾的小故事或情节片断，来传播信息内容，类似于小小说，通过播音员播讲出来。特点是故事生动有趣，能够引人入胜。使听众通过娓娓动听的故事，接受广告内容，并对产品产生好感，从而成为产品的消费者或潜在消费者。

（4）**戏曲式**。即通过中国老百姓所喜闻乐见的各种传统的戏曲方式（京剧、评剧、黄梅戏、粤剧、河南豫剧等），来传播广告信息。往往需要把广告文案写成戏曲剧本，编成符合曲调的唱词，加上道白，配上锣鼓等民族乐器，构成戏曲情节，通过演员演播，将广告内容表述出来。特点是文艺性强，曲调多为听众所熟悉，容易为听众所接受，从而拓展广阔的销售市场。

（5）**快板式**。即以快板这种为听众所喜欢的艺术形式，来传播广告信息。快板，又称“顺口溜”“练子嘴”“数来宝”等。这种形式的广告文案需将广告内容写成快板词，一般以七字句为基础，可根据需要增删，要押韵，间插说白。分单口、双口和三人以上群口几种形式。形式灵活，气氛热烈，听众可在娱乐中接受信息，消除听广告的抵触心理。

（6）**相声式**。即以相声这种为广大群众喜闻乐见的曲艺形式来传播广告信息。它以说、学、逗、唱为艺术手段，以风趣、诙谐，引人发笑为艺术特色，长于讽刺幽默，也善于歌颂新生事物。这种形式的广告文案需写成相声小段，再请演员演播，使听众于笑声中接受信息传播。形式有单口相声、双口相声和三人以上群口相声三种，其中二人对口相声更为普遍。

（三）广播广告文案的写作注意事项

广播广告作为仅凭声音传递信息，诉诸人的听觉的广告，其文案写作必须树立“适听”观念。这就需要在进行广播文案写作时注意以下几点。

（1）为“听”而创意，为“听”而写作

广告文案的撰写要充分发挥汉语的丰富表现力，要让听众字字听得清，句句听得懂，使听众正确理解创意。这就必须掌握有声语言与书面语言的差异。因此，广告文案的语言要精挑细选，反复推敲，避免使用谐音词、同义词或多义词，以及容易产生歧义和误导的词语。例如，“向钱”看，容易听成“向前”看，“切忌”也容易听成“切记”，“商风”容易听成“伤风”等，必须换成确切无误的词语。对于文案中的关键词汇，可加以解释，免生歧义和误解。

另外，利用广播电台进行广告时，要对广告商品有所取舍。对于有些单纯用声音不易解释清楚的商品，则不适宜广播广告文案撰写。广播广告应选择一些与人民群众的物质和文化生活密切相关，容易说得清楚，听得明白的商品。广告语言还应该有亲切感，充满人情味，关心消费者利益，才能使听众一听就喜欢，越听越爱听。

（2）主信息要反复强调，突出品牌形象

这里的主信息，指的是品牌。广告的最直接目的，就是塑造品牌形象，唯有声音的反复强调，才能加深听众印象。

（3）三要素最佳组合，综合传播广告信息

广播广告中的人声、音乐和音响三种要素，并非简单相加，而是高度融合，共同塑造品牌形象，传播广告信息。至于三要素的组合方式多种多样，要根据广告内容和作者的艺术追求而定。但必须遵循一条原则：寻求三要素的最佳组合方式，一切都为传播广告信息，保证广告效果服务。例如，“辽宁本溪水洞游记”广告（选自金涛声等主编的《中外广告精品栏目》）。

（出本溪水洞赞歌——压混）

滴水叮咚奏仙乐，云雾缭绕舞彩带，

若在人间寻仙境，请到本溪水洞来。

裴晓云这优美动听的歌声，把我们带入了人间仙境——我省著名的游览胜地本溪小洞，我们在银河码头上登上游船。（歌曲隐没，出实况汽船声）

导游员解释说：“我们九曲银河洞的自然情况啊，分为五宫、三峡、九曲、二门等七十多景……现在游船进入银河宫……现在游船进入芙蓉城……”

将近五十分钟，我们饱览了九曲银河的七十多个景点。这里微风拂面，四季如春，泛舟其中，真有梦幻仙境之感。

游船返回码头，我才如梦初醒。

啊，真是“钟乳奇峰景万千，轻舟碧水诗画间。此景只应仙界有，人间独此一洞天”。

（歌曲突出，结束）

这则广告文案，以游记形式，采用纪实手法写了一篇抒情散文，描述了人间仙境本溪水洞的奇异风景，如梦如幻，令人神往。不仅形式新颖独特，语言优美，而且音响丰富，三要素配合默契、自然，浑然天成，不露痕迹。听众有如身临其境，感受其间，非常具有诱惑力，很容易唤起不到此一游誓不罢休的迫切愿望。可谓广播广告文案中，语言、音乐、音响三要素最佳组合的成功范例。

四、电视广告文案的写作

（一）电视广告文案表现特殊性

（1）电视广告文案特殊的形式。电视广告文案是广告文案在电视广告中的特殊形式。由于电视广告文案在写作过程中除了运用一般的语言文字符号外，还必须掌握影视语言，运用蒙太奇思维，按镜头顺序进行构思，这颇似电影文学剧本的写作，因而又被称为电视广告脚本。电视广告的各种构成要素，包括素材、主题、艺术形式、表现手段以及解说词等，都是广告创意的重要组成部分，这一切都必须首先通过电视广告脚本的写作体现出来，从而使电视广告文案显示出有别于其他广告文案的特殊性。

（2）电视广告文案特殊的性质。电视广告脚本是电视广告创意的文字表达，是体现广告主题，塑造广告形象，传播广告信息内容的语言文字说明，是广告创意的具体体现，因而，它是现代广告文案写作的重要组成部分。然而，它又与报刊等平面广告文案的性质有明显的区别：它并不直接与受众见面，因为它不是广告作品的最后形式。只不过是为导演进行再创作提供的详细计划、文字说明或蓝图，是电视广告作品形成的基础和前提。因此，对未来广告作品的质量和传播效果具有举足轻重的作用。

电视广告脚本包括既相互连接，又各自独立的两种类型：一是文学脚本，二是分镜头脚本。文学脚本是分镜头脚本的基础；分镜头脚本是对文学脚本的分切与再创作。前者由文案撰写者（编剧）撰写，后者由导演完成。

（3）电视广告文案特殊的语言——影视语言。影视语言不仅是电视广告的信息传达手段，也是电视广告形象得以形成、体现的必不可少的先决条件，因而它是电视广告的基础和生命。影视语言具有如下特点。

具象性、直观性。它总是以具体形象来传情达意，传递信息。

运动性、现实性。摄影机具有客观地记录现实的作用和“物质现实的复原”功能，因而影视画面的基本特征是“活动照相性”，可以使观众产生一种身临其境的现实感。

民族性、世界性。影视语言不仅具有鲜明的民族性特征，而且是一门世界性语言，可以成为各国人民交流思想、传递信息、沟通感情的工具。

影视语言主要由三部分构成：一是视觉部分，包括屏幕画面和字幕；二是听觉部分，包括有声语言、音乐和音响；三是文法句法——蒙太奇（镜头剪辑技巧）。

（二）电视广告文案的写作注意事项

电视广告所独具的蒙太奇思维和影视语言，决定电视广告文案（脚本）的写作既要遵循广告文案写作的一般规律，又必须掌握电视广告脚本创作的特殊规律。具体要求如下。

（1）电视广告文案（脚本）的写作，必须首先分析研究相关资料，明确广告定位，确定广告主题。在主题的统率下，构思广告形象，确定表现形式和技巧。

（2）电视广告文案的写作，必须运用蒙太奇思维，用镜头进行叙事。语言要具有直观性、形象性，容易化为视觉形象。例如，“索尼”电视广告脚本。

画面：长沙发上一男青年在看电视。电视在画外，人物为正面表情，下同。

男青年旁多了一个女青年。中间又出现一个活泼可爱的男孩。

这对男女逐渐老了。沙发上又多了他们的儿媳和两个孙子。

广告词：这是索尼。

这则电视广告脚本，全部采用视觉语言，通过动态变化的画面进行叙事，使企业对消费者的承诺化为可见的视觉形象——索尼电视机可以伴随三代人。岁月流逝，质量不变，款式、效果永不过时，为三代人所喜欢。广告词只四个字，强化了“索尼”品牌。未加任何说明，传达出如此丰富的内涵，可谓蒙太奇思维的典范。

（3）按镜头段落为序，运用语言文字描绘出一个个广告画面，必须时时考虑时间的限制。因为电视广告是以秒为计算单位的，每个画面的叙述都要有时间概念。镜头不能太多，必须在有限的时间内，传播出所要传达的内容。例如，中国人民保险公司上海分公司电视广告脚本。

镜头一：（特写）两条金鱼在鱼缸里悠闲自在地游来游去。

镜头二：（叠化到中间）一只金鱼缸安稳地放在架子上。

镜头三：（拉至全景）突然，鱼缸从架子上跌落下来，掉在地上摔得粉碎，水、金鱼和玻璃碎片四处飞溅。

画外音：哎呀！

镜头四：一条金鱼在地上来回翻腾，奄奄一息。

镜头五：（全景推至中景）地上的水、金鱼和碎玻璃片逐渐聚拢起来，顺着倒下的轨迹回复到架子的原来位置上，玻璃碎片合拢成鱼缸，两条金鱼又像往常那样在水缸里悠闲自在地游来游去。

画外音：咦？

镜头六：（用特技叠上字幕）“参加保险，化险为夷”。

画外音：噢！

镜头七：（叠化到全景）“中国人民保险公司上海分公司”。

这则 30 秒的电视广告脚本，只有七个镜头，却传达了丰富的信息内容。通过动态变化的视觉画面，以金鱼缸完好→破碎→复原的过程为象征，以及三个感叹词“哎呀！”“咦？”“噢！”相互配合，叙事波澜起伏，将加入保险的重要意义和作用形象直观地传达出来了。

（4）电视广告是以视觉形象为主，通过视听结合来传播信息内容的，因此电视广告文案（脚本）的写作必须做到声音与画面的和谐，即广告解说词与电视画面的“声画对位”。

（5）电视广告文案（脚本）的写作，应充分运用感性诉求方式，调动受众的参与意识，引导受众产生正面的“连带效应”。为达此目的，脚本必须写得生动、形象，以情感人，具有艺术感染力。这是电视广告成功的基础和关键。

（6）写好电视广告解说词（也称广告词或广告语）。它的构思与设计，将决定电视广告的成败。广告词的种类包括画外音解说、人物独白、人物之间的对话、歌曲和字幕等。每一则电视广告，可根据创意和主题的需要，只取其中一二类，不一定包罗万象，贪多求全。广告词可以弥补画面的不足，即用听觉来补充视觉不易表达的内容；揭示和深化主题；进一步强化品牌或信息内容。

（三）广告词的写作要求

写好人物独白和对话，它的重要特征是偏重于“说”，要求生活化、朴素、自然、流畅，体现口头语言特征。对于旁白或画外音解说，可以是娓娓道来的叙说，或者抒情味较浓重的朗诵形式，也可以是逻辑严密、夹叙夹议的理论说道。

以字幕形式出现的广告词要体现书面语言和文学语言的特征，并符合电视画面构图的美学原则，具备简洁、均衡、对仗、工整的特征。重点写好广告词中的标语口号，要求尽量简短，具备容易记忆、流传、口语化及语言对仗、合辙押韵等特点。

例如，美国贝尔电话公司广告就很好地遵循了上述要点。

一天傍晚，一对老夫妇正在吃饭，电话铃响，老妇人去另一房间接电话。回来后，老先生问：“谁的电话？”

老妇人回答：“是女儿打来的。”

又问：“有什么事？”

回答：“没有。”

老先生惊奇地问：“没事？几千里打来电话？”

老妇人呜咽道：“她说她爱我们。”

两人顿时相对无言，激动不已。

这时出现画外音：“用电话传递你的爱吧！”

这则广告文案，广告词除最后一句话外音外，几乎全部采用人物对话形式来构成一定的情节，完全是生活化的口语，传递了感人肺腑的人间真情，给所要宣传的企业罩上了浓郁的感情色彩，使观众在情感的共鸣中对企业产生好感，企业形象因之刻入了观众的记忆中。

五、网络广告文案写作

（一）网络媒体的特殊性

近年来迅速崛起的互联网，被认为是一种适合于细分化市场营销趋势的新媒体。这主要是因为网络媒体有以下特点：①互联网受众人数每年都在迅猛增长，而且他们受教育程度较高，相对富裕，具有相当的购买力。②互联网通过特定方式，如电子讨论组、电子新闻组、娱乐网站等，构成虚拟社区，将兴趣相近的人吸引到一起。③互联网具有较强的交互性，用户可以自由上网发布信息，寻找信息。

可见，网络广告的吸引力不仅在于其惊人的增长速度和较低的成本，更在于较强的交互性，高购买力的受众以及更加准确的到达率。因此，有相当多的广告主和广告公司看好网络广告的前景。

（二）不同网络广告策略的文案写作风格

网络广告的策略基本有两种形式：定向传播策略与交互传播策略。根据其不同特点，文案的写作要求也有所不同。定向传播是指对某些特定的目标受众进行有针对性的传播。

（1）定向传播的广告策略和文案写作风格

在互联网上，有些企业通过一些特定机构购买潜在消费者名单，利用电子邮件、电子新闻组等方式，向潜在消费者发布广告信息。这种做法与直邮广告比较相近。好处在于针对性强，广告投入较少浪费，但如果运用不当，极易引起受众的反感，招致大量抗议邮件，甚至导致企业声誉受损。因此，准确选择目标受众，把广告发给希望得到有关信息的人是这种广告策略成功的关键。

把生动的网络广告放在能吸引某些特定细分市场的站点上，对提高企业或品牌知名度非常有效。尽管网络广阔，但还是可以细分成很多部分，这些细分的受众有特殊的兴趣与需要，给定向传播提供了更精确的传播途径。例如，一则关于跑鞋的广告放在与跑步相关的网站上，化妆品的广告放在女性网站上，会有精确的到达率。

（2）交互式广告策略与文案写作风格

互联网突破了传统媒体单向传播的局限，为受众与媒体间的双向交流提供了可能。受众不再是被动的接受者，他们也可以发布信息，可以主动寻找信息，对信息做出回应等。

在各娱乐性、综合性网站上发布的图标广告、旗帜广告及其他广告形式，可采用设置悬念或诱导性、号召性语言与形式，引发访问者的点击与参与。很多广告主运用网络广告并不满足于仅仅提升品牌的知名度，传播品牌形象，还希望能吸引受众进行更深接触，因而将广告与企业主页相链接，这就要求提高点击率。以此为目的的广告，在文案写作中就应注意设置悬念，不把信息说尽；或者设置参与性内容，引起访问者兴趣，拉近他们与品牌的关系。

有时，主动搜寻相关信息的受众会利用搜索引擎或门户网站的链接，而到达企业的主页。对于这些访问者来说，由于有明确的目的性，深入而详细的信息会有较大的影响力。

（三）网络广告文案的写作注意事项

（1）语言要简洁生动。由于各网站对广告尺寸有一定限制，而且网络媒体也不适合长时间阅读，因而简洁、生动的网络广告文案才会有较高的注意率。至于深入的信息传播，可以通过吸引受众点击，链接到企业主页实现。

（2）注意语言与画面的配合。动画技术的运用为网络广告增强了不少吸引力，因而在一般的网络广告中，语言更应服务于画面，起到画龙点睛的作用。

（3）语言风格的适应性。由于网络可以根据不同兴趣爱好，把受众高度细分化，因而在针对目标受众诉求时，注意运用他们所熟悉的语气、词汇，会增强认同感。

（4）语言形式受投放的网站限制。虽然网络无国界，但受众还是会受到语言的限制，因而要根据企业的传播目标选择站点，决定运用何种语言。

本章习题

1. 广告标题的作用有哪些？其结构是怎样的？
2. 广告正文写作内容是什么？
3. 广告随文的写作内容是什么？

4. 广告口号的特点与作用是什么？回忆你印象最深刻的一句广告语，该句广告语对你起了什么作用？

5. 常用的广告修辞有哪些？

6. 如何进行报纸广告文案的写作？

7. 如何进行广播广告文案的写作？

8. 如何进行电视广告文案的写作？

9. 如何进行网络广告文案写作？上网寻找一篇比较好的网络广告文案，分析它的成功之处。

章末案例

资生堂广告

日本资生堂化妆品公司的电视广告片“创造美丽的红，资生堂”广告，运用独到的旁白：“长崎的女孩子在搓指甲，但是，她们的指甲已经这么粉红，这么漂亮了，为什么她们还要让指甲更红呢?长崎的小女孩都用凤仙花的花瓣搓指甲。即使会挨妈妈的骂，她们还会偷偷地搓。是为了指甲更漂亮吗?不，只因为她们是女孩子，这就是她们搓指甲的原因……”

评析：资生堂广告文案提出了一个新的消费观念，或者说是一个新的生活观念，小女孩搓指甲仅仅因为她们是女孩，这与一般化妆品广告极力劝导消费者的作风迥然不同，但就是在这种观念的倡导下，于潜移默化间打动了少女的心。因为我们是女孩，所以我们搓指甲，无论是用凤仙花的花瓣还是用指甲油，这是一个无可辩驳的理由。

文案撰写作者抓住日本九州地区长崎女孩喜欢用凤仙花瓣搓指甲的古老风俗，以这一细节来表现形象，并美化处理了这一细节：画面上，一个梳着长发的美丽女孩，正在用心地搓着指甲。在这个美丽而可爱的背景画面展现的同时，响起旁白：“长崎的女孩子在搓指甲，但是，她们的指甲已经这么粉红，这么漂亮了，为什么她们还要让指甲更红呢?长崎的小女孩都用凤仙花的花瓣搓指甲。即使会挨妈妈的骂，她们还会偷偷地搓。是为了指甲更漂亮吗?不，只因为她们是女孩子，这就是她们搓指甲的原因……”舒缓而充满向往，爱怜的旁白与背景画面中小女孩可爱的举动，构成了一个神奇异常的、充满迷人色彩的、令人向往的氛围。受众因这个氛围而被引领进那个童稚天真的想象世界，在那里，人们和这个小女孩一起，去爱美，去创造美，置身于一个美的王国。

而旁白的最后一句——“创造美丽的红，资生堂”，点出了这则广告的关键处，徜徉在想象世界中的人们仍然被情景所引领，得出一个结论：资生堂，这个日本化妆品的领导品牌，它正和这个美丽、用心的小女孩一样，在用心地，充满憧憬和爱心地创造着美丽的红，期望让这美丽的红，令所有的女子更迷人、更漂亮。——“不，只因为她们是女孩子，这就是她们搓指甲的原因。”爱美之心，人皆有之，追求美，创造美是无终极的。而种创造美的动机，来源于一种真，一种善，一种与生俱来的渴望。资生堂因其真，因其美，因其宣泄出受众与生俱来的渴望，充分地运用细节，以富于寓意的细节，展示企业的理念、宗旨和热忱，从而建树了自身形象。

第八章　广告媒介

学习要点

① **广告媒体**

② **大众传播媒体与小众传播媒体**

③ **广告媒体的选择策略**

④ **媒体选择影响因素**

⑤ **广告媒体的评价指标**

⑥ **广告媒体计划与执行**

本章知识框架图

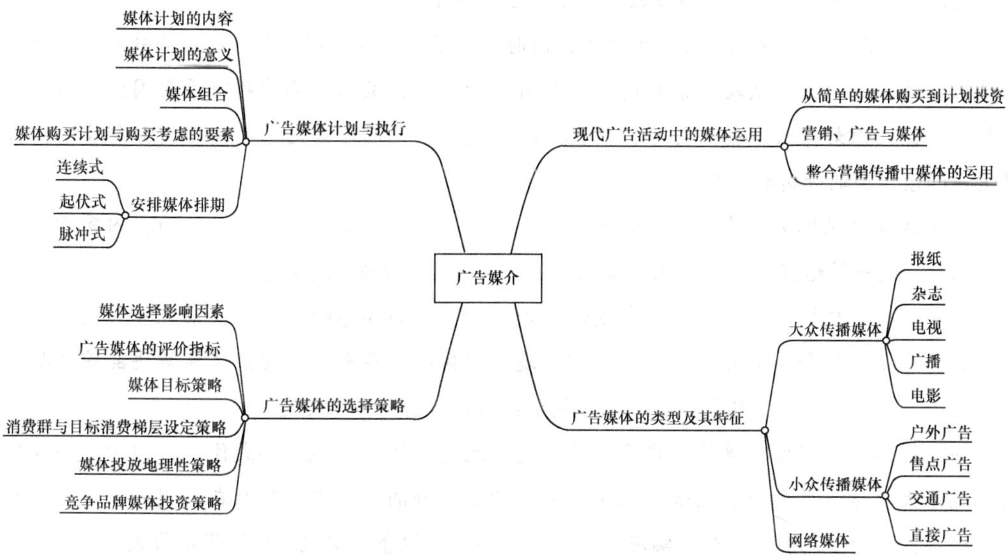

引导案例

汾酒：精确有效“击中”目标顾客

长期以来，中国企业都能在战略层面足够重视品牌定位和广告创意，但在后期媒体传播和投放上，除了央视等电视平台之外，对其他平台反而重视程度不够。大量广告投放属于路径依赖式的盲目投放、随意投放，很多广告的原因甚至是只看到了竞争对手而已。

2010 年，汾酒掀起了一场品牌复兴战争。从汾酒媒体传播变化的角度，可以管窥汾酒近年来在营销创新上的巨大变化。三年前的汾酒尚未脱离品牌之殇，是几乎从“名酒”退化成“民酒”的汾酒，是几乎快被遗忘的汾酒，是传播资源极度匮乏的汾酒。过去的三年中，汾酒传播主要目标是唤回业界和消费者对汾酒的记忆。汾酒需要正本清源，需要厘清许多在汾酒失声的年代里被误读的历史事实，从而重新获得汾酒一应有的历史。因此，过去三年中，汾酒的传播主要通过几次事件创造口碑营销，非常具有穿透性。

今天汾酒已经重回名酒的地位和荣光，“清香之祖”也被广为传播和接受。因此，继续挑战同行的方式来传播，既不合时宜，也不再符合汾酒今日的品牌地位。根据汾酒的发展阶段，品牌上要向高端化继续推进，市场上要在稳健的基础上继续全国化。因此，在这一阶段中汾酒媒体传播和投放所服务的战略目标为：在传播资源尚且有限的情况下，要实现对高端消费群体的精准、持续的有效打击。既要能支持汾酒从老名酒向全国性名酒转变，从而获得持续增长；同时，还要能支撑基地市场的拱卫、重点市场的攻坚与突破。汾酒是如何做到这点的呢？

采用聚焦过程，汾酒首先是砍掉了浓香等“不务正业”的产品，定位聚焦于“清香之祖”；其次是品牌大瘦身，2012 年将品种从 120 个缩减到 63 个，实现品种聚焦；再次，以山西为核心，环山西为重点，实施市场聚焦。因此在媒体投放上，以汾酒的战略目标为基础，根据聚焦原则实施投放。汾酒的投放媒体主要分布如下。

——全国化媒体主要以中央媒体为主，同时启动了中央人民广播电台以及部分航机杂志、高铁媒体等。这一策略实现了聚焦高端消费群体的同时，做到了品牌超前于全国化，为汾酒后期的全国化做好战略准备。另外，航机杂志、高铁媒体的选择是基于高端商务群体的出行习惯、阅读习惯的分析和把握。

——区域化媒体主要为山西及环山西的“北京、天津、山东、河南、陕西、内蒙古”等省份卫视。这一策略在实现了聚焦于重点区域的同时辐射了全国市场。

——电视、广播、航机杂志、高铁媒体等多种形式的媒体的结合，全国媒体与地方媒体的结合，高空媒体和地面媒体的结合，都体现了媒体组合原则。电视广告能解决品牌告知，但无法很好地完成产品信息传递，这就依赖于杂志广告和文章来传递。

——媒体投放突破了单纯硬广告形式，更多地通过软性、植入形式体现，同时结合媒体特性做了大量适应性创新。例如，在央视的投放上，汾酒突破了以往只在央视一套、二套的投放模式，增加了九套、十套，实现了多频道、高频次组合，实现了传播资源最大化。

另外，在高铁列车的投放上，汾酒选择了环山西重点市场线路，采用了品牌专列的形式进行投放。通过唯一性的传播方式，最大限度地尝试影响目标消费群。

通过广告费用聚焦于高端消费群、聚焦于重点市场，通过多种形式的媒体组合，汾酒传播实现了对目标消费者的精确和持续击中，有力支撑了汾酒 2012 年第一季度实现 34.23 亿元的营业收入。

思考：如果具有雄厚的经济实力，估计没有哪个企业不愿意在中央电视台投放广告，尤其是那些诸如 CCTV1 和 CCTV5 之类的热门频道。但现实是，很多企业并不具备投放类似电视媒体的经济实力，而且中央电视台热门频道的广告媒体资源也是有限的。汾酒集团已经在中央电视台投放广告了，为什么还在区域性媒体上投放广告？一个企业的广告在选择媒体或媒体组合时应考虑哪些因素？

（资料来源：摘自《销售与市场》渠道版，2012）

第一节　现代广告活动中的媒体运用

在现代广告活动中，媒体一直处于极为重要的地位。许多企业已经将广告的媒体投放，列入企业营销的战略投资项目之中。广告媒体策略、媒体计划与购买，成为广告主最为关心的问题。本章将从专业角度，对媒体、目标（消费者）受众、竞争品牌的评价策略等方面进行分析，重点讨论制定广告媒体策略，实施媒体计划等问题。

一、从简单的媒体购买到计划投资

传统的广告传播，是企业依赖于单一的广告策略和广告创意，在市场上为企业创造利润。如今，市场环境变得复杂，企业之间、品牌之间的竞争日趋激烈，企业的广告投资成为营销战略重要的组成部分，这要求广告代理的策略服务更为专业。作为营销传播的广告业，在不断提高服务标准的前提下，开始帮助企业提供专业的媒体策划和媒体购买计划。

在具体的媒体方案中，首先是媒体市场调研的大量使用，目的主要在于了解媒体投资后的广告传播效果；其次，伴随着企业现代营销观念的运用，媒体投资成为企业营销策略中的一个有机组成部分，媒体运作的重心逐渐从单纯购买，演变成计划与购买并重，媒体策略与计划成为营销的延伸。企业再不像以往那样，不计成本地盲目往媒体砸钱，导致企业有限资金的浪费，而是开始考虑媒体投资与效益回报。

二、营销、广告与媒体

现代营销理论倡导以消费者为中心，实施整合营销传播。在整合营销传播的框架中，营销、广告、媒体之间的关系如同三个相互联结大小不同的齿轮，三者共同咬合，推动整合营销的运作。整合营销传播，主张企业的一切活动以满足消费者需求为前提，广告创意表达、广告媒体策略都站在消费者的立场，强调广告应该说消费者关心的东西，应该突出能给消费者带来的利益。

广告也是实施心理渗透的重要策略工具，注重消费者的口味，迎合消费者的愿望，讲求广告的心理效果。而广告媒体的选择和运用，必须掌握相关媒体和消费者调查数据，以便正确选择能够将信息准确传达到目标消费群体的媒体。

三、整合营销传播中媒体的运用

广告媒体是指所有能够传播广告信息的介质，具有大众的、可控制的、付费的和可开发的等特点。在整合营销传播框架中，传播组合有着非常重要的意义。

营销传播作为企业与消费者的沟通，伴随市场交换的产生早已存在，并有多种方式，如广告、产品展示、包装、推销、售后服务等。但传统的营销传播是围绕产品来做的，是以区别和识别为目标，从产品的不同点来形成差异和区分。而现代营销传播在新的市场环境中不断创新，展示出营销传播沟通的新方向。一是以品牌为基本沟通工具，塑造富有生命的品牌；二是以整合企业形象为基本沟通工具，建立具有长远价值的整合形象；三是综合运用整合传播策略，强化与消费者的全面沟通。其核心是将所有的沟通工具，如商标广告、公关、直销推广、CI 等，一一结合起来，使目标消费者在多元化的信息包围中，对品牌和公司有更好的识别和接受。这种整合式营销沟通不仅突出了“沟通”在整个营销活动中的重要地位，而且强调了不能仅仅使用单一手段，而要通过多元取向的结合来运用和强化沟通攻势。

第二节　广告媒体的类型及其特征

广告媒体可以分成很多种类型，本书把传统广告媒体分为大众传播媒体和小众传播媒体两大类。而把随着科学技术的进步而出现的新型媒体统称为新媒体。

一、大众传播媒体

大众传播媒体主要是指报纸、杂志、广播、电视、电影等媒体。特别是前四种，是广告传播活动中最为常用的媒体，通常被称为四大广告媒体。

（一）报纸

报纸是运用文字、图像等印刷符号，定期而连续地传递新闻和文化娱乐服务的可视媒体。报纸广告媒体优势在于：覆盖面广，实效性强；报纸有较大的发行量，读者群大，阅读率高，广告接触率也较高，传播迅速。报纸可以随身携带，可以不受时间和空间的限制，阅读方便，有较强的解说性和说服力。报纸广告制作比较简便，广告价格相对较低。报纸广告的保存性好，可以根据广告主的要求，比较自由地选择刊登的时间和版面，并能在短时间内调整广告内容，适应性和机动性较强。媒体覆盖的区域性较强，覆盖的社会层较为高端。

但是，报纸的读者需要一定的阅读能力，报纸的大众化又使读者阶层范围比较广泛，缺少一定的针对性。报纸的时效性较短，内容繁杂，分散注意力，广告信息相互干扰度高；传播效果不稳定，还容易出现“跳读”的现象，越过刊载广告的版面，从而影响广告的阅读率；版面呆板，印刷质量差，不够美观。

报纸是平民印刷媒体，也是历史最悠久的传统的资讯载体。它承载的是静态的印刷符号文字信息和图片信息，因此在阅读内容上，它是一种读者主动的选择性媒体，这就使广告的传播不具强制性。一方面使得广告的涵盖面有限制，另一方面却可以向有需要的目标读者提供完整详尽的资讯，使需要者对资讯的接受较为深入。这个特征使报纸在关心度高的，需要深入理解的广告诉求方面具有相当的优势。

报纸广告主要分为版面广告、插页广告和分类广告等形式。

版面广告。版面广告主要是指报花、报眼、中缝、半通栏、单通栏、半版和整版等广告形式。在版面广告中，报花的版面很小，可以灵活安排在版面中的任何地方；报眼广告则不同，一般在横排报头一侧的显著位置上；中缝广告处于报纸中间两个版面相邻的地方，要完全展开时才能看到；半通栏广告往往为多幅广告排列在一起，容易削弱注意力；单通栏广告是最为常见的报纸广告版面；半版广告属于大版面广告，通常可以运用广告的各种表现手法，体现产品、企业的品牌形象；整版广告通常营造气氛恢宏的语境和视觉冲击力强的广告画面。

报社一般按报纸栏尺寸的大小来出售用于刊载广告的版面。如果广告主希望在报纸上发布商品信息，可以向报社索要版面价目表，以便选择合适的报纸版面位置，同时了解版面价格、截稿期、交稿说明等情况。报纸媒体的刊登成本取决于广告占据版面的大小和报纸受众总数的多少。

插页广告。插页广告一般是类似于传单夹入报纸中随同发行。插页广告有商品宣传单，有时亦有各种促销活动的告知广告、优惠券等。

分类广告。分类广告是按照不同的告知内容，以纯文字形式出现在报纸版面上的各类信息。这类广告多将各类信息拼凑在一起，集中排列在报纸的广告副刊版面上。由于文字的识别度较低，除专门关注某一类信息以外，读者很难对这种广告产生兴趣。

（二）杂志

杂志最大的特点是目标客户群体比较准确，针对性强，可反复阅读，保存期长，延长广告信息的曝光时间。读者层次和类别较为明确，尤其是专业性杂志，读者群大多比较稳定，对所订阅的杂志认同感较强，由此对刊登的广告也显现出较高的关心度和信赖度。杂志的读者生活水准一般较高，对于新产品或服务的反应比较敏锐，消费能力也较强。

杂志的自动阅读率比较高，常常被广泛传阅，还有被反复阅读的情况。杂志广告可承载的信息较多，可以比较自由地运用文字、图片、色彩等手段表现广告内容。杂志还可以做连页或折页来延展版面空间，运用一些特殊形式来表现广告商品，造成画面的震撼效果。另外，杂志印刷精美，能提高表现对象的美观程度与价值感，制作起来也比较容易。杂志具有较强的保存性，能延续广告的传播效果。

不过，杂志出版周期长，出版速度慢，发行范围有限，读者层面较狭窄，市场覆盖率低。由于发行间隔时间较长，缺乏即时性，因此，对有时效性的广告，传播时间上较难适应。

杂志媒体与报纸一样同属平面印刷媒体，因此有好多相似之处。杂志的针对性强，目标群体明确。杂志读者群的结构参差不齐，大众文化类杂志的阅读群往往不是时尚消费群，而时尚群体的阅读取向则偏重于花费高、印刷精美的休闲生活类杂志，专业杂志的阅读群体则是那些较为固定的具有一定特质的群体并且具有一定专业品质。因此，杂志媒体的读者区隔是非常清晰的，这为广告主有针对性地选择媒体，向目标消费者有效地传达产品信息提供了很好的媒体平台。和报纸媒体一样，杂志的广告版面也是按照版面的位置和大小来定价的。

杂志版面一般分布在封面、封二、封三、封底、中页、跨页及内页，每家杂志社都有一张价目表，标明整版、半版、1/2 版、1/4 版、1/6 版等不同规格的价格，同时还标明黑白、双色套印和四色套印的不同价格。杂志广告的位置和大小对于广告创意实施会产生影响。

一般情况下，封面、封二、封三、封底都会采用铜版纸印刷，图片的印刷质量较高，视觉效果较好。另外，对出血版和折页广告杂志社都会回收刊载费用。广告的背景色一直延伸到版面边缘并取代了标准的白边，称为出血版。折页广告多出现在高档杂志的封二处，是一种超宽的广告版面。跨页广告因横跨两页，应让标题或正文尽量避开折缝的地方。

（三）电视

电视是一种具有多种功能的大众传播媒体。自 20 世纪 30 年代问世以来，电视不断以新的面貌面向广大观众，在传播领域中产生了越来越大的影响，也是广告信息传播的主要媒体之一。在大众传播时代，电视是人们获取信息和享受娱乐的主要精神生活方式。电视媒体涵盖卫星、无线、有线以及新兴网络等技术载体，在所有媒体类别中，电视的传播形式较为先进，随着高科技的不断进步，电视媒体的发展速度非常迅速，成为涵盖面最广、传播信息速度最快的媒体，也是最能形象地传达信息的媒体。电视作为广告媒体的传播优势具有以下几个方面。

一是传播速度快。只要打开电视，受众马上就能看到广告，因此，电视广告传播速度之快吸引了很多的广告主。

二是传播范围广。电视普及率高，收视对象层次广泛，能在极广的地域范围里，迅速传递信息，并且容易配合新产品上市等促销活动。

三是重复能力高。一次制作，可以无数次播放。尤其是插播广告能突出重点，即时重复，在特定的地区和期间内传播具有集中性和针对性，传播效果明显。

四是声音画面动感，表现能力强。电视媒体在资讯承载上，具有声音、画面、文字等多种信息符号的承载和传达能力，可以将创意广告生动地呈现给观众。

除了上述传播优势之外，电视媒体也有传播劣势，表现为以下几个方面。

一是受众接触被动，广告时间易换频道。观众的被动接受，显示出电视是一种强制性媒体，由于广告传播时的干扰度高，快速建立起来的广告效果，也容易快速遗忘，因此，必须不断地重复播出，以维持广告记忆。同时，由于观众只能按电视节目顺序观看，而不能随意选择节目，所以也容易导致观众在收看广告时心不在焉，随意换台或离开而影响实际收视率。

二是竞争的激烈稀释了广告播放的效果。电视技术的发展，除了带来高科技的数字化高清晰度电视，使图像质素和音质效果大幅提高外，卫星电视落地，有线频道激增，观众有了更多的选择，观众的进一步分流，稀释了频道传播效果，这使得广告资源的竞争更为激烈，也意味着广告主要想达到对目标受众足够的传播量，就不得不加大对不同电视媒体的投资。不过按电视的发展，今后的电视媒体将会成为集中资讯、沟通、理财、购物与娱乐等多重功能于一身的现代化工具。

三是电视广告片因受时间限制，广告信息容量较少，不能详细传播商品特性。广告播出时因不同类型的广告交叉播出，相互干扰，减弱了广告传播的效力。电视广告瞬间即逝，如播出次数少，传播效果则会不明显；只有大量购买电视的时间，反复重复播出，才可能实现预期的效果，但这样就要支出很大的广告费。电视广告的制作费用也很贵，这就不利于中小企业的市场开拓。

电视广告一般以节目赞助、分摊和插播广告等形式租用广告时间。

赞助。不少广告主采用赞助的方式来支付电视节目的制作费以及插播广告的播出费。这种赞助的商业目的是为了提高观众对赞助商身份或品牌产品的认知度。

分摊。分摊是指几家不同的广告共同购买某个节目栏目的广告时间，广告不单独对电视节目的制作负责，也不能单独购买合同时间以外的节目。

插播。插播广告通常会选择电视观众比较喜爱的新闻、文艺、娱乐、体育、电视连续剧等栏目，在节目播放之前、之中或之后插播广告，电视台会根据不同的栏目和时段制定不同的付费标准。

（四）广播

广播传播速度快，时效性强，收听不受时间、地点限制，具有很强的机动性和灵活性。广播可以拥有众多节目主持人，每个节目能够形成个性特色，通过热线服务等，易于进行双向交流，引发想象力，产生亲近感，构成相对固定的听众群。

广播广告语言的口语化程度也较高，比较通俗，感性诉求力强。制作过程也简单，播出费用不高。收听对象特性明显，地区性电台能做有效的地方性广告，针对性强，促销效果明显。

广播还有另外一个优点就是由于其费用相对便宜，因此可以通过广播媒体，增加电视广告资讯的暴露频次，辅助电视和报纸进行多次的信息重复播出，加深人们对品牌和相关信息的记忆。

但是，由于广播只能用声音诉诸听众，而且时间短暂，保留性差，难以吸引听众留下深刻印象。听众接收信息时的注意力也不是很集中，收听效果难以准确测定。因此，在媒体多样化、传播渠道丰富化的今天，广播正逐渐被新型媒体所挤压，成了大众媒介中的弱势媒体。

广告主一般按照各个电台公布的价目表购买广播广告时间，由电台指定播出时间的广告比广告主指定播出时间的广告更便宜。如果广告希望由当地的某位著名广播主持人实况直播自己的广告，那么广告的价格多半会攀升。

（五）电影

电影虽然属于大众传播媒体之一，但相对于四大广告媒体来说，电影的影响力要小得多，但在传递广告信息方面也具有一定的优势。电影银幕面积大，声音效果好，真实感强，不受时间限制，诉诸观众的信息密集，诉求重点明确。电影广告一般在正片之前放映，观众接受广告信息时环境较舒适，心情较松弛，对广告有较少排斥心理，注意力较集中，因而能收到比较好的广告效果。

电影广告受放映时间和场地的限制，传播范围有限，且电影广告片拍摄费用也比较高，因而受重视的程度逐渐下降。但电影观众一般都是消费力比较强盛的群体，广告费用的投放量相对可以减少，在进行媒体组合时，可以考虑电影媒体。

二、小众传播媒体

小众媒体相比于大众媒体，覆盖范围和受众群体要小，小众媒体还分为“窄众媒体”和

"一对一媒体"。窄众媒体包括户外媒体、售点媒体、交通媒体等，一对一媒体主要是直邮和电话等广告媒体。这些媒体往往可以直接影响消费者的购买行为，进行促销，能够弥补和配合大众传播媒介的传播活动，所以有时也可统称为促销媒体。

（一）户外广告

户外广告指设置在室外的广告，如霓虹灯、路牌、灯箱等。英文为"Out Door"，简称OD 广告。凡是能在露天或公共场合通过广告表现形式同时向许多消费者进行诉求，能达到推销商品目的物质都可称为户外广告媒体。户外广告可分为平面和立体两大部类：平面的有路牌广告、招贴广告、壁墙广告、海报、条幅等。立体广告分为霓虹灯、广告柱以及广告塔、灯箱广告等。在户外广告中，路牌、招贴是最为重要的两种形式，影响甚大。设计制作精美的户外广告带成为一个地区的象征。

另外，户外广告的制作越来越精美，欣赏价值较高，还可美化环境。如霓虹灯广告，以它多变的造型、瑰丽的色彩，构成华丽的夜景，成为城市的亮点和美化城市的手段。户外广告因其受空间和地点的限制，流动性差，信息无法流动传播。覆盖面小、效果难以测评等。户外广告的主要特征如下。

一是它对地区和消费者的选择性强。一方面，户外广告可以根据地区的特点选择广告形式，如在商业街、广场、公园、交通工具选择不同的广告表现形式，同时，户外广告也可以根据某地区消费者的共同心理特点、风俗习惯来设置；另一方面，户外广告可为经常在此区城内活动的固定消费者提供反复诉求，容易达到积累印象的效果。

二是户外广告可以较好地利用消费者途中经常产生的空白心理。消费者在散步游览时，在公共场合时由于心理比较放松，往往会产生一段时间的心理空白。在这种时候，一些设计精美的广告、霓虹灯多彩变化的光芒常能给人留下非常深刻的印象，能引起较高的注意率，更易使其接受广告。

三是户外广告具有一定的强迫诉求性质，即使匆匆赶路的消费者也可能因对广告的随意一瞥而留下一定的印象，并通过多次反复而对某些商品留下较深印象。

四是户外广告表现形式丰富多彩，特别是高空气球广告、灯箱广告的发展，使户外广告更具有自己的特色，而且这些户外广告还有美化市容的作用，这些广告与市容浑然一体的效果，往往使消费者非常自然地接受了广告。

五是户外广告内容单纯，能避免其他内容及竞争广告的干扰。并且，户外广告费用较低。

但户外广告也有局限性，如到达对象有限，覆盖面小，无法对受众群体进行选择；受众的注意程度不高；传递信息量有限；置身户外，会有损广告形象；信息接收率效果难以测评；户外广告的初始投资成本高。

（二）售点广告

售点广告又叫 POP（Point of Purchase）广告，20 世纪 30 年代出现于美国。今天，POP 广告以新的形式出现，而且备受重视和广泛运用。POP 广告是一种自办媒体，广告主有较大的传播自主性。企业通过售点广告将自身形象向社会传播，扩大商店或企业的知名度、美誉度。POP 广告可在销售现场为消费者起到引导指示的作用，促成和便利购买；还能营造销售气氛，激发顾客的购买热情，促使消费者产生购买行为，直接提高购买率。所以，有人称 POP 广告是临门一脚。对商店来说，POP 广告能突出商品的特点和优点，能够引发消费者对商店差异化的认识，能美化购物环境，营造购物氛围，显示商品和服务质量，激起购买欲望，促进销售。

售点广告按场合又分为店外和店内两类。店外 POP 广告，是使消费者认识店址，吸引消费者进入商店的广告，如海报、招贴和橱窗等。店内 POP 广告，是最接近消费者的广告，由柜台展示、货架陈列、地面展示、墙面广告、天花板装饰、商品包装、动态装饰等部分组成。随着无人销售形式出现，尤其是超级市场的出现与普及，售点广告的功能也在逐渐扩大。售点广告也包括售点发布的各种广告包装纸、说明书、霓虹灯、小册子、赠品、奖券等，不过售点广告最主要的形式还是商品本身为媒体的陈列广告。

售点广告实际上是其他广告媒体的延伸，对潜在购买心理和已有的广告意向能产生非常强烈的诱导功效。美国有人调查研究过，购买者在出门前已确定买什么商品的情况只占全部销售额的 28%，而在销售现场使潜在意识成为购买行为的则占 72%，可见，销售现场广告的作用是巨大的。具体作用如下。

（1）售点广告能加深顾客对商品的认识程度，能更快地帮助顾客了解商品的性质、用途、价格及使用方法。能诱发顾客的潜在愿望，形成冲动性购买，它不像其他媒体那样必须给人留下深刻印象和记忆才能产生购买行为。正因如此，这类广告更应在表现形式上考虑如何引起广告的注意率。

（2）售点广告能增强销售现场的装饰效果，美化购物环境，制造气氛，增进情趣，对消费者起着诱导作用，是无声的推销员。

（3）售点广告的表现形式和真实度都是其他媒体不可比拟的，这类广告一般更重视实物的展示，能补充四大媒体的不足，使抽象的、仅仅是印象的商品成为活生生的实物。

（4）售点广告设计一次，可长期使用，能节省宣传费用。

（三）交通广告

利用公交车、地铁、航空、船舶等交通工具，及其周围的场所等媒体做的广告，就是交通广告。交通广告可以使广告“跑起来”，随交通工具流动，又可固定在车站、机场、码头等地。与其他类型户外广告相比，具有可移动性和易吸引性的优势。交通广告展示时间长，内容丰富，有持久性。交通广告因价格低廉，流动性强，且有着较好的传播效果，受到企业的欢迎。

交通广告的不足之处在于公共交通工具的乘（旅）客的流动性很大，成分比较杂，较难进行市场细分。另外，交通广告因交通工具和路线的限制，广告接触面有一定的局限性。由于交通设施具有公共性，因此，对广告设计有较高的要求，必须具有一定的欣赏价值，增加美感。

（四）直接广告

直接广告，是直接进入消费者的家庭和工作场所，以及通过个人之间的信息沟通，表明比较具体的求购信息的广告形式的总称。直接广告具有传播针对性强，能较准确选择传播对象，且可以建立有效的反馈机制等优势。尤其是随着数据库以及近年来开展的大数据应用，广告主可以根据消费者不同的个性特征，如姓名、性别、购买历史、收入水平等，提供有针对性的信息。

直接广告中，邮寄广告（Direct Mail Advertise，DM 广告）是最早开展也是最主要的形式。它是将广告信息通过信件用直接邮寄的方法传达给目标消费者，介绍产品或服务，也可以寄优惠卡或附送样品、折价券等。邮寄广告一般都带有返回信封的订单卡，可以很好地同消费者进行沟通，也可以很清楚地知道该广告活动的效果，有效或无效，明明白白。邮寄广告的形式可以不拘一格，有较大的自由度。可随意设计，发挥创造，给消费者以新鲜感。因受众没有阅读时间的限制，所传递的信息内容更丰富详尽。邮寄广告的设计要新颖独特，使目标对象愿意开拆，尽量减低对邮寄广告的抗拒心理。

使用直接广告应注意的是，要与消费对象建立经常性的联系。还可发放问卷，调查目标消费者对商品的期望和建议，保持销售信息交流的畅和愉悦。平时还要注意积累资料，选好对象，建立用户花名册。名册的资料应该准确、详细，包括邮寄对象的姓名、出生年月日、阶层、职业、兴趣等。

除了邮寄广告外，还有一些直接广告形式，如电话广告、上门广告、传单广告、物品广告（如送纸袋，印有企业名称）、夹报广告等。

三、网络媒体

网络媒体是需要计算机和互联网支持的高科技媒体平台。作为一种全新的可能会彻底改变人们生活方式的新兴媒体，其优势是传统媒体不可比拟的。在网络媒体的基础上，又出现了移动流媒体，是指在移动设备上实现的视频播放功能，一般情况下移动流媒体的播放格式是 3GP 格式，随着智能手机的普及，移动流媒体正吸引越来越多的广告主选择它。由于移动流媒体也需要借助网络（移动网络）进行信息传播，为了简单起见，本书把移动流媒体也归纳为网络媒体。网络媒体作为一种新兴媒体，具有如下特点。

首先是其互动性。网络媒体和传统媒体的最大不同就是没有强制性，且实现了信息的双向流动。网络媒体就像一个计算机自助餐，你自己去配制菜单，消费者控制着他们所看到的，并对机器做出反馈，而且这种反馈具有即时性、广告到达效果可测。

其次，网络媒体具有传播主体的多元性和广告受众的选择性。和电视媒体不同，网络媒体的同一时间可以播放不同广告主人广告，消费者可以根据自己的需要进行选择。

最后，网络媒体具有庞大的数据库且容量无限大。互联网中市场信息是以数据库的形式存在的，这些庞大是数据库，为市场信息监测、品牌的市场销售，提供了一个评估广告和促销效果的最佳工具。并且，数据库超时空、超容量，使各类企业和个人很容易就找到想要去的网页或网址，满足自己的需求。

网络媒体的出现，是人类传播史上的划时代的革命，而且是改变整个社会发展进程的革命，其对社会经济发展的贡献难以估量。

第三节　广告媒体的选择策略

对媒体策略而言，不同的方法、不同的道路意味着不同的投入、不同的效果。媒介本身没有好坏，只有针对特定广告活动有效与无效的区别。媒介之间不同的特性是不能相互替代的，对于企业而言，广告预算中，有 80%以上的费用投入媒体，比例相当高。和一些国际 4A 广告公司比较重视媒体策划不同，我国广告起步较晚，大部分对媒体投放的研究还是处在较粗放的状态，特别是一些小广告公司代理客户充其量就是一个“黄金时段”的观念。我国广告的这种现象一方面让许多企业主承受了巨大的资金压力，另一方面也让广告主投放的广告效果大打折扣。

事实上媒体的评估与选择是技术也是艺术，成功的媒体策略就是在分析目标顾客特点、产品特点和媒体特点的基础上求得三者的统一，进而实现目标顾客的针对性、表达力和适宜性及广告开支的经济性这一广告媒体选择的目标。

一、媒体选择影响因素

媒体选择指的是在众多的媒体中根据相关的影响因素，选择最适合传达广告目标的媒体。影响媒体选择的因素主要有以下几个方面。

（1）**媒体的性质与传播效果**。不同的广告媒体有不同的优点和局限性，这是选择媒体时首先要考虑的。媒体传播范围不同，发行数量不一，会影响媒体受众人数；媒体社会地位的高低，会影响广告的影响力和可信度等，这些都会在一定程度上影响广告效果。此外，还有媒体的权威性和媒体传播对象及环境。权威性、亲近性、美感性都是影响选择与否的依据。

（2）**产品特性**。广告产品特性与广告媒体选择密切相关。产品的性质如何、具有什么样的使用价值、质量如何、包装如何以及对媒体传播的要求等，都会对媒体的选择有着直接或间接的影响。

（3）**媒体受众**。选择广告媒体，要充分考虑媒体受众者的职业、年龄、性别、文化水平、信仰、习惯、社会地位等，因为其生活习惯不同，经常接触的媒体也就不同。

（4）**竞争对手**。竞争对手的广告战略与策略，包括根据竞争对手的媒体使用情况和广告成本费用情况，再审视自己在竞争中的地位，决定是采取扩张型、挑战型的媒体策略还是采取防守型的媒体策略。例如，选择与竞争对手相同的媒体，用以削弱对方的广告效果，或者采用迂回战术，采用其他媒体渠道。

（5）**广告预算费用**。一个广告主所能承担的广告费用的多少，对广告媒体的选择会产生直接的影响。例如，一些效益不佳的中小企业，因广告费用的限制，就很少采用全国性等费用高昂的广告媒体，而一些效益好的大型企业，像报纸、杂志、广播、电视四大媒体就是其经常采用的媒体方式。广告媒体选择与购买的基本原则是以最小的花费购买最有效的媒体，进行科学组合，以获得最大效益的传播效果。

（6）**媒体成本**。不同媒体所需的成本也是选择广告媒体的依据因素。不同媒体，其成本价格不同，不同版面、不同时间也有不同的收费标准，应该选择投资效应良好的媒体，实现广告投资最大化收益的目标。

二、广告媒体的评价指标

对纳入媒介计划中考虑的每一种媒介，媒介策划人员都必须审查它的效益如何，换句话说，也就是哪种媒介可以用最低的成本到达最多的目标受众。常用的媒介效率衡量指标包括以下几种。

（1）**千人成本（CPM：Cost Per Thousand）**。千人成本是最常见的一个衡量标准，指到达 1000 名受众的成本。千人成本的计算非常直截了当，用广告发布费除以受众总数再乘以 1000 就得到了千人成本。

例如，某杂志 Z 周五版一条黑白整版广告的千人成本。

CPM =（媒介费/受众总数）× 1000

杂志 Z 的 CPM =（72000/5206000）× 1000 = 13.83（元）

计算表明，杂志 Z 的黑白整版千人成本为 13.83 元，但这个计算只表明了到达杂志 Z 全体读者的成本，如果目标受众只限定在专业技术领域内的男性大学毕业生，那么，该杂志目标市场千人成本（Cost Per Thousand-target Market，简称 CPM-TM）的得数就会高于千人成本：杂志 Z 的目标市场千人成本 =（72000/840000）× 1000 = 85.71（元）。

广告策划者可以用千人成本这一指标来选择广告媒体。下面我们看一个实例（见表 8-1），广告策划者面临着购买杂志 A 或杂志 B 两种选择。

表 8-1　　广告杂志的选择表

每页成本（元）	读者（千人）		千人成本（元）	
	妇女总体	18～35 岁妇女	妇女总体	18～35 岁妇女
杂志 A：64600	17460	11900	3.70	5.46
杂志 B：46940	12680	9110	3.70	5.16

通过比较可知，杂志 A 和杂志 B 的送达人数及广告成本都不相同。如果对全体妇女计算，杂志 A 和杂志 B 的千人成本相同。如果媒体计划的目标强调送达 18～35 岁的妇女，杂志 B 比杂志 A 的千人成本低，就是说杂志 B 更有效，应选择杂志 B。

广告主通常可以从媒介那里获得有关广告成本、总印象数和目标受众规模的信息，另外还可以通过媒介调查机构，如央视索福瑞或 A.C.尼尔森等，获得详细的受众信息，进行目标市场千人成本的分析。

（2）**视听率**。即指媒体或某一媒体的特定节目在某一特定时间内，特定对象占收视（听）总量的百分比。广告主可用这一指标来分析广告节目的收视情况，并预测广告效果。它也是分析判断广播电视节目播出效果、改进节目的重要依据。计算视听率时，采用严格的随机抽样方法选取样本，再通过日记法、入户访问法或专用仪器测定法等手段收集受众收看、收听的资料，用电子计算机统计，通常用百分比表示。以户为单位统计的称为户视听率，以人为单位统计的称为人视听率。

（3）毛评点（GRP：Gross Rating Points）。也称“总视听率”，是各次广告传播之后，接触该广告的人数与传播范围内总人数的比例之和，是一则广告在媒体推出数次后所能达到的总的效果。其计算公式是：毛评点＝广告发布的次数×视听率。

如某电视节目的收视率是 20%，而播放频次是 3 次，那么毛评点就是 60%，即有 60%的受众接触了广告。一般而言，毛评点越高，覆盖面越广，所要求的资金投入也越多。毛评点也是媒体评价的重要指标，它被用来衡量某个目标市场上一定的媒体努力所产生的总影响力。媒体努力既可能是只在某一个媒体上播出一个商务广告，也可能是整个活动项目期间在多个媒体组合上播出若干个商务广告。

（4）视听众暴露度。即指在在某一时段内同一媒体节目到达目标受众的总接触人数。视听众暴露度与视听总数、视听率、刊播频次的关系为：视听众暴露度＝视听总数×视听率×频次。

（5）到达率。广告到达率是反映广告媒体可用性的重要指标，它用来衡量在一定时期内,目标受众当中有多大比例会看到、读到或听到所传播的广告信息。广告到达率的计算公式为：

到达率=接触到广告的人数/传播内的总人数×100%

计算到达率时,一位观众不论他暴露于特定广告信息多少次,都只能计算一次。到达率适用于一切广告媒体,唯一不同之处是表示到达率的时间周期长短各异。一般而言,电视、广播媒体到达率的周期是 4 周，这是由于收集、整理电视、广播媒体有关资料要花费 4 周时间；杂志、报纸的到达率通常以某一特定发行期经过全部读者的生命期间为计算标准。

（6）暴露频次。暴露频次也称频次或频率，是指在一定时期内，每个人（家庭）接收到同一广告信息的平均次数。假设在一周时间内，某广告在 4 个电视节目的每个节目中插播，总计 10 户家庭收看这 4 个电视节目 1 次或 1 次以上，其中 4 户只看 1 个节目，3 户看 2 个节目，1 户看 3 个节目，2 户看 4 个节目，则这 10 户家庭所看节目总数为：

$$4\times1+3\times2+1\times3+2\times4=21（个）$$

平均每户家庭看到 2.1 次，即该广告一周的暴露频次为 2.1。

三、媒体目标策略

媒体目标是指根据企业的市场营销目标而制定的具体的广告媒体传播目标。企业的营销目标不同，则媒体目标的策略就不同。

（一）与市场销售目标和营销策略相对应的媒体传播目标

（1）维持既有市场的媒体目标：媒体对象以品牌的既有消费者为主，媒体以传播量为目标，传播量要达到足以让消费者能够维持对品牌的认知和记忆。

（2）以地区市场扩张为目的的媒体目标：媒体应该以扩大地区的传播涵盖面，加大媒体传播到达率为目标。

（3）以促销为目标的媒体目标：促销时，往往会有三种要素会影响消费者，即价格、传播方式及媒体选择。决定传播成功的第二个因素是制定优惠措施的方式。如果广告没有引起注意的内容，或缺少对消费者的吸引力，那么这样的传播就是失败的，即使优惠措施提供方的个性特点在完成传播过程中能够制造出与众不同之处。一个成功的传播必须具备的第三个要素是媒体选择。对消费者来说，看电视可能是得到信息的最好机会。因为它提供了感性的和真实可靠的呈现技巧来帮助销售。当具有促进力的措施（如降价）与投放在强大媒体中具有吸引力的信息相结合时，媒体运作的效果就更好。

（4）以争取竞争品牌的消费者为目的的媒体目标：媒体诉求对象不仅要照顾品牌的消费者，还要兼顾竞争品牌的消费者，加深本品牌印象，加大冲击力，因此，其媒体目标是要在传播量、广告时间和安排密度上具有优势。

（5）以市场挑战者的营销策略而设定的媒体目标：媒体目标往往设定在竞争的压倒优势上，主要包括对象设定、地区涵盖、到达率与接触频率、媒体密度等方面的力度，都要盖过对手。

（二）建立知名度和加深品牌理解度为目的的媒体目标

（1）传播目的以知名度为主，则媒体目标设定为，使媒体的传播达到广泛的高到达率。要尽量覆盖目标消费群可能接触到的媒体，使目标群体至少达到最低的有效接触频次。

（2）传播目的以理解度为主，则媒体目标设定为，着重加强目标消费者的有效接触率。也就是说，增加广告对目标群体的有效接触频次，使他们通过一次又一次的广告接触，不断积累对广告的印象并且不断加深对广告信息内容的理解。

（三）以建立和维护品牌形象为目的的媒体目标

品牌形象是一个长期的战略工程，媒体为了支持这一目标，往往从策略角度考虑媒体如何长期持续露出，并会选择固定时段，在合适的时间适当的机会露出，以使媒体风格与品牌产生形象上的直接联想。

四、消费群与目标消费梯层设定策略

（一）目标消费群受众的确定

消费群体的研究是为了确定目标受众——谁最可能购买。这常常需要在一个或多个市场的人口统计特性上来确定目标受众。媒体所要达到的目标市场应该选择产生大量销售量的人群或拥有最多使用量的用户。确定目标消费群受众的两个依据：社会人口统计学的角度——人口、性别、年龄、职业、教育、收入等；社会心理学、消费行为学的角度——心理特征、生活习性、消费习惯、兴趣爱好。

分析数据普遍运用三个数据：原始数据、百分比、指数。其中原始数据是社会综合统计数据，作为市场参照；百分比是使用具体目标比较时的对比参照；而指数是一种最常用的以百分比和权重关系来为策略服务的有效的参数。

（二）目标消费者的结构描述

目标消费群体确定后，在做媒体投资策略时，一是要考虑媒体投放的侧重点，需要通过调查分析进行统计变项分析，区隔出重度消费群、中度消费群、轻度消费群。其中重度消费群是媒体投资关注的核心群体，要调查了解他们的媒体接触取向。二是要考虑消费者与消费品的关系，谁是品牌消费决定者，谁是购买者，谁是使用者，谁是影响者，此外还要注意意见领袖与促销员的作用。广告诉求和媒体投放，要找准目标，进行有效传播。

（三）目标消费群受众的媒体接触特征

目标消费群受众的心理特征和生活形态，都会影响到相同群体不同人的媒体接触习惯。心理特征对产品的价值观、消费行为的影响非常之大；而文化背景和职业的影响，都直接作用于作息时间、接触媒体的方式；此外，生活习性、兴趣、爱好对相同的目标消费者的媒体接触习惯也产生深刻的影响。

五、媒体投放地理性策略

媒体地理性投资主要是从市场营销因素考虑的。其实质是从各区域市场的获利空间来评估各区域市场的媒体投放价值。广告媒体投资是企业营销策略的一部分，要投资就必须考虑回报。因此，企业会从以下几个因素考虑有无必要进行媒体投资，以及决定投放量的大小。这些因素主要是：该区域市场的品类发展指数和品牌发展指数；该区域的经济发展状况；本品牌在该区域的市场占有率与获利经验；本品牌在该区域的铺货状况；品类及本品牌在该区域的销售成长趋势；该区域的对象阶层人数；市场对传播的反应；媒体投资效率；该区域的竞争状况等。

六、竞争品牌媒体投资策略

媒体策略产生于一个积极的、富有活力、充满竞争的市场环境。在规划媒体策略的过程中，不能忽视竞争性的策略，尤其是当一个竞争性策略攻击你的品牌时。媒体企划人员如何粉碎竞争方的策略呢？传统媒体策略运用以下的方法就可以完成：在品牌销售好的地区市场投入多于竞争者的广告费用；把更多更好的广告信息与更多更好的促销手段结合运用；更好地利用营销传播组合。在媒体运用策略中，还需要一些创造性的策略来协助获得成功。例如：

传播比竞争者到达目标市场的更多受众；

到达不同的人口统计的目标市场；

采用更高的平均频次；

通过新的、不同的媒体形式到达目标（如网络电视/有线电视/卫星电视）；

在与媒体的结合中运用一种特殊的促销方式；

创造性地运用媒体，策划吸引媒体注意的事件。

第四节　广告媒体计划与执行

媒体计划是媒体策略形成后的执行方案，它为品牌接触目标消费者，产品促销，建立品牌形象等目标做了执行层面的安排。

一、媒体计划的内容

媒体策略计划是指在特定的营销环境下，从投资的角度去思考，如何形成媒体投放策略和执行方案，如何提供最有效的传播途径去接触目标消费群，以达到营销策略所要求的广告目标，并帮助建立品牌，维持品牌。一个完整的媒体计划方案应包括：

（1）媒体目标。

（2）媒体策略：对谁传播？在哪些地区投放？什么时候投放？投放量多大？应该使用什么载体？预算的“蛋糕”怎么切？优先顺序如何？

（3）媒体执行方案。

（4）媒体发布日程安排：投放节奏；投放密度。

二、媒体计划的意义

媒体计划是一个需要通盘考虑的问题，任何一个项目的决策，都会影响到其他项目。媒体计划中，完整的数据分析是绝对重要的，但在正确的前提下，还要考虑更深一点，就是要做得好。计算机只能解决数据对错问题，而效果的好与不好则要看媒体企划的经验和判断，媒体的有效省钱和创意就体现在这里。

媒体计划是营销的一环，媒体计划的终极目标是协助达成营销目标。媒体是品牌与消费者接触的主要渠道，消费者通过媒体接触，知道品牌，了解品牌，形成对品牌的态度；媒体也是品牌在消费者面前表演的舞台，品牌在媒体小时通常也是品牌消逝的前兆。因此，要树立做媒体就是做品牌的概念。

明确消费者接触媒体的目的，媒体企划不仅要考虑信息不断地重复积累，来加强消费者的记忆，还要考虑如何在消费者实际接触媒体的现实环境中，寻找出最佳接触时空，使广告信息能真正进入消费者的记忆中。媒体计划的形成不是一成不变的，而是要根据市场和竞争形势做机动性调整，并随着营销策略的调整而调整。

必须经常地、定时地检验媒体计划的执行效果、计划接触人口的触达率、计划解除对象阶层的准确率、广告知名度、广告信息理解度，分析媒体投资与销售率、占有率增长或下降的关系等。

三、媒体组合

媒体策划中，当使用一个以上的媒体时，就面临着如何组合媒体的问题。媒体组合具有以下几个方面的优点。

一是增加针对目标消费者的广告传播的总达到率（覆盖面），以弥补单一媒体覆盖的不足。

二是弥补单一媒体传播频度的不足。媒体中有长效媒体，也有一闪而过的短效媒体，这都会影响每个目标受众的接触频次，当传播频次不够时，就会影响传播的效果。当企业不能有足够的资金，支撑电视类短效媒体多次反复的播出时，就要考虑以长效媒体作为补充，或使用广播等廉价的能够反复播出的媒体，以加深广告信息的印象。

三是能够整合不同媒体传播优势，形成合力，提高广告整体传播效果。

四是科学的媒体组合，不是简单的媒体相加，而是相辅相成、优势互补的组合，因而在资金有限的情况下，不必将广告的大头放在花费高的单一媒体上，而是通过组合降低总体投放费用，从而实现花费较少的钱，取得良好的效果。

四、媒体购买计划与购买考虑的要素

首先，以最低的成本向目标受众传播广告信息。目标市场的印象度与到达率、暴露频次三者形成了一个有效媒体计划的核心，媒体计划人员要掌握各种不同媒体的费用计算过程，并以尽可能低的成本和最适宜的办法来实施计划。

其次，购买媒体时，要考虑媒体购买方与媒体供应商的关系，因为在媒体买卖交易中，媒体购买方不熟悉市场发生的情况，就无法预测媒体价格的变动，媒体计划人员应与媒体供应商保持密切联系，以此作为降低媒体成本的信息来源。

最后，要考虑购买后的成本评估。通过进行购买后分析，媒体计划人员可以通过检测原始数据来提高预测成本的能力。但这需要媒体计划人员的专业知识和市场操作经验。各类媒体的价格有着一定的规律。不同类型的媒体具有不同的广告单位，在价格差异上也比较大。电视媒体最为昂贵，具体定价政策是根据收视率、到达率、媒体价值等因素决定的，同时也要考虑时间段位以及广告排序等因素。优势版面、黄金段位的广告单价，一般是最高的。如果指定版面，指定段位，指定时间，都需要额外收费。

（1）报纸杂志类。报纸是以版面作为销售单位的，在确定具体媒体后，还要进一步明确在媒体的何种位置上推出广告。报纸主要考虑广告篇幅的大小，如整版、1/2 版、通栏（n 行）等；广告版位，在哪一版，什么位置；色彩，是全彩、套色，还是黑白等。杂志主要考虑广告刊登的位置，如封面封底、1-4 版、插页、活版页等；广告面积的大小，如一页、图版页、连页、1/3 页等；彩色，如四色、单色等。户外广告主要考虑位置、高度、面积、周围环境等。

（2）网络类。网络广告媒体购买以像素、字节等为广告单位，如 button（图标）广告的大小一般为 80 像素 × 30 像素。网络广告中，banner/flash/弹出式、检索式、链接式等，广告单位不同，广告价格也会有较大差异。其成本计算是以“广告曝光”（访客量、点击率）为指标的。

（3）广电类。广播电视等电子媒体（主要是电视）的购买，价格主要依据如下因素：电视广告片的长度；播出时段，即以收视率高低的时段细分，如特级时段，A、B、C、D 时段（黄金时段与普通时段）；每个时段的广告排序位置；推出方式，如插播、赞助、随片等。

媒体购买价格除了按照市场方式进行外，购买量、媒体关系也决定着价格优惠的程度。

五、安排媒体排期

广告排期，是根据媒体策略和媒体预算，制定具体的日程表。任务是：编排广告发稿计划，要精心做好广告发布的排期安排，掌握好“出街”时间，安置好密度和间隔，处理好每个媒体的每天、每周的广告暴露频次。讨论媒体排期模式的主要目的是为品牌或广告按照传播的需要以及遗忘曲线的差异，在资源固定的情况下，制定最有效的资源分配方式。最主要排期形式有三种：连续式、起伏式和脉冲式。

（一）连续式

连续式媒体排期是指在一段时间内匀速投放广告的形式。其优点是可以覆盖整个媒体购买周期，减少遗忘机会；可以经常性地向消费者提示广告信息，维持知名度；可以获得媒体优势，如数量折扣、优越位置等。

连续式媒体排期的缺点是必须有大量的预算支持，成本较高；潜伏着过度接触的疲劳感。通常选择连续式媒体排期比较适合以下情况：竞争较缓和的品类；高关心度的品类；购买周期较长或周期不固定的品类；广告投资占有率较高的品类以及需要树立形象的广告等。如图 8-1 所示。

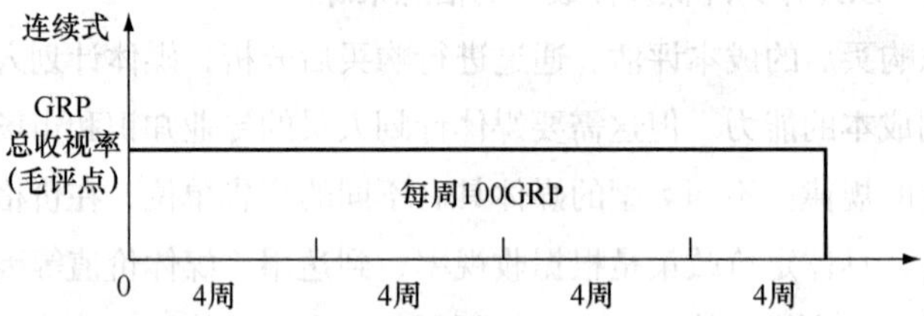

图 8-1　连续式媒体排期

（二）起伏式

起伏式媒体排期是在一段时间内大量投放广告（通常为期两周），然后在一段时间内停止全部广告，又在下一个两周内大量投放广告。其优点是在有限的预算内可以集中财力，大批量购买媒体以降低成本；由于大量投放，广告可以重复亮相，为品牌或产品建立知名度，从而取得有效的广告效果。如图 8-2 所示。

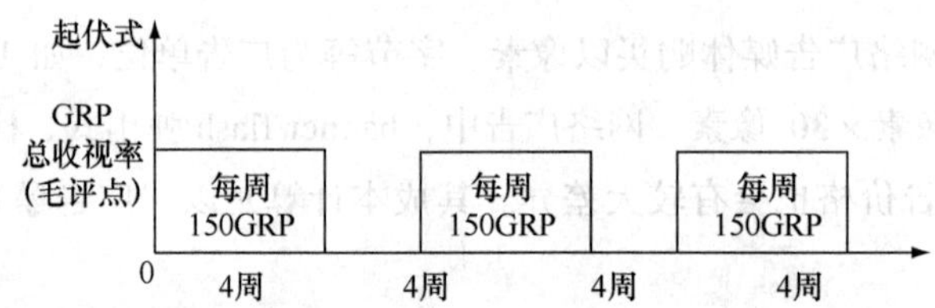

图 8-2　起伏式媒体排期

起伏式媒体排期的缺点是当投放广告的间隔时间过长时，容易给竞争对手留下更多机会；在非广告期内缺乏对促销信息的认知、兴趣和记忆。通常选择起伏式媒体排期比较适合以下情况：竞争激烈的品类；关心度较低的品类；购买周期较短、周期明显的品类；预算有限的品牌；开展促销广告活动等。

（三）脉冲式

脉冲式媒体排期是将持续式和起伏式排期技巧结合到一起的一种媒介排期策略。广告主在连续一段时间内投放广告，但在其中的某些阶段加大投放量。其优点是维持知名度；减少遗忘机会；继续加强沟通；集中火力在主要季节。如图 8-3 所示。

脉冲式媒体排期的缺点是要有大量的预算支持以及有效的到达率和频次。通常选择脉冲式媒体排期适合以下情况：全年销售比较稳定但又有季节性需求的产品，如服装类、空调类产品。

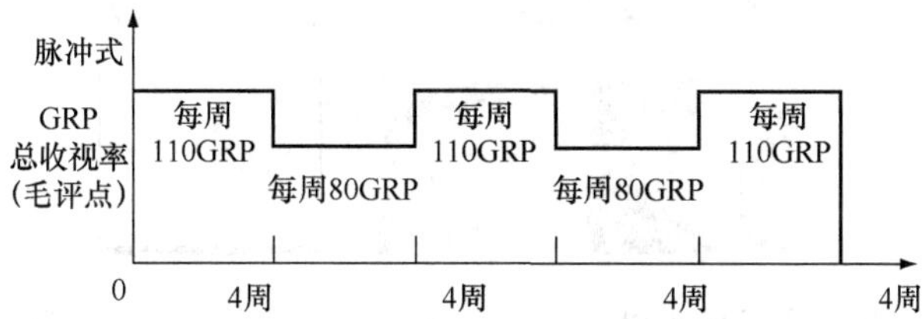

图 8-3　脉冲式媒体排期

本章习题

1. 大众传播媒体主要包括哪些类型？小众传播媒体主要包括哪些类型？
2. 你所了解的新媒体包括哪些？
3. 如果你是一家企业营销部门的负责人，负责广告的投放，那么，你在选择媒体时会考虑哪些因素？
4. 在进行广告媒体评价时，通常会使用哪些指标？
5. 广告排期有哪几种形式？分别适合什么样的广告目的？

章末案例

九阳带来时尚新生活——“九阳”豆浆机的高端传播策略

广告主：九阳股份有限公司

实施时间：2008 年至 2009 年

实施范围：全国

核心策略：通过长期投放央视招标段广告，树立品牌，领先豆浆机市场

创新点：把握央视媒体独家资源，强化九阳的品牌影响力

2008 年伊始，一个全新的九阳家电品牌出现在《新闻联播》后的 7.5 秒标版，这是九阳在央视招标段的首度亮相。广告播出后，迅速掀起了豆浆机的购买热潮，一时间，“自制豆浆”成为一种时尚。豆浆被誉为“植物性牛奶”，喝豆浆已被越来越多的人认为是高品质、时尚、健康生活的标志。

中国家电业早已进入一个品牌制胜的时代。在中国家电业面临一定困境的今天，小家电却以高于行业平均的速度快速崛起。从无到有、从小到大、从弱到强，时至今日，中国小家电业迈入了茁壮成长期，成为名副其实的“大市场”。

在品牌上，小家电领域涌现出以格兰仕、格力、美的、华帝、九阳、方太、亚都、灿坤为代表的一大批知名品牌。在营销网络构建上，已经在全国范围内形成了一批专业的小家电代理商、经销商，并在国美、苏宁等连锁卖场体系中占据了重要比例。但同时，小家电行业也出现了使用安全、同质化、价格战等一系列问题。面对这样的市场机遇和挑战，树立品牌成为众多小家电企业的当务之急。

九阳是豆浆机行业的开创者，多年来稳稳占据豆浆机市场的大半壁江山。但是在 2008 年之前，九阳与中国许多行业的“隐形冠军”一样，只是一心埋头于做产品，在品牌传播和塑造上投入相对较少。随着市场规模不断扩大，九阳开始感觉到需要一个强大的品牌来巩固企业的市场地位、拓展更大的市场领域，2008 年也被企业视为“品牌年”。中央电视台招标段作为国内最顶尖的广告资源，成为九阳实施品牌战略的首选，特别是《新闻联播》后时段，因其超高、稳定的收视率和权威的媒体环境，对于九阳的品牌传播和塑造意义非凡。

从 2008 年 1 月开始，九阳广告在《新闻联播》后标版位置和《天气预报》位置连续播出。广告对于消费者认知九阳品牌、推动产品销售都起到了非常好的效果，帮助企业创出了超过 100%的发展速度，不少地区还一度出现了断货的情况。九阳在中央电视台招标段的成功投放，不但巩固了公司在豆浆机行业的绝对优势，还带动了其他品类产品的销售。

截至 2008 年年末，九阳股份全年营业收入超过 43 亿元，三年复合增长率超出 136%，其中豆浆机的收入在 30 亿元以上。2008 年，九阳股份占领豆浆机市场 86%的份额。对照拼杀惨烈的白电企业，九阳作为豆浆机行业的绝对垄断者，享尽市场高速扩容期的高收益。

调查数据表明，中国豆浆机的市场销量、利润均呈飞速增长。2008 年，国内豆浆机的市场零售量增长约 180%，零售额增长了近 210%。由于健康饮食观念的转变和市场消费需求的变化，豆浆机进入了一个热销高潮期，九阳豆浆机的平均日销量甚至翻了一倍。这些现象表明，目前豆浆机的市场需求正在不断增加，这个行业仍然存在巨大的潜在市场空间。

附：九阳和美的媒体类型选择投放比较

2010 年开始，美的豆浆机在央视的投放直逼九阳豆浆机，省级卫视的投放超过九阳豆浆机，与九阳展开激烈的投放竞争。两者都依托央视，展开激烈竞争，但 2010 年开始，区域媒体明显增加投放，华南和华东是两大竞争区域。

九阳和美的央视媒体选择投放比较（说明：下面所有图中，左侧为九阳数据，右侧为美的数据）九阳在央视的投放广泛，几乎所有央视频道都有投放，但还是以央视 1 套为主；美的则集中在央视 1 套，针对九阳进行有目的的投放。

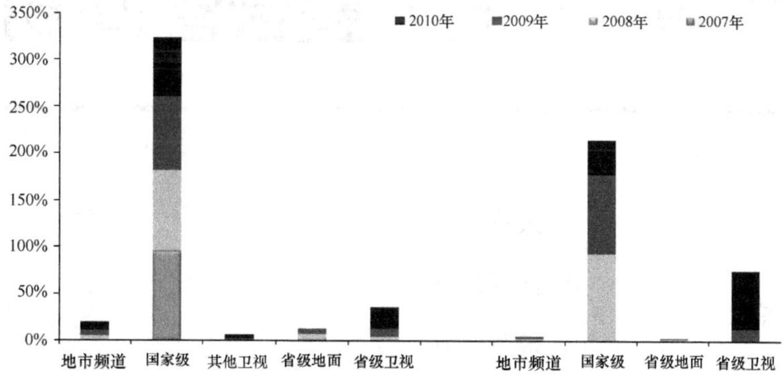

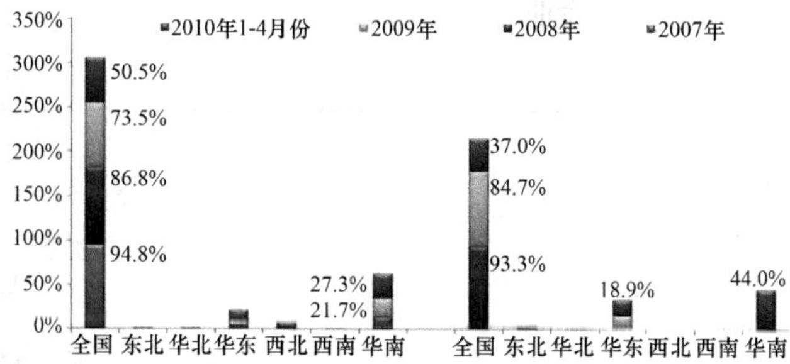

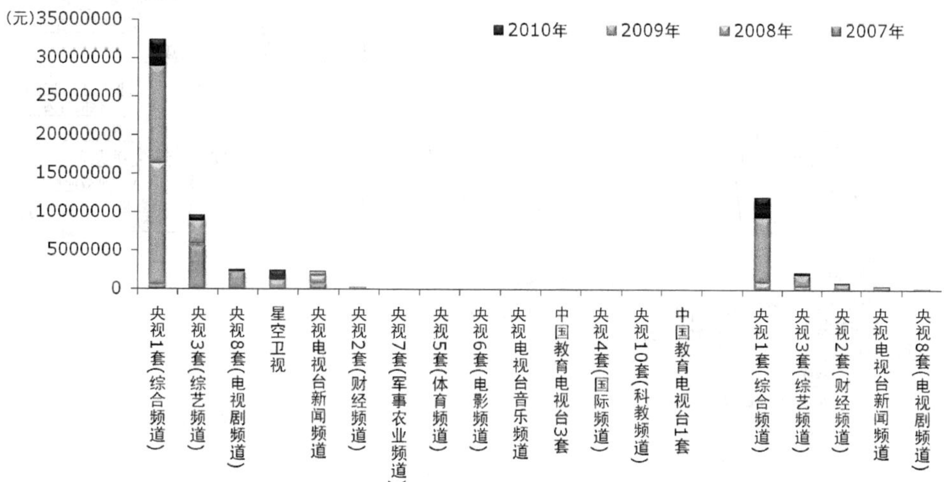

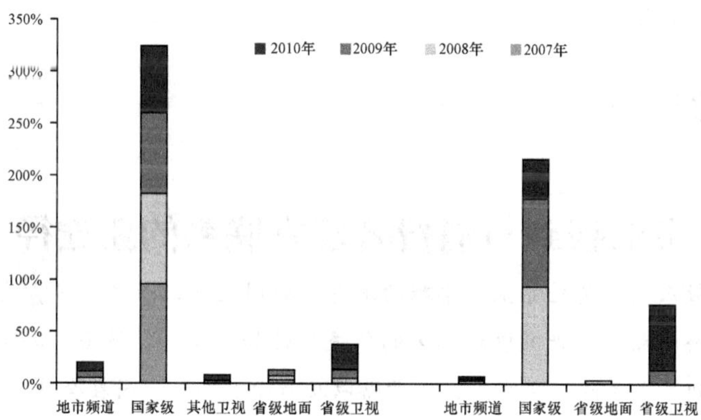

第九章　广告与整合营销传播

学习要点

① 关系营销

② 直复营销

③ 赞助营销

④ 企业广告

本章知识框架图

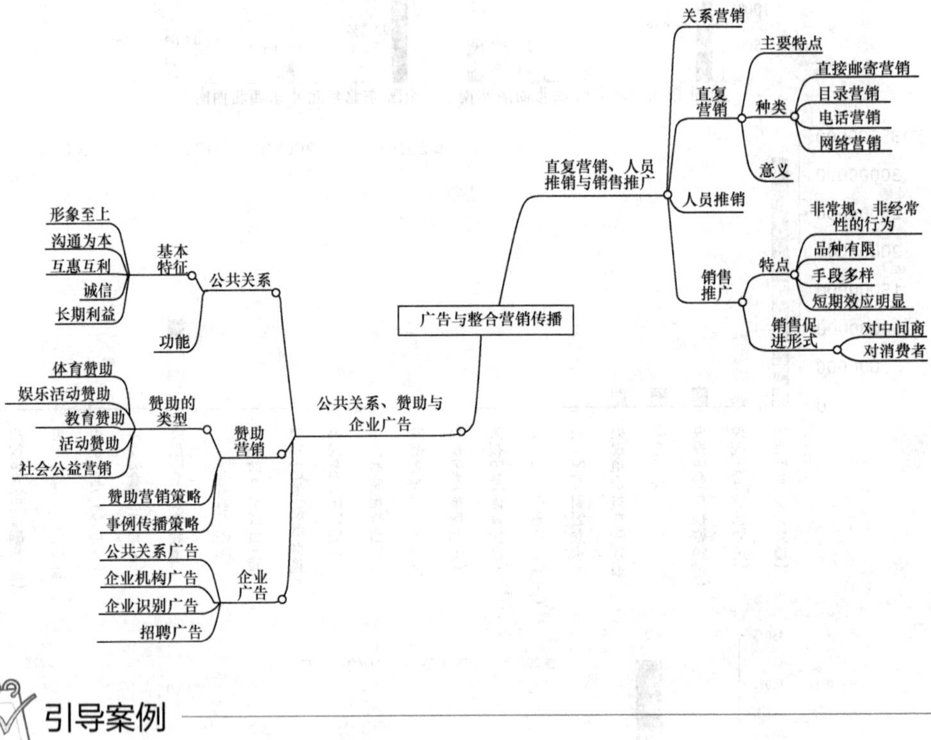

引导案例

宝洁找到与消费者建立联系的新途径

宝洁被大多数人认为是世界上最卓越的消费品公司之一，长久以来，它被当作产品营销领域的领头羊。公司旗下的产品包括知名的传统品牌如汰渍、佳洁士、海飞丝以及通过收购获得的品牌如吉列、玉兰油、金霸王、伊卡璐以及封面女郎。公司在全球市场上经营 300 多个品牌，其中有 23 个品牌的年收入超过 1 亿美元。宝洁一直以来都是世界上最大的广告主，2007 年公司在媒体和其他促销形式上花费 8.5 亿美元——这一数字甚至超过部分发展中国家的国内生产总值。

宝洁能成为世界上最大的包装消费品营销商，部分缘于它在媒体广告上的巨大投入，尤其是在电视媒体上。但是，就像许多大众媒体坚定的支持分子一样，宝洁也已意识到，与消费者建立联系的途径必须拓展到电视广告以外的其他渠道。被认为是大众营销精英的宝洁公司在利用电视推广品牌的过程中变得越来越精细。在美国广告代理公司协会举办的媒体大会的演讲中，宝洁营销官吉姆•施腾格尔认为广告行业所坚持的媒体模型已经不能适应今天的消费者，他还指出“现在是超越 30 秒广告的时代”，他号召广告业拥抱和开拓新媒体。像其他许多公司一样，宝洁也一直在关注大众媒体如电视媒体投资收益的衰减趋势并努力寻找与消费者建立联系的新途径。公司正改变旗下主要品牌的整合营销传播组合，从传统的大众媒体广告转向互联网、店头促销、试销活动（包括样品试用）等一些非传统媒体。宝洁使用非传统媒体的一个途径就是品牌娱乐化，比如 2004 年 9 月在真人秀节目《学徒》中推广佳洁士清新香草薄荷牙膏就是一个成功案例。节目中的参赛者需要面对一个为这一新品制造“口碑”的创意挑战。佳洁士还制作了专门网站，消费者可提交自己的创意，索要样品，参加比赛以赢得获奖机会，胜者可以到纽约现场观看决赛并参加赛后的嘉宾派对。网站获得了大约 500 万个页面浏览量，并创造宝洁单一产品最高的在线参与率水平。

就市场营销方法而言，宝洁正在经历一个重要的转变。它从一个世界上最大的营销商变为对话的发起者和消费者问题的解决者，而不再是意向的沟通者。施腾格尔在 2007 年的美国广告代理公司协会大会上说，“这不是关于说和卖的时代，这个时代需要对我们所做的一切具备一种与消费者建立关系的思考”，即一对一的沟通。这种沟通方式消除了大众媒体广告所导致的浪费，并使公司能够与消费者建立关系。宝洁意识到消费者需要更多定制化和个性化的沟通以满足他们独特的需求。为了在 Folgers 咖啡品牌上实现这一目标，宝洁发起了一个名为“忍耐的早晨”的在线活动，该活动包括了一部短片、屏保程序、“老板追踪系统”程序下载以及可将起床铃声发送到消费者个人手机的营销环节。活动网站总计获得超过 10 万个页面浏览量，短片则在其他网站上被收看数十万次。

宝洁的营销副总爱娃 • 刘易斯正努力推进宝洁进入后大众媒体世界，她指出公司希望与全美大约 1.1 亿个家庭中的半数建立稳固的关系。她预计宝洁目前仅与 1000 万个左右的家庭保持较好的关系，所以公司将以明确的创新性工作来取代原有的做法。在北美地区，宝洁拥有 86 个品牌以及 70 多个副品牌及衍生品牌，如汰渍洗衣液或者佳洁士薄荷牙膏。这些品牌总计分布于 150 多个产品上，围绕这些产品均与消费者建立关系。宝洁重新反思了顾客细分的方法，一直以来这一方法集中用于独立的品牌。而今的群体消费者可划分为 9~10 个目标或群体细分市场，覆盖了宝洁 90%最具前景的大品牌。宝洁以更为宽广的视角来审视这些细分市场的消费者选择偏好，通过多样的“规模营销”技巧向这些市场出售各式产品。这些营销技巧包括直复营销、在线关系计划、网站和新闻通信等，通过这些技巧来推广各种家庭清洁用品，宝洁获得了成功。例如，通过寄给“新妈妈”群体的邮寄广告向她们推销了汰渍洗衣液、帮宝适一次性纸尿片等几种宝洁品牌产品。

样品赠送（宝洁称之为“试用活动”）是另一个关键核心领域。公司在加拿大进行了一个“宝洁奇妙造型工作室”的新概念测试，活动在多伦多市中心的商业区设置了临时性商店。宝洁将旗下的 6 个美容品牌作为活动的一部分进行推广，这些品牌是玉兰油、潘婷、维纳斯、封面女郎、佳洁士和伊卡璐。活动派发样品并设立了专门的网站，人们可通过网站获得在线美容建议。

品牌娱乐化同样也成为宝洁整合计划的一部分，在这一环节中，宝洁在《e Talk》节目（一个日播娱乐新闻节目）中播放了一系列两分钟时长的软性节目广告，用来播放活动中的知名化妆师专题。商店和网站的访客都可参加比赛以赢得机会，到《加拿大偶像》节目现场观看决赛结局。宝洁不可能放弃大众媒体广告，因为公司每年在电视广告上的投放将近 20 亿美元，并有数 10 亿美元投放在报刊上。然而，很明显的是，这个世界上最大的营销商正在重新思考与消费者连接的方式，并努力改变与他们的关系。

思考：宝洁几乎和我们每个人都息息相关，随便在百货超市的日化用品柜台上拿一瓶洗发水就可能是来自宝洁的品牌。为什么宝洁能够取得如此巨大的成功？是产品因素还是广告因素，还是二者兼而有之？面对各种各样的促销组合策略，你会选择什么样的策略？依据是什么？

（资料来源：根据网络资料整理而成）

第一节　直复营销、人员推销与销售推广

整合营销传播（Integrated Marketing Communications，IMC）是 20 世纪 90 年代初，美国西北大学著名传播学学者唐·舒尔茨教授及其合作伙伴提出的一种现代营销方法。它综合了以往多种营销理论的精华，并切合现时社会消费特征及其发展趋势，形成了超越传统营销观念的独特的营销体系。该营销传播理念一经提出，就受到企业界的普遍关注，IBM、3M、联邦快递、微软等全球知名企业纷纷采用并加以完善。唐·舒尔茨对 IMC 的定义为：“IMC 把品牌等与企业的所有接触点作为信息传达渠道，以直接影响购买行为为目标，从消费者出发，运用所有手段进行有力传播的过程。”

整合营销传播一方面把广告、促销、公关、直销、CI、包装、新闻媒体和直效营销等一切传播活动都涵盖到营销活动的范围之内；另一方面则使企业能够将统一的传播资讯传达给消费者，即营销传播的一元化策略。其核心是面对市场的“立体传播”和“整合传播”。整合营销传播的最大优势在于“以一种声音说话”，即用多样化的传播手段向消费者传递同一诉求；由于消费者“听到的是一种声音”，他们能更有效地接受企业所传播的信息，准确辨认企业及其产品和服务；对于企业来说，这也有助于实现传播资源的合理配置，提升资源的使用效率。

一、关系营销

关系营销是将企业置于社会经济大环境中来考察企业的市场营销活动，认为营销乃是一

个与消费者、竞争者、供应者、分销商、政府机构和社会组织发生互动作用的过程。关系营销的本质特征包括以下几个方面。

一是信息沟通的双向性。交流是双向的，既可以由企业开始，也可以由营销对象开始。广泛的信息交流和信息共享可以使企业赢得支持与合作。

二是战略过程的协同性。在竞争性市场上，营销管理者应强调与利益相关者建立长期的、彼此信任的、互利的关系。这种关系既可以按照对方要求调整自己的行为，也可以双方都调整自己的行为以实现相互适应。

三是营销活动的互利性。关系营销的关键是建立在互利的基础上，要求了解对方的利益要求，寻求双方利益的共同点，并努力使双方的共同利益得到实现。

四是信息反馈的及时性。关系营销具备一个反馈的循环，用以连接关系双方，根据合作提供的信息，以改进产品和技术。信息的及时反馈可使关系营销具有动态应变性，有利于挖掘新的市场机会。

因此，企业在 21 世纪建立品牌资产的关键是与顾客以及其他利益相关者建立相互依存、相互满足的关系。此外，为了经营这些关系，企业必须有意识地、小心谨慎地将自己的营销传播与自己的所有其他职能整合起来，以便让市场接收到一致的企业信息。作为广告人必须了解如何将各种营销传播手段整合在一起。在进行广告活动策划时必须了解能运用哪些传播工具，以及在整个营销传播组合中如何最佳发挥它们的作用。

二、直复营销

（一）直复营销的概念

直复营销（Direct-Marketing）是个性化需求的产物，是传播个性化产品和服务的最佳渠道。美国直复营销协会（ADMA）将它定义为“利用一种或多种广告媒介在任何场所产生可以测量的反应或达成交易的一套互动营销体系”。其中数据库是直复营销成功的关键，尤其是在整合营销传播方案中，它可以使营销人员瞄准、细分自己的顾客，并为他们定级。数据库是企业对所有重要顾客信息的记录：年龄、地址、电话号码、经营范围、财务状况、购买经历等。同时数据库还可以供企业测定自己广告努力的效益。

基于互联网的直复营销更加吻合直复营销的理念。这是因为：首先，直复营销作为一种相互作用的体系，买卖双方之间的“双向信息交流”就显得非常重要，互联网则很好地解决了这一问题。互联网作为开放、自由的双向式的信息沟通网络，企业与顾客之间可以实现直接的一对一的信息交流和直接沟通。其次，直复营销活动的关键是为每个目标顾客提供直接向营销人员反应的渠道。互联网的方便、快捷性使得顾客可以方便地通过互联网直接向企业提出建议和购买需求，也可以直接通过互联网获取售后服务。再次，直复营销强调在任何时间、任何地点都可以实现企业与顾客的“信息双向交流”。互联网的全球性和持续性的特性，使得顾客可以在任何时间、任何地点直接向企业提出要求和反映问题，企业也可以利用互联网实现低成本的实现跨越空间和突破时间限制与顾客的双向交流。最后，直复营销活动的效果具有可测定性，互联网作为最直接的简单沟通工具，可以很方便为企业与顾客进行交易时提供沟通支持和交易实现平台，通过数据库技术和网络控制技术，企业可以很方便地处理每一个顾客的订单和需求，而不用管顾客的规模大小、购买量的多少，这是因为互联网的沟通费用和信息处理成本非常低廉。因此，通过互联网可以实现以最低成本最大限度地满足顾客需求同时了解顾客需求，细分目标市场，提高营销效率和效用。

（二）直复营销的主要特点

直复营销区别与其他营销方式的主要特点有以下几个方面。

（1）**目标顾客选择更精确**。直复营销人员可以从顾客名单和数据库中的有关信息中，挑选出有可能成为自己顾客的人作为目标顾客，然后与单个目标顾客或特定的商业用户进行直接的信息交流，从而使目标顾客准确，沟通有针对性。

（2）**与顾客的关系更加紧密**。直复营销人员可根据每一个顾客的不同需求和消费习惯进行有针对性的营销活动。这将形成与顾客间一对一的双向沟通，将与顾客形成并保持良好的关系。各种研究表明，消费者大部分购买行为属于有计划的购买。所以，他们总是集中全力刺激消费者的无计划购买或冲动型购买，为消费者立即反应提供一切尽可能的方便。

（3）**能够激励顾客立即反应**。通过网络平台提供的即时沟通，直复营销人员可以根据消费者的反应立即采取刺激性、激励性广告，从而让消费者采取立即购买行动。

（4）**营销战略具有隐蔽性**。直复营销不是大张旗鼓地进行的，因此不易被竞争对手察觉，即使竞争对手察觉自己的营销战略也为时已晚，因为直复营销广告和销售是同时进行的。

（5）**关注顾客终生价值和长期沟通**。直复营销将企业的客户（包括最终客户、分销商和合作伙伴）作为最重要的企业资源，通过完善的客户服务和深入的客户分析来满足客户的需求，关注和帮助顾客实现终生价值。

（三）直复营销种类

直复营销作为营销活动的一部分，与现代消费者的联系越来越密切。一方面，现代社会生活节奏不断加快，使消费者用于购物的时间渐趋减少。另一方面，信息、通信技术的发展，信用系统的不断健全，对直复营销的发展提供了契机。现在，随着信息技术和新的通信工具发展，直复营销形式有了新的变化，其形式不再局限于邮购活动，还包括其他多种形式。

直接邮寄营销　指营销人员把信函、样品或者广告直接寄给目标顾客的营销活动。目标顾客的名单可以租用、购买或者与无竞争关系的其他企业相互交换。使用这些名单的时候，应注意名单的重复，以免同一份邮寄品两次以上寄给同一顾客，引起反感，也增加了成本。

目录营销　营销人员给目标顾客邮寄目录，或者备有目录随时供顾客索取。经营完整生产线的综合邮购商店使用这种方式比较多，如蒙哥马利·华德公司、西尔斯·罗巴克公司等。

电话营销　营销人员通过电话向目标顾客进行营销活动。电话的普及，尤其是 800 免费电话的开通使消费者更愿意接受这一形式。现在许多消费者通过电话询问有关产品或服务的信息，并进行购买活动。

网络营销　营销人员通过互联网、传真等电子通信手段开展营销活动。目前，像书籍、计算机软硬件、旅游服务等已普遍在网上开始了其营销业务。

除此之外，营销人员还利用报纸、杂志、广播电台等媒体进行营销活动，上述几种直复营销方式可以单一运用，也可以结合运用。

（四）直复营销的意义

由于顾客需求的个性化日益明显，企业可以向现实顾客和潜在顾客发出不同的信息，通过刺激个体而非群体做出反应，进而与每一个个体建立关系。直复营销发挥作用的前提是拥有优质的数据库，而数据库又能使企业深入了解自己的顾客，了解每个顾客之间的细微差别、他们购买的物品和购买地点、他们兴趣点以及他们的需求，进而选择出对自己最有利、最便于服务的对象。

另外，直复营销的经济性正日益显示出竞争力。随着人们不断使用遥控器来躲避电视广告，电视广告的效益在逐步下降，因此针对性较强的直接反应媒介（杂志、直邮、电子邮件、手机广告等）就显示出经济性，而且这种直接反应更具隐秘性。

当然，直复营销也面临诸多挑战。直复营销人员往往热衷于推销，并不注重关系的建立，让直复营销在消费者心目中信誉很差。另外，有些消费者更愿意逛街感受商品来买东西，视这种经历为乐趣，这为直复营销的推广增加了难度。还有就是直复营销在树立产品或品牌形象上显得无能为力。消费者因担心信息隐私泄漏也阻碍了直复营销人员获取有用信息。

三、人员推销

人员推销的最大的魅力就在于人性化，其他任何途径的说服力都不可能比得上人际沟通的说服力。经验丰富、训练有素的推销人员通过与顾客直接接触，可以发现客户的真正问题，并根据客户的反应情况灵活地调整对顾客的方式，并能根据顾客的现实需求将最适合的产品推介给顾客。

推销人员工作的核心是建立与顾客的关系，属于一对一的沟通，是直接增加销售的工具。与此同时，其他营销沟通工具则属于大众沟通，对销售的作用是间接的。由于组织结构和工作性质的差异，销售人员和营销沟通人员往往是相互独立的，如果不注重人际沟通与非人际沟通的交互作用，将会影响整体沟通效果，因此，应把人员推销与其他非人际营销沟通工具整合起来，做到以下几点。

其一，人员推销与广告整合。广告在通常情况下通过大众传媒向广大受众传达有关企业和产品的最一般信息，信息反馈和调整机会几乎为零。二者的结合使用可以实现优势互补，尤其是在新产品上市时非常重要。由于人员推销是一对一的人际沟通模式，可以在一定程度上弥补广告的不足，向受众解释、反馈及有针对性地调整信息。

其二，人员推销与营业推广整合。营业推广对人员推销能起到积极的促进作用，二者的结合使用能刺激顾客购买。

其三，人员推销与公共关系整合。公共关系的重要作用是建立和维持与公众的关系，而销售人员在企业和公众顾客的关系建立中扮演着重要角色，二者应紧密协作。

最后，与其他营销沟通工具的整合。人员推销可与销售点广告等其他沟通工具配合使用，以产生协同效应。

此外，口碑传播也是一种重要的营销沟通工具。尽管大众传媒是信息沟通的主要方法，但人员的口碑传播信息比大众信息沟通更为有效，尤其是对说服性信息的传播而言。具体的口碑传播渠道包括：企业的销售人员、具有专门知识并能影响他人购买的独立专家、亲朋邻居等。

在整合营销传播中，人员推销可以发挥很大的作用，推销人员具有收集信息、提供信息、订单签订、建立关系四大传播功能。

四、销售推广

销售推广又称销售促进和营销推广，是指企业运用各种短期诱因鼓励消费者和中间商购买经销商（或代理）企业产品或服务的促销活动。随着市场竞争的日益激烈，销售促进的使用越来越受到企业的重视。十年前，美国广告和销售促进的比例是 60：40，今天在许多美国日用消费品公司里，销售促进已占促销总预算的 60%～70%，和广告每年 7.6%的增长率相比，销售促进费用每年增长 12%。

（一）销售推广的特点

销售推广是指除人员推销、广告和公共关系以外的能刺激需求、扩大销售的各种促销活动。一般销售推广有以下特点。

（1）销售促进是非常规、非经常性的行为。与人员推销、广告等经常性促销手段相比，销售促进不能经常使用，只是用于解决一些短期的、具体的促销任务。

（2）适合销售促进的品种有限。在大多数情况下，品牌声誉不高的产品采用销售促进的较多，而名牌产品则主要依靠品牌形象取胜，过多地使用销售促进可能降低其品牌声誉。同时，销售促进实质上表现为经济利益的让渡，所以对于价格弹性较大的产品比较适用，而价格弹性小、品质要求高的产品不宜过多使用销售促进手段。

（3）销售促进手段多样。销售促进依据对象不同，可以分为三种类型，即：面向消费者销售促进、面向中间商销售促进、面向本企业推销员销售促进。这三种类型的销售促进都有一系列方式（见表 9-1）。

表 9-1 常用的销售促进方式

销售促进对象	销售促进方式
消费者	赠送样品、有奖销售、现场示范、廉价包装、免费品尝、折价券
中间商	销售津贴、赠品、销售竞赛、招待会、培训、展销
企业内推销员	奖金、推销会议、推销竞赛、旅游

（4）短期效应明显。人员推销和广告一般需要一个较长周期才能显示出效应，而销售促进只要选择得当，其效益能很快地体现出来。但要注意方式和时机，使用不当会导致顾客对

产品质量、价格产生怀疑，甚至产生购买惰性。

（二）销售促进形式

大量的国内外营销实践已经证明销售促进有很多方式是富有实效的。企业应根据自己的目标、各种方式的特点、目标市场的类型及市场环境等因素选择适合企业的销售促进方式。

（1）**对中间商的销售促进**。对中间商的销售促进，目的是吸引他们经营本企业产品，维持较高水平的存货，抵制竞争对手的促销影响，获得他们更多的合作和支持。其主要销售促进方式有以下几种。

销售津贴　销售津贴也称销售回扣，这是最具代表性的销售促进方式。这是为了感谢中间商而给予的一种津贴，如广告津贴、展销津贴、陈列津贴、宣传津贴等。

列名广告　企业在广告中列出经销商的名称和地址，告知消费者前去购买，提高经销商的知名度。

赠品　赠品包括赠送有关设备和广告赠品。前者是向中间商赠送陈列商品、销售商品、储存商品或计量商品所需要的设备，如货柜、冰柜、容器、电子秤等。后者是一些日常办公用品和日常生活用品，上面都印有企业的品牌或标志。

销售竞赛　这是为了推动中间商努力完成推销任务的一种促销方式，获胜者可以获得现金或实物奖励。销售竞赛应事先向所有参加者公布获奖条件、获奖内容。这一方式可以极大地提高中间商的推销热情。像获胜者的海外旅游奖励等已被越来越多的企业所采用。

业务会议和展销会　企业一年举行几次业务会议或展销会，邀请中间商参加，在会上，一方面介绍商品知识，另一方面现场演示操作。

（2）**对消费者销售促进**　对消费者的销售促进，是为了鼓励消费者更多地使用产品，促使其大量购买。其主要方式有：

赠送样品　企业免费向消费者赠送商品的样品，促使消费者了解商品的性能与特点。样品赠送的方式可以派人上门赠送，也可以通过邮局寄送，可以在购物场所散发，也可以附在其他商品上赠送等。这一方法多用于新产品促销。

有奖销售　这是通过给予购买者以一定奖项的办法来促进购买。奖项可以是实物，也可以是现金。常见的有幸运抽奖，顾客只要购买一定量的产品，即可得到一个抽奖机会，多买多奖。或当场摸奖，或规定日期开奖。也可以采取附赠方式，即对每位购买者另赠纪念品。

现场示范　利用销售现场进行商品的操作表演，突出商品的优点，显示和证实产品的性能与质量，刺激消费者的购买欲望。这是属于动态展示，效果往往优于静态展示。现场示范特别适合新产品推出，也适用于使用起来比较复杂的商品。

廉价包装　在产品质量不变的前提下，使用简单、廉价的包装，而售价则有一定削减，这是很受长期使用本产品的消费者欢迎的。

折价券　这是可以以低于商品标价购买商品的一种凭证，也可以称为优惠券、折扣券。消费者凭此券可以获得购买商品的价格优惠。折价券可以邮寄、附在其他商品中，或在广告中附送。

从短期来说，销售量的增加有三个直接的途径可以达到。

一是增加购买人数，即使未使用者和潜在消费者转变为现实消费者。买点促销、竞赛抽奖活动、价格折扣、赠送样品、赠寄代价券、业务会议和贸易展览，企业刊物发行和现场演示等都是有效的方法。

二是增加平均购买数量，即使消费者觉得买得越多越便宜，如价格折扣、奖品、附加赠送、交易推广等方法可以起到这种作用。

三是提高人均购买次数，即提高重复购买率。由于顾客可以省钱，赠寄代价券、价格折扣、附加赠送、商业贴花、奖品都可以有效地提高重复购买率。

从长期来看，竞赛抽奖活动、广告技术合作、企业刊物的发行等都可巩固品牌形象，增强广告作用。同时对于内部挖掘企业竞争能力，提升销售团队整体实力也有长期效果。值得注意的是，有些产品在促销期间销量增加，促销期后销量就减少，并且减少的部分大于增加的部分，即出现了负效应，这就说明企业采用的促销方法不合适，没有建立起品牌忠诚度，需要改进。

第二节　公共关系、赞助与企业广告

一、公共关系

公共关系又称公众关系，是指企业在从事市场营销活动中正确处理企业与社会公众的关系，以便树立品牌及企业形象，从而促进产品销售的一种活动。与广告和销售促进一样，公共关系也是一个重要的营销工具。企业要求要建设性地与顾客、供应商和经销商建立关系的同时，也要与大量感兴趣的公众建立关系。公共关系包括设计用来推广或保护企业形象或产品的各种计划。

公众有促进或阻碍企业达到其目标的能力。聪明的企业会采用具体的步骤来管理它和关键公众的关系，呆笨的企业则视关键公众而不见。大多数企业有一个公共关系部来策划它们和关键公众的关系。公关部门监视组织的种种公众关系并发布和传播有利信息以建立良好的信誉。当负面的公共宣传发生时，公关部门要充当调解者。工作出色的公关部门应花费时间向管理当局提出咨询意见，建议采用积极方案并消除有问题的活动，从而在第一时间不让负面公共宣传出现。

（一）公共关系的基本特征

（1）形象至上。在公众中塑造、建立和维护组织的良好形象是公共关系活动的根本目的，而这种形象既与组织的总体有关，也与公众的状态和变化趋势相连。这就要求组织必须有合理的经营决策机制、正确的经营理念和创新精神，并根据公众、社会的需要及其变化，及时调整和修正自己的行为，不断地改进产品和服务，以便在公众面前树立良好的形象。因此，良好的形象是组织最大的财富，是组织生存和发展的出发点与归宿，企业的一切工作都是为了顾客展开，失去了社会公众的支持和理解，组织也就失去了生存的基础，更无从谈起竞争优势了。

（2）沟通为本。在现代社会，社会组织与公众打交道，实际上是通过信息双向交流和沟通来实现的。正是通过信息的这种双向流动，才形成了组织与公众之间的共同利益和互动关系。这是公共关系区别于法律、道德和制度等意识形态的地方。因此，组织和公众之间可以进行平等自愿的、充分的信息交流和反馈，没有任何强制力量，双方都可畅所欲言，因而能最大程度地降低不良的副作用。

（3）互惠互利。对于一个社会组织而言，追求自身利益最大化本无可厚非，但很多组织在这一过程中却发生了迷失。有的为求得一时之利，却失去更多，甚至导致组织破产。造成这种现象的根本原因在于：利益从来都是相互的，没有一厢情愿的利益。许多组织获得的短期利益正是建立在部分人群或整个公众的利益损失基础之上，因此，这种行为一旦被公众获知，必会受到致命性打击。正如人们常说的那句话：与人方便就是与己方便；而对社会组织而言，只有在互惠互利的情况下，才能真正达到自身利益的最大化。

组织的公共关系工作之所以有成效、之所以必要，恰恰在于它能协调双方的利益，通过公共关系，可以实现双方利益的最大化，这也是具备公关意识的组织和不具备公关意识的组织的最大区别。

（4）诚信。诚信是现代公共关系工作的基本原则，自从“现代公关之父”美国人艾维·莱德拜特·李（Ivy Ledbetter Lee）提出讲真话的原则以来，告诉公众真相便一直是公关工作的不二信条。尤其是现代社会，信息及传媒手段空前发达，这使得任何组织都无法长期封锁消息、控制消息以隐瞒真相，欺骗公众。正如前美国总统林肯所说，你可以在某一时刻欺骗所有人，也可以在所有时刻欺骗某些人，但你绝对不能在所有时刻欺骗所有人。真相总会被人知道。因此，公共关系强调诚信原则，要求公关人员实事求是地向公众提供真实信息，以取得公众的信任和理解。

（5）长期利益。由于公共关系是通过协调沟通、树立组织形象、建立互惠互利关系的过程，这个过程既包括向公众传递信息的过程，也包括影响并改变公众态度的过程，甚至还包括组织转型，如改变现有形象、塑造新的形象的过程。所有这一切，都不是一朝一夕就能完成的，必须经过长期艰苦的努力。因此，在公共关系工作中，公共关系组织和公关人员不应计较一城一池之得失，而要着眼于长远利益，只要持续不断地努力，付出总有回报。

（二）公共关系的功能

（1）树立企业信誉，建立良好的企业形象

企业的信誉是指企业在市场上的威信、影响，在消费者心目中的地位、形象、知名度。建立良好的信誉是企业经营成功的诀窍。企业作为社会的一个单元，既可能给社会带来新的物质文明，也可能给社会带来公害和威胁。公众对企业社会价值的评估标准与范围会从产品质量和服务扩大到企业生产经营和社会活动的各个方面，这使得公众舆论对企业产生更大影响力。争取舆论支持，争取公众信任，成为企业生存发展的重要条件之一。企业良好形象和声誉是无形的宝贵财富。公共关系的根本目的是通过深入细致、持之以恒的具体工作树立组织的良好形象和信誉，以取得公众理解、支持、信任。从而有利于企业推出新产品，有利于创造“消费信心”，有利于企业筹集资金，有利于吸引、稳定人才，有利于寻找协作者，有利于协调和社区的关系，有利于政府和管理部门对企业产生信任感，最终促进组织目标的实现。

（2）搜集信息，为企业决策提供科学保证

美国管理学家西蒙说：“管理就是决策，而决策的前提正是信息。”企业每时每刻都会遇到大量的问题，市场需要产品质量、产品开发、新技术方向、竞争者动向、潜在危险、企业形象等方面的信息，不断传递给企业领导，要求领导者做出及时而有效的决策。公共关系部门就是要利用各种渠道和网络搜集与企业发展有关的一切信息，为企业决策科学化提供强有力的保证。搜集信息包括企业战略环境信息、产品声誉信息及企业形象信息等。

（3）协调纠纷，化解企业信任危机

由于企业与公众存在着利益差别，在公共关系中必然会充满各种矛盾。企业在生产经营过程中，也难免会因自身的过失、错误而与消费者发生冲撞。一旦发生，必然导致消费者对企业的不满，使企业面对一个充满敌意和冷漠的舆论环境。如果缺乏正确的认识或处理技巧就会产生纠纷，甚至导致严重的公共信任危机。对企业、对公众、对社会都会带来极大的危害。企业与公众的许多矛盾和摩擦大都起源于误解和不了解，缺乏信息交流是造成不了解的根本原因。通过建立良好的公共关系机制，增加企业与公众之间相互了解，企业就有可能避免与公众的纠纷，并可通过公关手段将已经发生的信任危机及所造成的组织信誉、形象损失降到最低限度，进而因势利导，使坏事变为好事。

二、赞助营销

赞助是指企业通过资助某些体育活动、娱乐活动、公益活动、慈善活动和文化活动等来开展宣传，塑造企业形象和品牌，实现广告的目的，从而促进产品的销售。它融合了两个方面的特点：销售推广与公共关系。赞助营销是企业的一种软性广告，这种广告的效果是其他形式的广告所无法比拟的。越来越多的营利性组织纷纷以自己收益的一部分回馈社会公益事业，以表示它们乐于承担一定的社会责任和义务。

（一）赞助的类型

（1）体育赞助。体育运动是公众兴趣的热点，是新闻媒介热衷报道的对象。体育赞助营销是当今最主要的赞助营销类型。体育赞助营销最全面、最强烈地体现了赞助营销的所有优越性，因而也最具魅力、最受厂商的欢迎。德国阿迪达斯公司从 1993 年起扭亏为盈，销售额连续 5 年递增 28%，很重要的原因就是大力加强赞助营销。2002 年世界杯足球赛，阿迪达斯公司赞助了 10 支球队，资助了 10 块比赛场地，而且所有的比赛场次都将采用阿迪达斯“飞火流星”足球。体育赞助营销具有以下优点。

一是信任度高，效果自然、易于接受。体育赞助营销的商业性不那么明显，可以在消费者心中留下深刻的印象，对于产品销售可以起到一种潜移默化的影响。

二是沟通对象面广、量大、有针对性。在比赛现场，观众成千上万，媒体受众更是不计其数，因此，非常利于企业与目标对象进行有效的沟通，达到事半功倍的效果。尤其是产品面向的如果是体育爱好者，那么宣传的功效就更强。

三是能带来明星效应，社会反响巨大。由于许多体育明星都是一些知名品牌的代言人，他（她）们的出场往往会引起观众的激动与欢呼，从而增加该品牌的客户忠诚。

四是与其他营销手段相结合，易形成沟通高潮。

（2）**娱乐活动赞助**。赞助营销的另一重要领域是娱乐事业，包括电影、电视、主题公园、巡回音乐会及其他一些吸引人的娱乐活动。迪斯尼乐园和迪斯尼世界的众多游乐活动便是由一些大企业赞助的。德国大众公司于 1997 年发起成立了大众汽车音乐基金，赞助了许多世界一流音乐家的演出，成为著名音乐人和音乐活动的最大支持者之一。大众公司希望理解音乐并帮助音乐人，通过音乐来提高人们的文化生活水平，通过较单纯的、商业色彩的不是很浓的赞助营销来打动消费者。

（3）**教育赞助**。发展教育事业是国家的基本战略方针。通过赞助教育事业，可以树立企业关心社会教育的良好形象，能融洽企业与教育单位的关系，为企业招聘优秀人才、开展业务培训创造有利条件。教育赞助，特别是赞助高等教育事业已成为企业开展赞助营销的一个趋势。高校赞助营销的目标受众主要是教师和大学生，他们的年龄相近、有较高的文化素质、乐于接受信息和新鲜事物，也是社会中最具潜力的消费群体，对未来的社会经济具有很强的影响力，是众多企业都想抓住的战略客户。例如，索尼公司秉承“鼓励开拓创新精神，支持中国人才培育”的精神，连续多年与我国教育部、原信息产业部合作，赞助“索尼杯全国大学生电子设计竞赛”。

作为教育赞助的对象之一，赞助高校的营销成本很低，而营销效果却不逊于大众媒体。通常采用的高校赞助营销方法有：

① 高校媒体赞助，如校报、校刊、广播台、校有线电视。

② 奖学金赞助，索尼、松下等企业在多所高校设立了奖学金。

③ 冠名赞助，如以企业名称冠名学校的道路、建筑物及院系名称等。

④ 活动赞助，如赞助运动会、学术活动等。

⑤ 其他形式，如高校的饭卡、宣传栏等也是很好的营销载体。

（4）**活动赞助**。在当今的市场营销领域，随着产品的同质化发展，只通过常规广告传播的方式，已经很难达到迅速提升品牌知名度的目的了。因此，许多企业都把目光集中到了活动赞助营销上，通过“搭车”这种非常规的传播方式的确是能够收到非常规的回报。北京申奥之夜的最大赞助商海尔宣称：他们得到的效果基本上是投入的 4 倍。对于品牌记忆度，一般的广告宣传在 3 次以上才能够有感觉，如果能够让消费者去购买那就需要更多的次数。但是，透过对申奥这样的活动赞助，附和着我们同胞的爱国主义情绪，它的品牌认同是很容易达到的。许多企业愿意赞助一些活动，虽然有些活动并没有很多人的参与，但在这个过程中，企业能够与其消费者感同身受，能进入他的灵魂，这种效果是企业做多少广告都得不到的。

（5）**社会公益营销**。参加市政基本建设，如出资修建马路、公园、候车棚、路标等，既可以为政府减轻建设压力，赢得政府、市民的信赖，又能树立企业的良好形象，为企业的发展创造良好的条件。为各种需要社会照料与温暖的人（如革命军属、伤残病人、孤寡老人）和社会福利机关（如敬老院、孤儿院）提供物质经费帮助、开展服务活动，这是企业向社会表明履行社会责任和义务的重要手段，也是企业建立融洽的社区环境和政府关系的重要途径。

（二）赞助营销策略

赞助的活动与本企业的形象及产品的联系尽可能紧密，最好做到公众只要参与、观看或提及此项活动，便会联想到企业及其产品，达到“少花钱多办事”的效果。

根据从 1984 年洛杉矶奥运会开始的跟踪调查，在国际奥委会先后指定的 102 家不同级别的赞助商中，只有一半的赞助商在品牌与赞助活动之间建立了成功的联系。可口可乐公司就是成功者之一。可口可乐专攻奥运会和世界杯，而雪碧关注的焦点则是音乐和篮球。

赞助的活动切忌与企业的形象相抵触。企业应做好赞助营销活动的危机应变方案，提防可能发生的负面结果对品牌构成的损害。如果一家保险公司赞助了一个 F1 车队，而该车队恰好发生了车毁人亡的严重事故，那么，这家保险公司的品牌形象将受到致命的打击。

（三）整合传播策略

企业的赞助营销活动应该是整合传播的过程，要配合报纸、杂志、电台、电视等媒介的宣传，集中力量在短时间内以赞助活动为龙头，结合广告、促销及公关等手段发起浩大的沟通攻势，以迅速提高企业、产品的知名度、美誉度。例如，企业赞助了一个电视栏目，不能仅仅停留在冠名在屏幕上的露出率多少。这个栏目应成为赞助企业的一个平台，围绕栏目的制作、幕前幕后、台上台下，赞助企业与制作人可以有更紧密的合作，开展整合传播营销：节目的参赛者招募过程可以成为赞助商整合目标受众的工具；电视招募广告的制作可以突出品牌的诉求；幕前幕后的宣传更进一步增加赞助商的媒体曝光率等。

另外，赞助营销活动的策划应该是一个整体的策划，包括活动之前的宣传、活动举行中的高潮以及活动之后的整合形象的传播。在赞助次数、赞助目标、赞助项目上要保持一定的稳定性与连续性。长期地、一贯地对某一赞助对象进行关怀和赞助，这种持续性的形象一旦建立起来，今后人们一提到这个活动就会联想到这一品牌。像这样的联想效果是赞助企业做常规的商业广告所得不到的。例如，可口可乐公司对世界杯和奥运会两大赛事的赞助已坚持了 70 多年，其联想效果已经深入人心。

三、企业广告

如果企业希望传递某一公关信息并对其内容加以控制，它可以采用企业广告这种形式。在整合营销传播活动中，企业广告可以为该企业的整个公共传播活动定下一个基调，如传播自己的名称、实力甚至理念。这些广告不涉及某个具体的产品或服务信息，而是传递企业的整体信息，包括公共关系广告、企业机构广告、企业识别广告和招聘广告。

（1）公共关系广告。为了使预定的公关信息精确匹配自己的目标受众，企业可以运用公共关系广告，借此增进企业与员工、政府、顾客及支持者的关系。在赞助艺术活动、电视节目、慈善活动时，企业往往会在其他媒介上发布公关广告，广为宣传这些节目和自己所赞助的活动，提高自己的社会公民形象，争取博得公众好感。

（2）企业机构广告。企业机构广告是为提高企业形象、增加知名度的非产品广告形式，通过这种广告可以报道企业业绩、找准企业在市场中的竞争位置、反映企业个性变化，推动股价上扬、提高员工士气等。不少企业管理者甚至专业人士认为，机构广告好是好，但却无法促成交易。但市场调研显示，凡是采用企业机构广告的企业，其知名度、熟悉度和整体印象均超过只使用产品广告的企业。

（3）企业识别广告。企业通常有专业的 VI 设计，有自己标志和企业符号，标明企业名称和产品的图案，当企业与另一家公司合并或是市场原因而不得不更换标志、名称、商标或企业署名时，企业这时就得考虑企业识别广告的事了。如联想名 Legend 改名为 lenovo，来传达更名信息给现有顾客、潜在顾客、投资者以及传媒，广告活动大获成功。

（4）招聘广告。企业利用招聘广告吸纳新员工，大多数招聘广告刊登在日报的分类广告栏中，一般由企业的人力资源部而非广告部安排。

本章习题

1. 你听说过传销吗？直销呢？直复营销和它们有什么区别？
2. 请列举两个你所知道的赞助营销案例，并说明属于什么赞助类型。

章末案例

银鹭八宝粥整合品牌传播

一、国内八宝粥市场现状

八宝粥是中国一个传统食品，然而八宝粥在食品市场所占份额十分有限，基本处在一个边缘化的地带。多年来八宝粥并没有像其他食品如方便面、膨化休闲食品、饼干等大跨步发展，目前尚未有外资企业涉入此行业。国内上规模企业也就杭州的娃哈哈和厦门的银鹭。娃哈哈自兼并杭州罐头厂并推出八宝粥产品至今已达 18 年时间；银鹭则是从 1989 年成立起就开始生产八宝粥产品，已有 20 年时间。目前，八宝粥市场娃哈哈依靠强大的渠道优势几乎占据了这一市场的半壁江山，银鹭的市场份额紧随其后。八宝粥市场基本处在寡头垄断的市场格局状况下。目前八宝粥产品特征如下：市场主流产品均采用 360g 马口铁三片罐装，口味集中度非常高，桂圆莲子八宝粥是市场上销量最好的口味。娃哈哈与银鹭近年来均不断推出新口味的八宝粥，但市场接受度非常低，均表现不好。不过近几年来，一种新型的碗装八宝粥也出现在市场上，如上海的川崎等，但尚未形成规模无法与传统的八宝粥抗衡。这个产品基本上集中体现了传统食品的特点，产品大众化、加工工艺复杂、零售价格低、口味传统且较单一化、产品整体创新不够等。

在八宝粥市场上，娃哈哈常年占据着市场领导者的地位，银鹭多年来的运作未有大的起色，一直处在市场竞争者的地位。2008 年银鹭的市场销售情况出现了非常大的市场波动。2006 年、2007 年银鹭的八宝粥都保持了 40%以上的市场增长率，但在 2008 年仅有 17%。主要原因如下：一是因为产品包装失去了记忆点，包装淹没在地方军团之中。二是负面新闻严重影响了产品的销售。三是2008年国内经济出现拐点，银鹭在此时进行提价造成渠道乏力。

长期以来银鹭一直是以较强势的渠道占据了二、三线城市的部分市场。然而，第一，渠道强势这一点也正是娃哈哈所具有的优势，在渠道竞争上银鹭竞争不过娃哈哈。第二，八宝粥这个产品本身的差异化非常低，娃哈哈和银鹭销量最好的口味均集中在桂圆莲子八宝粥。这样造成银鹭也很难在产品上发力。第三，价格上长期以来银鹭的零售价一直低于娃哈哈0.5元，这样造成在价格竞争上银鹭已经无可再让。第四，长期以来银鹭八宝粥的品牌传播非常混乱，包装、广告、促销、活动没有整合的品牌概念。消费者对其认知也很是混乱，八宝粥没有记忆点。银鹭的出路就是寻求一个固定的品牌诉求并围绕其开展一系列活动并坚持下去，银鹭八宝粥才能依靠其强大的品牌力来带动产品的销售成为行业的领导者。

二、银鹭的品牌系统提升

在八宝粥市场，银鹭应该进行怎么样的品牌升级才能成为新的市场领导者。娃哈哈是八宝粥市场的市场领导者，银鹭要在这个市场有所作为就只能在自己现有的优势之上利用娃哈哈在品牌营销上的不足来超越并成为这个行业的市场领导者。基于上述理念下的分析，银鹭采取了如下的市场突破途径。

① 产品口味改良；

② 加大一些市场的投入，与娃哈哈展开错位竞争；

③ 从品牌营销出发与消费者形成互动，培养消费者的忠诚度；

④ 从品牌营销出发，加大公关行为的营销造势，谋得更长久发展；

⑤ 产品梯次配置（高、中、低），逐步形成专业化优势。

银鹭要与娃哈哈较量只能在娃哈哈的软肋上着手，即加大银鹭的品牌营销，逐步强化自己是专业的八宝粥制造商。让消费者对银鹭的忠诚度不断提高，从消费者层面与娃哈哈进行竞争。八宝粥是中国的传统美食，然而数年来没有人去挖掘这一支有着长久生命力的产品的传统文化。百年品牌从品牌金字塔产品特征、品牌理性诉求、品牌感性诉求、品牌个性出发，一步步导出银鹭的品牌个性与品牌主张。产品特征——传统的五谷杂粮食品；品牌理性诉求——中华美食；品牌感性诉求——中华美德；品牌个性——爱的味道。

从整合品牌传播出发，银鹭开始注重企业的一切营销活动都应该围绕品牌来进行。从包装识别到广告传播，从公关行为到促销活动等均为围绕“银鹭，爱的味道”而开展。

包装识别　包装亦是广告，是品牌传播的第一平台。从银鹭八宝粥新老包装的对比可见，老的包装品牌和产品的传播定位不清晰，产品的诉求也仅仅停留在产品层面。没有赋予银鹭品牌一个独特的性格，而没有办法去传播给消费者。新的包装则给予了银鹭品牌一个独有的个性，在其产品的特征的基础上进行了品牌个性挖掘。赋予了银鹭爱的概念，进行情感传播。如此一来银鹭有了第一识别概念。八宝粥的热气幻化成爱心形又纳银鹭于内，自成一体。这样，银鹭八宝粥的包装自然天成，有了符合其品牌概念的品牌识别。

广告传播　广告传播是不断积累品牌概念和让消费者认知品牌的一个重要手段。在快销品行业国内的品牌少有几个去一贯坚持一个固有的品牌个性进行不断的强化与传播。同样是八闽大地的企业，无论是“才子赢天下”的才子男装，还是七匹狼的“男人不只一面”，福建不乏品牌运作十分优秀的企业，但多集中在服装企业，福建的快销品企业缺少优秀的品牌运作范例。八宝粥是一个成熟的产品，消费者对其概念十分熟知，在广告中再次重点介绍产品基本上是无济于事的，尤其是产品没有差异化的情况下去强化，只能是浪费宝贵的广告资源。广告的作用不是简单地让消费者去记忆和传播，而更重要的是在消费者的心中树立自我的品牌个性，占据消费者的记忆。广告需要一句让人刻骨铭心的话，广告需要一个让人深入脑海的画面，广告需要一个响彻寰宇的声音。这是评价一个优秀广告的基本条件。广告需要意料之中而又意料之外，需要一个让消费者去记忆的点。银鹭八宝粥的广告找到了这一点，孙子喂奶奶，这个创意不但十分贴合这个产品，而且又加强了银鹭的品牌个性，更重要的是给予了消费者一个清晰的可以记忆的记忆点。

公关行为 企业的公关行为也是其品牌个性塑造的一个重要环节，是其重要的品牌运动。针对银鹭“爱的味道”的个性诉求，银鹭每年都会开展一场“十大爱心使者”的评选活动，让全国的消费者都可以参与银鹭这个活动中来与消费者互动。更重要的是可以利用一些特殊的事件进行事件营销，事件营销的作用一直是事半功倍的，国内快销品企业进行事件营销成功之典范不乏少数，其中“南农夫北蒙牛”是事件营销之领军企业。农夫从支持北京申奥到饮水思源，收效十分显著，经过数年的运作，也树立了农夫的品牌形象和企业形象。蒙牛在业界骄人的业绩与其事件营销的功效是分不开的，从每天一斤奶强壮中国人到酸酸甜甜就是我的“超级女生运作”，更是在营销界树立了一个成功的标杆。而今天银鹭也要借势事件营销，走向新的品牌之路。相信只要坚持银鹭“爱的诉求”这一品牌个性，数年后银鹭也将是品牌运作的又一新的成功案例。

消费者促销活动 产品促销活动是企业与消费者面对面的活动，亦是对企业品牌运动直接支撑短期发力的最重要的活动，是企业与消费者沟通的常用方式。近年来大多数的快销品企业越来越重视与消费者沟通的环节。箭牌糖果围绕“清新口气，亲近你我”开展了系列的促销活动。娃哈哈根据不同的产品开展了系列与消费者沟通的活动，南昌举办的非常可乐“唱响红歌”的红歌会重新使得沉寂多年的非常可乐重新打起了民族的大旗；针对新推出的营养快线之幸福牵线版推出的幸福牵线活动更是在如火如荼地进行着。有了固有的品牌传播方向，银鹭完全可以有爱出发，与消费者展开面对面的沟通促销活动，只有这样才能加深消费者对银鹭更多的认识，持续性的活动也是增加消费者忠诚度的一个必由之路。在快销品充分竞争的今天，企业没有极具吸引力的产品投放市场，那么只有让固有的消费群增加对产品的消费频次来实现更多的销售，而要留住固有的消费群，增加消费频次，单单依靠渠道发力是远远不够的，从品牌出发与消费者实现有步骤、有计划、有方法的促销沟通活动必不可少。小活动成就大市场，作为营销人，始终相信只有有效的沟通才能成就更多的辉煌。

第十章　广告效果测定

学习要点

① 广告效果

② 广告效果测定

③ 广告效果测定的内容

④ 广告效果的测定方法

本章知识框架图

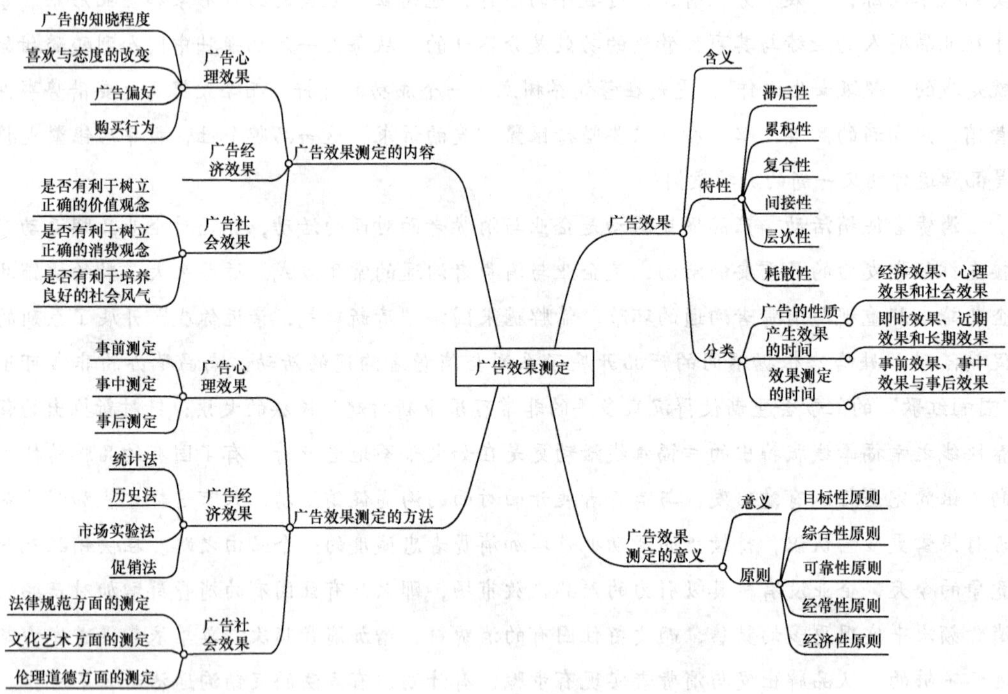

引导案例

户外视频广告的效果之惑

“我知道我的广告费浪费了一半，但却不知道是哪一半浪费了。”这是美国费城商人约翰·华纳梅克的一句名言，也是近一个世纪以来广告主们一直在问的问题。

据了解，目前广告公司和广告主通常采用的对户外视频广告的评估方法有两种：一是通过笼统的人流量评估，来估算每个媒体终端每天有多少人经过，人流的时段分布、年龄结构、性别分布等，在此基础上计算出千人成本；二是针对一些重要的广告主，聘请第三方调查公司来进行广告刊播后的问卷调查，从而评估广告效果。

“但这种针对户外广告的调研方法，其科学性和客观性还是无法让广告主有信心。”尼尔森户外广告的研究人员表示。作为世界领先的第三方调查公司，尼尔森在 2005 年年底发布了基于其卫星定位技术的户外广告受众研究报告，这项技术也是尼尔森作为与电视收视率调查等技术相对应的、针对户外广告的调查手段。但也正是由于其使用的卫星定位技术，尼尔森的这套户外广告调查系统目前还未被引入中国。

沃尔夫咨询集团亚洲区总裁戴维·沃尔夫也曾发出警告，虽然广告主现在很热衷于投放户外的视频广告，但如果没有支持户外视频广告效果的硬数据，广告主不会一直这么踊跃。

但现在，对户外视频媒体广告效果的质疑还不仅仅是因为评估系统和工具的匮乏，当新生媒体形式随着时间的推移变得不那么“新鲜”的时候，还会是一个吸引眼球的“香馍馍”吗？

CTR 市场研究公司近几年关于楼宇视频广告效果的评估数据，也从一定程度上验证了这种担心。2003 年，当楼宇视频广告的 LCD 屏最初出现在市场上时，当年“受众会主动观看分众传媒的液晶广告”的比例高达 93%，但这一数据在 2005 年降至 64%，2006 年继续下滑到 44%。而越来越多的户外视频媒体的出现，也在加速消耗受众对这一媒体形式的趣味和媒体本身的有效性。戴维·沃尔夫说，中国人每天要收到 300 条广告信息，一旦达到这个数量，人们就会善于滤除这些信息，我们所能容忍的广告数量几乎已经达到饱和状态。

思考：几乎没有人怀疑在中央电视台或湖南卫视投放的广告效果要比在一般地方卫视投放的效果要好，但好多少，几乎很好有人能用具体的数字说出。广告既是企业进行产品（观念）、品牌、企业宣传的工具，也是文化传播的一种形式和载体，尤其是那些公益广告，更是承担着弘扬社会正确价值观的社会责任。根据本案提供的内容，你认为对广告主而言，他最关注的是什么？对于广告代理公司而言，他们关注的又是什么？对于普通广告受众而言，他们关注的又是什么？

（资料来源：摘自李东进编著的《现代广告学》）

第一节　广告效果

随着经济的发展，市场竞争日益激烈，投入的广告费用越来越大，广告主也更加重视广告效果，测定广告效果已经成为广告活动的重要组成部分。广告公司的工作水平、服务质量如何，整个广告策划是否成功，广告主是否感到满意和有信心，都将成为评价广告效果的依据。这项工作与开展市场调查相似，费时费力，而且应注意科学性。在考虑广告效果测定时，应预先考虑安排合适的测定方法。

一、广告效果的含义

广告效果是广告活动或广告作品对消费者产生的影响。狭义的广告效果指的是广告取得的经济效果，即广告达到既定目标的程度，就是通常所包括的传播效果和销售效果。从广义上说，广告效果还包含了心理效果和社会效果。心理效果是广告对受众心理认知、情感和意志的影响程度，是广告的传播功能、经济功能、教育功能、社会功能等的集中体现。广告的社会效果是广告对社会道德、文化教育、伦理的影响。良好的社会效果给企业带来良好的经济效益。广告效果的测定一般是指广告经济效果的测定。

二、广告效果的特性

广告效果的测定，需先要了解广告效果的六个特性。这有助于我们更加准确地制订广告战略；也可以客观地测定广告效果，保证广告活动持续有效地开展。

（1）滞后性。广告对媒体受众的影响程度由经济、文化、风俗、习惯等多种因素综合决定。而广告又是短暂的，即使是招牌广告，其留下的影响也可能只存在于片刻之间。在这短暂的时间里，有的消费者被激起了购买欲望，很快就购买了广告宣传的商品；有的则要等到时机成熟时才购买该商品。这就是广告效果时间上的滞后性。从一般产品的销售曲线来看，销售量的峰值在广告投入量的峰值之后。如果把销售量的增加看成是广告的效果的话，相对于广告的投入，效果的出现总是要滞后一个阶段。时间的滞后性使广告宣传的效果不能很快、很明显地显示出来。因此，测定广告宣传的效果首先要把握广告产生作用的周期，准确地确定效果发生的时间间隔，区别广告的即时性和迟效性。只有这样，才能准确地预测某次广告活动的效果。

（2）累积性。广告宣传活动往往是反复进行的，某一次广告宣传由于其传输信息的偶然和易失性，使得其效果很难立竿见影。因此，广告发布一般都是反复进行的，每一次广告发布都会在一定程度上加深消费者的印象，扩大消费者对广告产品的认知范围和认知强度。所以，某一时点的广告效果都是这一时点以前的广告宣传积累的结果。我们不能因为一则广告在发布一次之后未能促使消费者产生购买行为，就断定该广告无效。对某一次广告效果测定是不足取的。媒体受众由于受多种因素的影响而没有产生购买行为，这段时间就是广告效果的积累期。针对广告效果的这一特性，广告主进行广告宣传时，应突出广告的诉求点，以鲜明的特色来打动消费者，使他们产生购买欲望，并最终达成交易行为。

（3）复合性。广告活动的最终效果离不开企业市场营销的整体战略，因为广告活动只不过是企业营销体系的一个环节而已。产品销售业绩的好坏，离不开产品的开发策略、产品定价策略、销售渠道策略以及其他推广策略等。从市场的情况来看，同类产品的竞争状况、消费者的消费习惯等都会影响到广告的效果。因此，广告活动的效果是由多种因素复合作用的结果。在测定广告效果时，要分清影响广告效果或决定广告效果的主要因素。由于广告效果具有复合性，某一时期的广告效果也许是多种媒体广而告之的结果。在测定广告效果时，要分清影响广告效果或决定广告效果的主要因素，以确保测定的客观性与真实性。

（4）间接性。广告效果的间接性主要表现在两个方面，一方面，受到广告宣传所影响的消费者，在购买商品之后的使用或消费的过程中，会对商品的质量和功能有一个全面的认识。如果商品质量上乘、价格合理，消费者就会对该品牌的商品产生信任感，就会重复购买。另一方面，对某一品牌产生信任感的消费者，就会成为该品牌的“意见领袖”，他们会活灵活现地将该品牌推荐给亲朋好友，这个过程就是广告效果的二次传播。广告的二次传播是免费的人际关系传播，它的可近性、可亲性、可信度远远高于第一次的大众传播。这就间接地扩大了广告的宣传效果。

（5）层次性。广告效果不仅仅是指整个广告活动的最终效果，而且是一种呈现多层次的结构，既有经济效果与社会效果，又有眼前效果与长远效果之分。只有将它们很好地综合起来，才有利于广告主的发展，有利于塑造良好的企业形象与品牌形象。广告主在开展广告宣传活动时，不能只顾眼前利益而做虚假广告，更不能只要广告的经济效果而忽视社会效果。

（6）耗散性。广告是市场竞争的重要手段，广告的竞争性是指广告主向消费者推介产品以取代竞争者的产品。广告的竞争性强、影响力大，就能增强广告商品在消费者心目中的地位，并有助于树立企业良好的形象。如果仅仅将广告看作是向消费者传递信息的活动，而忽略竞争意识，在当今竞争激烈的市场环境下是很难实现广告目标的。同时，我们也应该看到，由于广告之间存在着竞争，同类产品的广告大战，必然会对彼此的广告效果产生负面影响。

三、广告效果的分类

为了有效地对广告效果进行测定，必须对广告效果进行科学的分类，按照广告效果的不同类型采取不同的测定方法，才能取得较好的测定结果。广告效果从不同的角度研究有多种分类，具体如下。

（一）按广告的性质，可分为广告的经济效果、心理效果和社会效果

（1）广告的经济效果。即指广告的销售效果，是广告对促进商品或劳务销售和利润增加的影响。20 世纪 60 年代以前，销售额一直是测定广告效果的唯一指标。

（2）广告的心理效果。即指广告在消费者心理上引起反应的程度及其对促进购买的影响。1961 年 R. H. 科利发表了著名的 DAGMAR 模式，其主要观点是广告在传播其信息时，是逐步深入人们头脑中的；人们接受信息分若干层次，每一个层次都做出相应的反应之后，又通往下一个层次，其模式是：

未知→认知→理解→确信→行动

在广告报道中，接触广告的人们心理变化基本上按“认知—（感情上）接受—行动”这种发展模式，每一个层次的目的都可以作为广告心理效果来测定，并以此来确定广告心理效应的大小。

（3）广告的社会效果。即指广告对社会道德、风俗习惯、语言文字等方面的影响。

（二）按广告产生效果的时间来划分，可分为广告的即时效果、近期效果和长期效果

（1）即时效果。即指广告作品发布后立即就产生的效果。例如，一家酒店门口的招聘广

告就能吸引大量的求职人员前去应聘。

（2）近期效果。即指广告发布后在较短时间内产生的效果。时间通常是一个月、一个季度，最多不超过一年。在此期间，广告主的广告商品（服务）的销售额出现增长，品牌知名度、美誉度就会有一定程度的提高。大多数广告都追求近期的广告效果，它是衡量一则广告活动成功与否的重要标志。

（3）长期效果。即指广告在目标受众心目中产生的长期影响。一般情况下，消费者在接收广告信息后，并不会立即采取购买行动，而是把这些信息保存积累起来，只有在需要消费的时候这些广告信息才会被加以利用。因此，检验一则广告是否有效时，必须充分考虑到广告产生效果的时间因素，不能仅仅凭借广告的即时效果和近期效果来评价广告的优劣。

（三）按广告效果测定的时间，可分为事前效果、事中效果与事后效果

（1）事前效果。事前效果除了市场调研中所包括的商品分析、市场分析、消费者分析之外，还可能需要探究消费者的心理与动机，以及设法测验传播信息能在传播过程中发挥什么作用。这也就是一般所指的文案测验，它的目的在于找出创作途径，选取最适当的信息。

（2）事中效果。广告进行中的事中效果，目的在于设法使广告战略与战术能够依据预订计划执行，而不致离题脱轨，即使有偏差，亦可设法予以修正。

（3）事后效果。广告运动进行后的效果，则在于分析与评定效果，作为管理者策划的参考，以及在决定分配广告预算时作为决策的基础。

第二节　广告效果测定的意义和原则

一、广告效果测定的意义

从世界范围发展来看，在 20 世纪 50 年代以前，人们对广告效果的测定和评价往往是凭经验、直觉进行主观判断。在 20 世纪五六十年代，世界广告业发生了一个重大变化，即一些研究人员从广告公司、媒介单位和广告主企业中脱离出来，组织独立的广告研究所，专门从事对广告效果的研究和测定工作，从而将广告业的发展推进到一个新的历史阶段。另一方面，随着市场竞争的加剧，广告投入的大幅增加和广告业务的丰富与拓展，以科学的方法和手段进行广告效果的评价也越来越成为广告主企业和广告公司所关注的问题。这些都说明了广告效果的测定对于广告主企业的营销活动、广告单位的经营发展和广告水平的不断提高有着极为重要的意义。这可以概括为以下五个方面。

（1）是对整个广告活动经验的总结，是检验广告计划、广告活动合理与否的有效途径。在广告测定过程中，通过对广告结果与计划目标的对比，能够衡量广告的实现程度，并能据此总结经验，吸取教训，为下一阶段的广告促销打下良好的基础。

（2）广告效果测定是广告主进行广告决策的依据。在某一时期广告活动结束之后，广告主必须客观地测定广告效果，检验广告目标与企业目标、营销目标的吻合程度，以正确把握

下一阶段的广告促销活动。如果对广告活动的成效心中无数，就会在经营决策方面盲目行动，误入歧途。

（3）促进企业改进广告的设计与制作。通过对广告效果的测定，企业可以了解消费者对广告作品的接受程度，鉴定广告主题是否突出，广告形象是否有艺术感染力，广告语言是否简洁、鲜明、生动，是否符合消费者的需求，是否收到良好的心理效果等。这些都为企业未来的广告活动提供了参考资料，并有助于企业改进广告的设计与制作，使广告宣传的内容和表现形式的结合日臻完美，从而使广告的诉求更加有力。

（4）促进整体营销目标和计划的实现。广告效果测定能够比较客观地确定广告活动所取得的效益，也可以找到除广告宣传因素外影响企业产品销售的原因，如产品的款式、包装、质量、价格等问题。企业可据此调整生产经营结构，开发产品，生产适销对路的产品，实现经营目标，取得良好的经济效益。

（5）增强企业的广告意识。对广告效果进行科学的评价、测定，可以摒弃单凭经验、感觉来主观评判广告效果的做法，可以使企业的广告活动规范化、严格化和精细化，从而制定可行的广告决策。同时，对广告效果的测定，可以使企业切实感受到广告所带来的各种收益，增强其运用广告发展企业的信心，促进企业和广告业的共同繁荣。

二、广告效果测定的原则

明确了广告效果的特性及其分类后，在具体的广告测定过程中还必须遵循一定的原则，才能保证广告效果测定的科学性，达到广告效果测定的预期作用。

（1）目标性原则。由于广告效果具有滞后性、复合性与间接性等特点，因此，对广告效果的测定就必须有明确目标。如广告效果测定的是长期效果还是近期效果，是测定销售效果还是心理效果，是测定认知效果还是态度效果；如果是认知效果，是商标的认知效果还是产品特性的认知效果等。只有确定具体而又明确的广告效果测定目标，才能选定科学的测定方法与步骤，才能够取得预期的测定效益。

（2）综合性原则。影响广告效果的因素是十分复杂多样的，在具体测定过程中还有许多不可控的影响。因此，不管是测定广告的经济效果、社会效果或心理效果，都要综合考虑各种相关因素的影响。即使是测定某一具体广告，也要考虑广告表现的复合性能、媒体组合的综合性能以及时间、地域等条件的影响，才能够准确地测知广告的真实效果。另外，从全面提高广告效益来说，广告效果的测定也应该是广告的经济、社会、心理效果的综合测定。

（3）可靠性原则。广告效果测定的结果只有真实可靠，才能起到提高经济效益的作用。因此，在效果测定中，样本的选取一定要有典型性、代表性，对样本选取数量，也要根据测定的要求尽量选取较大的样本。对测定的条件、因素要严加控制，务必标准一致。测定要多次进行，反复论证，才能获取可靠的测定效果。

（4）经常性原则。由于广告效果在时间上有滞后性，在形式上有复合性，在效果上有间接性等特点，因此，对广告效果的测定，就不能有临时性观点。具体而言，某一时间和地点的广告效果，并不一定就是此时此地广告的真实效果，它还包括前期广告的延续效果和其他营销活动的效果等。因此，我们必须保存包括前期广告活动和其他营销活动及其效果的全部资料，才能真正测定现实广告的真实效果。同时，广告效果测定的历史资料，含有大量的测定经验和教训，对现时的广告效果测定具有重要的参考价值。并且，长期的广告效果测定，只有在经常性的广告效果测定的基础上才能进行。

（5）**经济性原则**。在制订广告效果测定计划时，在不影响测定要求和准确度的前提下，测定方案要尽可能简便易行。同时，进行广告效果测定时，所选取广告样本的测定范围、地点、对象、方法以及测定指标等，既要考虑满足测定的要求，也要充分考虑企业经济方面的可能性，尽可能做到以较少的费用支出取得尽可能满意的测定效果。

第三节　广告效果测定的内容

一、广告心理效果测定的内容

广告心理效果的测定，是指广告刊播后对受众产生的各种心理效应，如对知觉、记忆、理解、情感、欲求以及行为方面的影响。通常，广告的心理效果也称为广告的沟通效果。广告既然旨在影响消费者的心理活动和购买行为，就必然与消费者的心理过程发生联系。广告对消费者的影响程度主要反映在对消费者认知过程、情感过程和意志过程的影响上。换而言之，广告信息作用于消费者而引起的一系列心理效应，也就表现在对广告内容的感知、记忆、思维、情感体验以及态度倾向之后。因此，对广告心理效果的测定也就直接在上述心理过程中进行。一般而言，广告心理效果测定内容可以归纳为以下四个层次。

（1）**广告的知晓程度**。即指媒体受众通过多种媒体了解某则广告的比率和程度。其计算公式如下：

某则广告的知晓程度=（被调查者中知道该则广告的人数/被调查者总人数）×100%。

通常，当产品是新的或不为人知时，广告宣传活动的目标可能只是使消费者知道某品牌的存在。此时对品牌或者销售信息的知名度加以评价最为简单，因此，也经常被使用。此外，对一个既存品牌或知名的品牌而言，广告宣传活动设定的目标通常是在已有的基础上测定消费者是否知道有新的广告信息或者知名的比例是否扩大。需要指出的是，品牌的知名度包括未经提示知名度和提示知名度。未经提示知名度是指广告对象未经提示对品牌的回忆率；提示知名度是指经过提示后对品牌的回忆率。未经提示条件下的品牌知名度当然比提示知名度更能准确地反映广告的效果，两者在同等数值情况下，前者的品牌竞争力强于后者，但由于现代广告数量十分惊人，人们对许多广告的认识与记忆只是处于潜意识的状态，当人们进入营业环境时，那些潜意识中记忆的广告可能重新浮现到清晰的印象中来，所以提示条件下的品牌知名度也具有较高的应用价值。

未提示品牌的知名度=（未经提示准确回忆品牌的总人数/样本总数）×100%

提示品牌知名度=（经过提示回忆该品牌的人数/样本总数）×100%

（2）**喜欢与态度的改变**。即指消费者由于广告而喜欢某产品或品牌。但是，消费者的喜欢可能由很多因素积累而成，要把广告的作用分离出来是非常困难的。因此，通常在测定"喜欢"的程度时，如果能够认定广告对消费者的心理状况或态度改变产生了效果，就可以说消费者已经过渡到知晓阶段了，并且对某产品或品牌形成了肯定意见。值得注意的是，虽然喜欢与态度改变是测定广告心理效果的一个必不可少的步骤，但喜欢并不意味着消费者将购买某产品，仅仅意味着消费者形成了肯定的感觉或印象，消费者可能喜欢多种品牌而只买其中高的一种或几种。

（3）广告偏好。偏好是广告活动心理效果的高级阶段，它意味着消费者在某一类别中对某一品牌的喜欢程度超过了其余品牌。在广告效果测定中，如果发现广告对消费者的偏好产生了作用，则认为广告发挥了较深入的作用。在创造产品偏好中，如果确证广告是主要因素，则不论有无实际销售成果，通常都认为这一广告是有效的。因为在购买行为阶段，有许多因素可能会发生作用，即使有效的广告也不一定能直接导致购买行为。

（4）购买行为。在某些情况下，广告心理效果的最后阶段是导致购买。如果能够证明广告导致了购买行为的某种程度的扩大，则广告应该被认为有效。例如，在直邮广告心理效果测定中，购买行为被认为是广告心理效果的重要结果。

广告心理效果的测定其实是对信服的测定，通过测评消费者的购买意向或过去购买行为来测定广告的心理效果。购买的意图常常被认为是广告成功的强有力的指标。此种测定的假设是：广告是一种在过去刺激消费者购买某一品牌、或在将来促使消费者发生品牌转移的一种力量。根据假设，在信服的大多数测定中，问题都涉及购买了什么。如果转移品牌曾经发生，或者如果有表示在下次购买时会发生品牌改变，就意味着这种"信服"的改变是与广告相关的。这种相关性严格地讲是不严谨的，但习惯上作为一种测定的形式，被经常用来说明广告心理效果的高级程度。

二、广告经济效果测定的内容

广告经济效果测定，就是测定投入一定广告费及广告刊播之后，所引起的产品销售额与利润的变化状况。需要明确的是，"产品销售额"包含两层含义：一是指一定时期的广告促销所导致的广告产品销售额，以及利润额的绝对变化量，这是一种最直观的衡量标准；二是指一定时期的广告促销活动所引起相对变化量的变化。它是广告投入与产出结果的比较，是一种更深入、更全面了解广告效果的指标。这种投入产出指标对提高企业经济效益有着重大的意义。它要求以下几点。

（1）每增加一个单位产品的销售额，要求广告投入最小，销售增加额最大。

（2）每增加一个单位的广告经济效益相对指标，要求企业（即广告主）获益最大。即经济效益的提高要与企业形象、品牌形象的成功塑造相结合。

（3）这种相对指标的提高，要有利于形成一个良好结构与良性循环。良好的结构是指企业内在的生产结构与市场需求趋势以及消费者偏好相适应，从而有利于企业开展促销活动，良性循环是指广告促销活动有利于企业调整生产经营结构，开发新产品，生产出适销对路的产品，这一循环成为企业发展的一种内在的自律机制。

三、广告社会效果测定的内容

广告社会效果是指广告在社会道德、文化教育等方面的影响和作用。广告不但能够传播商品知识，还可以影响人们的消费观念，被作为一种文化而流行推广等。广告社会效果应该体现以下几个方面。

（1）**是否有利于树立正确的价值观念。**这涉及社会伦理道德、风俗习惯、宗教信仰等意识形态领域。近几年来，中国台湾地区的广告活动多以“新儒学”为策划内容，倡导一种合乎理性的家庭价值观念，对广大青少年来说，很有教育意义。

（2）**是否有利于树立正确的消费观念。**正确的消费观念是宏观经济健康发展的思想基础，也是确保正常经济秩序的基础。有一段时间，我国广告宣传倡导“超前消费”，认为“超前消费”可以刺激国民经济的发展，加快国民经济发展的速度。实践证明，“超前消费”只能带来较高的物价水平，扰乱正常的经济秩序。这种导向的广告宣传应该受到社会的谴责。高储蓄可以为国民经济发展提供充足的资金，因为在宏观经济运行系统中，储蓄投资保持高储蓄能使市场供求处于“买方市场”的态势，为国民经济健康发展提供良好的外部环境。

（3）**是否有利于培养良好的社会风气。**例如，是否有利于重视教育、爱护环境、节约使用资源、遵守公共秩序、遵纪守法等良好风气的培养。

第四节　广告效果测定的方法

一、广告心理效果测定的方法

测定广告心理效果根据时间的不同可以分为事前测定、事中测定和事后测定。相应地，运用的方法也可以分为三种类型。

（一）广告心理效果的事前测定

广告作品的心理效果事前测定，是指在广告作品尚未正式刊播之前，对广告进行评测。具体地说，就是对广告作品的各种要素，包括广告主题、广告创意、广告完成稿等，进行评价分析，以便根据测定的结果，及时调整广告策略、突出广告的诉求点，以提高广告的成功率。心理效果事前测定常用的方法有以下几种。

（1）构想测定的方法（创意测定）

构想测定法，也称创意测定，是指广告作品完成前，对其诉求内容是否可行进行的测定，多采用实验室测定。构想的表现手法有两种：一种是记号化手法；另一种是反应测定手法。在记号化手法里，可以把构想用文字记号勾画出来，也可以采用样本广告的形式表现出来。在反应测定手法里，可以直接向被测试者询问商品与构想的关系或用诱导的方式让被测试者谈论有关商品或构想联系。不论是直接反应测定还是间接反应测定，都可以使用自由表述法、联想法、选择法、配合法、同意法等最后决定诉求方向是否正确。

自由表述法　即用指示的口吻询问被测验者的建议和意见，如“你认为如何？”“你是怎么想的？”等。但这类问题的答案通常有两个缺点：一是含义不明确；二是烦冗拖沓，解释起来颇费周折。

联想法 即指给定一些简单的创意符号，如文字、图形、文章等，让被测试者说出所想到的事物。

选择法 即指在被选的各个项目中，请被测试者选出他们认为最恰当、比较易行的一宗。一般是将备选项目两个一组分开，让被测试者在每组中选出一个自己喜欢的，再将第一轮选出的项目两个一组分开，让被测试者再从中选择，直到最后确认一个最满意的广告为止。选择时也可采用多项选择，即由多个当中选一个最喜欢的。还可以采用顺位的方法，将各个项目按其重要性依次排列起来，最好的列为第一位，次为第二位、第三位等。

配合法 即让被测试者选择两个项目群之间如何配合最为恰当的一种方法。例如，多种商品名称和多种创意构想并列在一起，由被测试者确认哪种商品名称和哪种构想配合最为恰当。

同意法 即指请被测试者谈谈对某一创意构想的态度。

（2）文案测定的方法

文案测定是指把广告作品提供给被测试者，观察他们的反应。主题和综合因素是测定时要考虑的两个重点。文案测定常用的方法有以下几种。

残像测定法 这种方法是将广告作品短暂暴露在被测试者面前，然后拿走文案后立即要求他们回忆看到的内容，询问对该作品的印象。由于人在短时间内的记忆力是有限的，记住的东西即残留的印象必是刺激强烈的。如果被测试者描述的印象正是广告要突出的信息，说明广告的主题是刺激最强的；若描述的残留印象与广告主题距离太大，则需要强化主题的刺激，弱化次要刺激。此种方法多用于主题测试，实际上是利用人的记忆特点完成的。

专家意见综合法 又称德尔菲法，是指将设计好的广告作品，逐个交给与广告活动相关的 10～15 个专家进行评审，请他们在规定的时间内，以书面的形式给评审表指标打分，寄回组织者，这是第一轮评审。之后组织者以匿名的方式进行综合整理，再发给各位专家咨询评审结果。经过 3～5 轮背靠背评审，各专家意见趋于一致，以最后一轮分值的高低作为判定标准。若有几个广告作品，也可以用此法选出最佳的一个。

要点采分法 此法又称为检查表测验法，它是先设计一个广告要点采分表，然后请诉求阶层代表和消费者打分，以分值高低判断优劣，见表 10-1。

表 10-1 **要点采分法**

评价项目	评价依据	权系数	广告效果积分
吸引力	吸引注意力的程度	0.2	
认知性	对广告销售重点的认知程度	0.2	
易读性	能否了解广告的全部内容	0.1	
说服力	广告引起的兴趣及对广告商品的好感	0.2	
行动率	由广告引起的立即购买行为 潜在购买准备	0.2 0.1	
优劣标准	最佳 80～100　优等 60～80　中等 40～60　下等 20～40　差 0～20		

仪器测定法 即运用各种生理仪器对广告作品中各个要素进行综合测定，常用方法有三种。**第一种，皮肤电气反射测验器**。通称“测谎器”或“精神电流计”，用这种仪器进行测验的方法也称“电位法”。当人们看广告时，心理会受到某些冲击，换句话说，即某种程度的兴奋或感动，随着人的感情起伏，人体出汗情况也有变化，因出汗情况的变化，以测定其感情的反应。但每个人出汗情况不同，必须事先测定其本质，才不致有误差。同时每个人反应有快有慢，所得到的图表，宜对其反应时间按每个人实际反应速度加以修正。再者，被测验者，内心所受冲击的感受是好的还是坏的，必须用其他方法予以补充。**第二种，瞬间显露测定**。又称为速视器测验法，它是一种典型的文案测量方法。测量仪器速视器是一种能在极短时间内（如 0.25 秒）之内呈现刺激，以检查观众对广告各要素注目程度的装置。测量时，先在极短时间内呈现刺激物（广告作品），此时看不清刺激物。然后逐渐延长呈现时间，要求被试者把看到的东西画在纸上，根据刺激内容的注目程度和刺激呈现时间的关系，就可以判断广告或广告要素的效力。一般而言，先引起受试者注目的广告或广告要素，其效力较大。从另外一角度来说，达到某一注目程度的呈现时间愈短，效力愈大。**第三种，视向测定法**。通过视向器测试被测试者观看广告内容的情况，记录观看广告文案各部分的顺序，时间长短以及瞳孔的大小变化，以此来判断广告作品的吸引力。视向器的原理是由于人的眼球并非完全是球形的，从侧方向角膜投射光线时，其反射光随眼球的转动而转动，将这种转动情形拍摄记录下来。视向测定法主要做如下测定：直写、横写文字的易读性；人物标志、广告标语的引人注目程度；广告各要素是否按照作者的意图顺序让广告接受者注目；是否把重要的广告要素看漏；原因何在？广告作品的各种视觉效果都能测出。

（二）广告心理效果的事中测定

广告心理效果的事中测定是指在广告作品已经开始刊播后了解媒体受众在日常生活中对广告的反应。但这种测定结果对进行中的广告宣传策略与目标，一般很难修改，只能够对具体的方式、方法进行局部调整和修补，其常用的方法主要是市场实验法。市场实验法是指选定一两个实验地区刊播已设计好的广告，然后再同时观察试验地区与尚未推出广告的地区，根据媒体受众的反应情况，比较实验地区与一般地区之间的差别，就可对广告促销活动的心理效果做出测定。对电视、广播广告效果的事中测定，可以采用以下四种方法。

① **家中测试**。将一个小型屏幕安装在具有宽带的目标消费者家中，让这些消费者观看电视节目。该方法可以使被调查者的注意力集中，但人为地制造了一种勉强看电视广告的环境。

② **汽车拖车测试**。为了更接近消费者作出决策的实际情况，可在市郊商业区安置汽车拖车，以作为临时的工作实验室进行实验。在此模拟的购物环境中，向消费者展示测试的产品并给他们选择一系列品牌的机会，然后请消费者观看一系列电视广告片，发给他们一些在郊区购买商品的赠券。广告经营者可根据回收赠券数量的多少，判断广告片对媒体受众购买行为的影响力。

③ **剧场测试**。被测试者被邀请到剧场观看尚未公开播映的电影片，同时插播一些广告

片。在放映之前，被测试者简述在不同商品中自己比较喜欢的品牌。被调查者偏好如有改变，则表明电视广告片有效果。

④ **播放测试**。这种测试是在普通的甚高频电视台或有线电视节目频道中进行的，广告经营者将被测试者召集在一起观看播放的节目，其中包括被测试的广告片。在广告播放后，广告经营者与被测试者接触，询问他们能够回忆起多少广告片中的内容。

（三）广告心理效果的事后测定

广告心理效果的事后测定虽然不能直接对已经完成的广告活动进行修改或补充，却可以全面、准确地对已做的广告活动的效果进行测定。因此，广告心理效果的事后测定的结论，一方面可以衡量本次广告活动的效果；另一方面可以用来评价企业广告策划的得失，积累经验，总结教训，以指导下一次的广告策划。其常用的方法是学林测定法。学林测定法是美国学林调查公司根据节目分析法的原理，于 1964 年发明的测定广告心理效果的一种方法。该方法又分为节目效果测定法、广告效果测定法和基本电视广告测定法三种。

（1）节目效果测定法。召集约 300 名受众到会场，说明测试方法，请观众对实验所使用的节目按个人意见评分，评分分为有趣、普通、无趣三种程度。这种测定结束后，应该针对节目进行讨论，即评价有趣、无趣、普通的原因何在等，这些讨论资料也作为评价的参考。

（2）广告效果测定法。广告效果测定法与节目效果测定法的内容大致相同，是通过邀请具有代表性的观众到剧场或摄影棚，欣赏进行测定的各种广告片。与节目测定法不同的是，在未看广告片之前，根据入场者持票号码，邀请媒体受众选择自己喜欢的品牌（包括竞争品牌和测验品牌），并进行记录。广告片播放完毕后，请观众再次做出选择，如果此次通过广告对所测验的商品品牌的选择高，高出的部分就是该广告片的心理效果。另外，在看完广告片后还可以要求被测试者尽量写出广告片中出现的商品名称，作为记忆资料。一般在测试完成后，将媒体受众所选择的商品赠送给他们。如果所选择的商品单价比较高，也可以赠送他们一些其他礼品。

（3）基本电视广告测定法。这种测定法的目的在于客观评价和判断电视广告片的优劣，以及用标准化的程序测试电视广告的效果。基本电视广告测定法的项目有以下几种。

趣味反应，即利用集体反应测试机，测试媒体受众对每一个电视画面的兴趣。

回忆程度，即运用自有回答法，让媒体受众回忆广告片中的商品品牌、广告主名称、画面内容以及标语、口号等。

理解程度，即运用自有回答法，了解媒体受众对广告内容的领悟程度。

广告作品诊断，即运用自由回答法，让媒体受众指出广告片的特色并提出修改意见。

效果评定，即采用问卷的形式，测验媒体受众对广告片的一般印象，即广告片的一般心理效果。

购买欲望，即询问媒体受众有无购买广告产品的冲动或者有无购买欲望。

广告片的整体效果，即询问媒体受众对整个广告片的整体评价。

这种测定法的优点是相对比较客观、全面，能真实地反映受众的心理活动状况，取得资料的可信度高；缺点是操作技术很强，成本费用高，具体推行起来有很大的局限性。

需要指出的是，本节所述的广告心理效果测定方法都有其自身的局限性。它们假定消费者能够理智地考虑其购买行为，即这些测定的出发点是广告影响态度，态度导致行为。从消费者购买心理角度来看，对于参与度比较高、需要理性决策的商品，上述情形比较符合现实；但是，对于一些参与度比较低，或者是冲动型购买的商品，则未必如此。因此，在具体进行心理效果测定时，需要针对具体问题具体分析。

二、广告经济效果测定的方法

企业进行各种广告宣传的目的，不外乎是为了树立企业的信誉，推销本企业的产品，力争增加产品销售量。广告经济效果测定方法主要有以下几个方面。

（一）统计法

统计法是运用有关统计原理和运算方法推算广告费与商品销售的比率，以测定广告的销售效果。广告的销售效果主要反映在广告费用与商品销售量（额）之间的比例关系，它的测定是以商品销售量（额）增减幅度作为衡量标准的。统计法测定方法主要有以下5种。

（1）广告费比率法。即指一定时期内广告费在商品销售额中所占的比率，用来测定计划期内广告费用对产品销售量（额）的影响。其计算公式为：

广告费用比率=[广告费/销售量（额）]×100%

广告费比率越低，表明广告销售效果越大；反之越差。

（2）广告效益法。广告效益法包括两种计算方法，分别是广告费用增销率法和单位费用增值法。

第一，广告费用增销率法 用来测定计划期内广告费用增减对广告商品销售量（额）的影响。它表现的是一定时期内每增加单位广告费所带动的销售额的增加量。其计算公式为：

广告效益=（销售增加额/广告费增加额）×100%

广告费用增销率越大，表明广告促销效果越好；反之，表明广告销售效果不好。

第二，单位费用增值法 该方法用来测定单位广告费用对商品销售的增益程度。它表现的是本期广告投资引起销售额的增减变化情况。其计算公式为：

单位广告费用增销量（额）={[报告期销售量（额）-基期销售量（额）]/本期广告费用}×100%

单位广告费用增销量（额）越大，表明广告效果越好；反之则越差。

（3）广告效果比率法。即用销售量的增量与广告费的增量之间的比率关系来测定广告的效果。广告效果比率法计算公式如下。

广告费用增销率=[销售量（额）增长率/广告费用增长率]×100%，即$\Delta Q/\Delta P\times 100\%$

由此可见，在广告费的增量不变的前提下，销售量的增量越大，广告的效果越好。在销售量增量不变的前提下，广告费的增量越小，广告的效果越好。广告费增长率越低或者销售额增长率越高，则广告效果越大；反之越差。

（4）单位费用促销法。单位费用促销法用来测定单位广告费用促销商品的数量或金额。其计算公式为：

$$单位广告费用促销额（量）=销售额（量）/广告费用$$

单位广告费用促销额（量）越大，表明广告效果越好；反之越差。

（5）**广告效果指数法**。根据这种方法，在广告推出之后，广告测定人员要对某一特定人数的消费者群体进行调查。调查的问题是：第一，消费者是否看过（或听过）广告；第二，消费者是否购买了广告所宣传的产品。调查后的结果见表 10-2。

表 10-2 **调查结果表**

	看（听）过广告的人数	未看（听）过广告的人数	合计人数
购买广告商品的人数	a	b	$a+b$
未购买广告商品的人数	c	d	$c+d$
合计人数	$a+c$	$b+d$	N

其中：a 为看（听）过广告而购买广告商品的人数

b 为未看（听）过广告而购买广告商品的人数

c 为看（听）过广告而未购买广告商品的人数

d 为未看（听）过广告而未购买广告商品的人数

从表中可以看出，即使在未看过广告的消费者中，也有 $b/(b+d)$的比例购买了广告商品，因而要从看过广告而购买了广告商品的 a 人数中，减去因广告以外因素而购买广告商品的消费者人数$(a+c)\times[b/(b+d)]$，这样才能准确地测定出广告对销售效果的实际影响，即广告的真实效果。用这个结果除以全体人数所得的值，成为广告效果系数，即 AEI（Advertising Effectiveness Index），其计算公式如下：

$$AEI=\{a-(a+c)*[b/(b+d)]\}/N\times 100\%$$

广告效果指数法能够比较准确、客观地计算广告的经济效果。例如，甲、乙两家企业同时做服装广告，广告之后，通过调查所得的结果见表 10-3 和表 10-4。

表 10-3 **甲企业调查结果表**

	看（听）过广告的人数	未看（听）过广告的人数	合计人数
购买广告商品的人数	50	28	78
未购买广告商品的人数	70	92	162
合计人数	120	120	240

表 10-4 **乙企业调查结果表**

	看（听）过广告的人数	未看（听）过广告的人数	合计人数
购买广告商品的人数	60	18	78
未购买广告商品的人数	55	107	162
合计人数	115	125	240

按照 AEI 公式计算：

甲企业：AEI=1/240×[50−(50+70) ×28/(28+92)] ×100%=9.17%

乙企业：AEI=1/240×[60−(60+55) ×18/(18+107)] ×100%=18.10%

按照计算结果，甲企业广告后效果指数为 9.17%，乙企业的广告效果则更加显著一些。

（二）历史法

历史法又称为历史销售效果测定法，它通常是通过刊出广告前后商品销售情况的变化来说明广告效果的大小。它一般不属于定量测定。历史销售效果测定法可以在零售店或超市的货架上进行直接调查。例如，在卖场展示 POP 广告或在购物环境中播放广告片，请商品推销员或导购员在现场派发产品说明书和附加购买回函广告单，从现场的销售情况就可以直观看出广告的效果。

（三）市场实验法

市场实验法是通过有计划地进行实地的广告试验来考察广告效果的方法，因而又称为现实销售效果测定法。实验法一般是在进行大规模广告活动之前，通过不同试验手段测定和比较销售状况的变化，从而决定广告费用投入规模、媒介选择或文本选优的一种广告效果测定方法。市场实验法属于效果的事前测定，同时又是对销售情况的测定，属于广告经济效果测定的范围。采用实验法必须选择与目标销售区域或对象具有类似特征的实验范围与对象。对于接受实验者来说，一切都必须是全新的，不带任何假想的，甚至是一无所知地接受实验，这样才能使所获结果尽量接近事实。市场实验法具体包括以下几种方法。

（1）费用比较法。费用比较法是通过不同现场安排不同的广告投资，以测定不同现场的销售差异，从而确定销售效果与广告费之间关系的一种方法。测定目的是确定广告费的投入规模。费用比较法的典型操作方法是：首先选定几个市场条件相近的地区，安排发布同一个广告;但不同地区安排的广告费用投入不同，如试验地区有三个，A 区按标准投资，B 区按高出标准 50%的规模投资，C 区按低于标准 50%的规模投资；最后比较广告效果的差异，以确定最有利的广告费投入规模。

这种方法是利用现场广告投资的不同，来考察广告费用与广告效果之间的关系。比如某公司在市场调价比较接近的三个地区发布同一广告，在第一地区投入标准广告预算，在第二地区投入的广告费是标准预算的一倍，而在第三个地区投入的广告费则是标准预算的一半。经过一段时间以后，统计三个地区该商品的销售量，计算不同广告投入对三个地区产品销售的影响。

（2）区域比较法。区域比较法又称销售地区实验法。具体做法是，先选择两个大体条件相同的地区，其中一个地区进行广告活动，称为测验区；另外一个地区不进行广告活动，称为比较区。通过比较两个地区销售额的变化来检测广告销售效果的方法。

（3）媒体组合法。媒体组合法是指通过选定几个条件类似的地区，在不同地区安排不同媒体组合的广告，以测定广告销售效果的方法。测定目的是对媒体组合方案选优。

例如，选定条件类似的 A、B、C、D 四市，A 市安排播出电视和广播广告，B 市安排广播和报纸广告，C 市安排电视和报纸广告，D 市则安排户外、电视和广播广告。在广告刊出或播出一段时间后，比较分析四城市的销售变化。假如 C 城市销售增长率最高，那么我们就可以基本判定电视和报纸的广告媒体组合效果最好。

运用媒体组合法测定销售效果时，如果各地区不同媒体组合广告花费相差悬殊，那么在分析了销售增长情况后，还必须借助广告媒体效果的统计测定法，进一步计算并比较不同媒体组合的广告效益，然后对广告媒体组合进行选优并确定最佳规模的广告费投入。

（4）分割接触法。又称为分刊测定法，是指在同一期报纸或杂志销往两个地区时，用机械印刷办法使同一期报纸或杂志的半数刊上 A 广告，另一半刊上 B 广告，而且 A 广告发往甲市，B 广告发往乙市，然后测定广告销售效果的方法。分割接触法的目的是，通过测定 A 广告在甲市、B 广告在乙市的销售效果来对 A 和 B 两个广告文案进行选优。使用该方法应特别注意一点，就是甲、乙两市的销售效果一定要有可比性，否则，所得结论也不可信。

（四）促销法

促销法是指首先选定两个地区，其中一个地区只发布广告而停止其他任何促销活动，另一个地区则既发布广告又进行其他促销活动。然后通过比较两地区销售量的变化来测定广告的销售效果的一种方法。促销法可用于测定广告在整个促销组合中的销售结果，也可以用于测定不同促销组合的销售效果。运用促销法时同样要注意的是，两地区销售效果必须有可比性而且市场条件接近。

采用上述方法测算出的广告销售效果，只能作为衡量广告效果的参数。这是因为商品销售量的增减及成长的快慢，是由商品的质量、价格、市场因素等多种因素决定的，广告的促销效果只是诸因素之一，不可能把广告因素单独抽取出来分析销售效果。

三、广告社会效果测定的方法

测定广告社会效果主要从法律规范、文化艺术、伦理道德等方面进行测定。

（一）法律规范方面的测定

利用广告法规来管理广告是世界各国对广告进行制约的普遍方法。这一指标具有权威性、概括性、规范性、强制性的特点，适用于衡量广告中存在共性的一般问题。在我国，检验广告社会效果的政治标准是必须坚持四项基本原则，必须有利于改革开放大局，必须为发展社会主义市场经济服务，必须为人民大众服务，广告的内容要有利于人民的身心健康，有利于社会主义精神文明建设。我国广告社会效果测定的主要依据就是《中华人民共和国广告法》《广告管理条例》《广告审查标准》《广告管理条例施行细则》《国际广告法规条例》，此外还有一些社会规范等。

（二）文化艺术方面的测定

不同民族文化都有自己的特殊性和历史的延续性，每个国家都有着自己特殊的文化传统和风俗习惯，形成各自不同的文化艺术观念，广告创作必须符合这一观念的要求。如广告图文不能有低级庸俗、不健康的内容出现，以免对社会风气起不良影响。当然，尊重文化传统并不等于自我封闭，我们应当积极加强与外界的联系，借鉴与学习世界先进的科技手段，提高广告创作的艺术水准和广告传媒的水平。

（三）伦理道德方面的测定

社会的伦理道德标准是人们普遍遵从的价值取向。在一定时期内、一定的社会意识形态下，特定的伦理道德标准，表明了人们普遍的价值取向。这一标准受到民族特性、宗教信仰、风俗习惯、教育水平等社会文化因素的影响。一则广告要取得良好的效果，必须能在情感上引起共鸣，要得到公众的好评才能被接受，而要得到公众的好评，就必须在内容和表现形式上都符合社会伦理道德的要求。

广告社会效果的测定方法分为两种情况。一是测量广告的短期社会效果时，可采用事前、事后测量法。接触广告之前之后的消费者在认知、记忆、理解以及态度反应的差异比较，可测定出广告的短期社会效应。第二种情况是测定广告的长期社会效果，这需要运用较为宏观的、综合的、长期跟踪的调查方法来测定。长期社会效果包含对短期效果的研究，但是还远不止这些，同时要考虑广告复杂多变的社会环境中所产生的社会效果。这方面的研究更多属于人文科学范畴。

本章习题

1. 为什么要进行广告效果的测定？

2. 按照广告的性质，可以把广告效果分成几类？分别代表了什么意义？

3. 如果你是一家企业主，在某个电视台投放了大额广告，那么你在评价本次投放效果时，应该遵循什么样的原则？

4. 广告的社会效果测定的内容包括哪些方面？

5. 某知名品牌在中央电视台投放了一则广告，广告中的卡通人物形象反复重复其中的广告语。同学小张看了这则广告后说，什么广告，简直就是制造社会的声音垃圾。请问张同学是从广告的什么效果进行评价的？为什么？

6. 广告经济效果的测定有哪些方法？

章末案例

脑白金广告烦归烦，效果才是硬道理

“如果脑白金让你睡得更香，请你告诉 10 位亲友脑白金好；如果脑白金让你精力充沛，请你告诉 10 位亲友脑白金好；如果脑白金对你没效果，那就请你告诉 100 位亲友脑白金不好。”相信很多人对上述广告语已经不会陌生。

在“今年过节不收礼，收礼只收脑白金”之后，记者注意到，脑白金的广告诉求已经从送礼转变到疗效。新广告场面恢宏，热闹至极，在一直表现平静的电视广告中依然个性十足。广告的最后，一片欢呼声中，脑白金用强有力的声音喊出了“有效才会有道理”、“脑白金请广大市民作证”的口号。

脑白金从来都是新闻的产生地，其广告更是争议的焦点。2002 年 1 月，脑白金就因“送礼篇”这个“不受欢迎的广告”，首度在四川打出广告向电视观众致歉，并承诺不仅要制造

好产品，更要拍摄较高水准的电视广告。也许这一次就是脑白金为观众制作的高水准的电视广告。但许多受众反映，这个广告并不能改变脑白金已经在消费者心中形成的品牌形象。“广告是打得多，但就因为太多了，所以人们对此有了免疫力，所谓物极必反也。该调整一下广告策略了，也让‘脑白金’休息一下，它不累，我们都看着累啊!一件事物看久了都会对它产生反感，品牌广告播久了，只会让人讨厌它。虽然知名度高，但顾客也跟着慢慢没了。”一位网友这样评价脑白金的新广告。

在律师事务所工作的解小姐对记者说：“其实脑白金采用如此招数无非是想让人们记住它，从这一点上来说，厂家的确达到目的了，但让观众铭记就是好广告吗？起码我和我的同事们就不会去买脑白金的产品，即使它的效果的确很好，但品牌的好感度还是不行，何况效果只是它自己在吹嘘，广告的可信度并不是很大。”

当然，从脑白金的策略来看，大中城市并不是它的主要市场。记者注意到，此次新广告的投放也反映了脑白金策略上的改变。中央电视台广告部的宋文敬告诉记者，以前脑白金的“送礼篇”广告曾经在中央电视台热播过一阵，而如今它的新广告都是在省级卫视台投放的，而且时间段都是自己选取的。

从这一点上来看，脑白金的销售区域还是在二级、三级市场，受众的层次是中等偏下，因此广告从“卖点”的角度出发，对于这些区域的市场应该说还是有一定说服力的。但业内人士也指出，广告会直接影响到品牌形象，这样的“卖点”虽然在一定时期、一定区域对销售有作用，但其表现手法和频繁的出现率都会损伤品牌形象，对于品牌的长远建设没有好处。

脑白金广告创意确实难以恭维，但创意不好并不意味着效果不好，而且对创意的理解每个人都有不同的看法。从脑白金以前的广告来看，其创意也差强人意，但脑白金舍得花钱，以量取胜，以频繁的露面和全国范围的大规模投放，收到良好的效果，销售节节攀升。他们非常了解保健品的运作之道。这次新版广告虽然风格有所变化，但广告为的就是提高销售量这种理念没有变化，所以做出这样的广告来不足为奇。

创意是广告的一个方面，但可以肯定的是脑白金尽力营造的绝对是它产品及企业的影响力。影响力之一就是脑白金广告的播放频率，高频率地在地方台曝光，给受众的感觉无非是脑白金非常有实力，能够不惜重金在电视台投放如此高频度的广告。而事实上，据记者了解，如果广告主购买的时段和时间很长，那么电视台尤其是地方台给予企业的折扣会非常可观，有的甚至能够达到 1 折的程度。从这一点上看，脑白金不但没有“破财”做广告，反而做了一件“一本万利”的事情，而且在全国造成了很大的影响力。

第二个影响力就是脑白金对消费者价值取向的影响。从整个保健品行业来看，这个行业很多产品都是不需要做成长线的，正如陈培爱教授说的，保健品与其他产品不同，大都是短命的大概 5 年左右就要死掉，很难有活到 10 年的。保健品广告为的就是促销，为的就是在短期内赚大把的钱，这个行业很少有人去做品牌。脑白金要的也许不是品牌，而只是在消费群中的影响。当对它的广告语耳熟能详之后，往往会在人与人之间造成一定的影响力，从而对消费产生影响。利用这种“卖点”，广告量大而且制作场面宏大，从某种程度上说是延长了脑白金的生命周期。

（资料来源：崔晓文主编的《广告学概论》）

第五篇

国际广告

第十一章 国际广告

学习要点

① 国际广告
② 国际广告策略
③ 海外广告业及其法规管理
④ 国际广告发展趋势

本章知识框架图

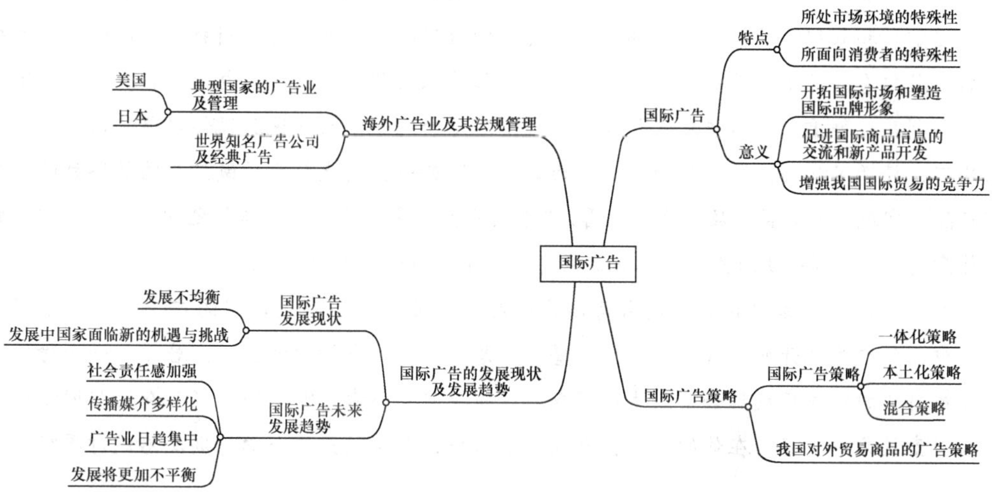

引导案例

耐克“恐惧斗室”广告的反思

凭借优良的产品设计和卓越的营销手法，耐克公司建立了一流的品牌形象，超越了竞争对手锐步和阿迪达斯，成为国际性的领导品牌。早在 1973 年，耐克便聘请长跑健将史蒂夫·普瑞方汀代言其运动鞋。1985 年聘请乔丹为代言人，更使耐克名声大噪。1987 年耐克公司把流行音乐和运动营销相结合，将披头士的音乐注入耐克运动鞋的广告中，造成轰动。其“JUST DO IT ”（尽管去做）的广告语所倡导的叛逆和我行我素的文化风行全世界。

2004 年 11 月下旬，耗资 1 亿美元的耐克篮球鞋广告片“恐惧斗室”出现在中央电视台的体育频道：一位篮球运动员——NBA 巨星勒布朗·詹姆斯，脚穿耐克鞋，进入一个五层高的建筑，逐层挑战对手，直至取得最后的胜利……

2004 年 11 月 26 日前后，各媒体竞相关注这则中国元素屡败屡战的广告。很多观众认为，广告本身很有创意，但让人觉得心里不舒服。中国人都被击败了，“争斗”中“中国人”毫无还手之力，飞天形象和美元放在一起，龙作为中华民族的图腾被妖魔化，让人觉得耐克公司玷污了中国文化，甚至是侮辱了中国人。新加坡当地的华裔更是联名向政府请愿，要求对耐克的这则广告进行“严打”。

2004 年 11 月 30 日,耐克公司发表声明称，“恐惧斗室”广告宣扬了一种积极的人生态度。耐克希望借助此广告鼓励年轻人直面恐惧，勇往直前。作为年轻人，即使是像勒布朗·詹姆斯这样成功的少年篮球英雄都会不断地面对来自各方面的恐惧，只有坚持并战胜恐惧，战胜自我，才会不断成长。整个广告是利用勒布朗·詹姆斯的真实个人故事来演绎，其中运用的各种元素都是一种比喻形式，用来形容他的各种恐惧。

但是多数中国人从“恐惧斗室”中看到的是：“中国功夫”不堪一击，飞天在 “勾引”男主角，中国龙似乎是制造妖怪的恶势力；中国功夫、飞天、龙这些被绝大多数中国人（包括海外华人）认同的、凝结着中华民族传统文化精神、体现国家民族尊严的形象，具有严肃性、庄重性和象征性的标志，全部被体现美国价值观的勒布朗·詹姆斯打败。因此，该片播出后，激起海内外华人的强烈愤慨。国家广电总局很快就依据“广播电视广告应当维护国家尊严和利益，尊重祖国传统文化”和“广告中不得含有……亵渎民族风俗习惯的内容”等国家法律，停播了此条广告。作为以盈利为目的跨国公司，耐克耗巨资做广告的最终目的是推销产品，实现商业利益，故从主观上看，“恐惧斗室”应该没有“辱华”之意。但是，广告的创作意图及其表现手法所产生的客观效果却伤害了大多数华人的自尊。

思考：经济全球化的趋势使得跨国广告越来越多，许多发达国家的广告涌入了中国市场，中国的广告也开始涌入国外市场，譬如联想在好莱坞电影中的植入广告等。一个跨国公司在把自己的广告投放到一个陌生国家或地区市场时应该考虑哪些因素呢？在这些因素中，什么因素最为重要呢？在你的身边，有没有来自跨国品牌的广告令你特别反感或讨厌呢？为什么？

（资料来源：根据中国管理传播网资料整理而成）

第一节　国际广告的特点与意义

国际广告，简而言之，就是在国际市场上做广告或进行推销活动。国际广告和国内广告一样，同属于广告的范畴，因此其基本活动规律、目的与国内市场是相同的，都是为了产品的促销和商业信息的传播。但由于国际市场的环境比较复杂、广告受众因所处国家不同、文化习惯不同，因此对广告的接受程度也不同，导致国际广告的活动过程也比较复杂。但比较一致的共识是，法律法规风险和文化风险是国际广告所面临的主要风险。

国际广告是国际贸易的产物，也是现代市场营销的产物。随着全球经济一体化趋势的不断增强，国际广告在国际贸易和国际营销中的作用也越来越大、越来越重要。当今世界已经形成一个大市场，中国的改革开放政策为中国企业进入这个大市场敞开了大门。中国企业要走向国际化，进入国外市场，就要对国外市场有充分的了解并辅之以和国外环境相匹配的营销策略，除了产品、价格、销售渠道、促销等常见因素外，广告也是必须要考虑的一个部分。

一、国际广告的特点

由于国际广告实施的范围不同、受众范围不同，因此所产生的影响与作用也不同。相对于国内广告而言，国际广告具有更大难度和更高要求，也有着自己的特殊性。

（一）所处市场环境的特殊性

（1）经济环境的差异

不同的国家由于经济体、市场发育程度、竞争状况以及市场容量等方面的不同，企业所采取的广告策略也应该有所不同。譬如对于发展中国家，由于处于经济发展的上升期，因此对来自发达国家的品牌往往情有独钟，这就要求来自发达国家的品牌进入该市场时，要突出宣传品牌的原产地属性；而对于发达国家而言，由于其经济发展处于缓慢但稳定时期，消费者日趋理性，那么在广告的宣传上就应该突出产品本身的属性来吸引消费者。

（2）政治法律环境的差异

不同的国家有着不同的政治制度和法律制度，其对广告的影响也是非常重要的。这些影响主要包括对广告内容的限制、对广告媒介的限制、对广告费用支出的限制以及征税的比例等方面的不同。譬如在阿拉伯等宗教氛围浓厚的国家，广告公司不能发布性感、暴露较多女性的广告；在泰国，药品是禁止做广告的；在北欧的丹麦和挪威等国，没有商业性广播和电视；在荷兰，每周只许可有 127 分钟的广告节目；印度政府规定企业的广告费用不得超过销售额的 4%；意大利政府规定对报纸广告征 4%的税，对广播和电视广告则要征 15%的税。上述这些不同国家的差异不但影响着广告主广告内容的选择，也影响着其广告的成本。因此，了解不同国家政治及法律方面的差异对于企业开展国际广告是十分必要的。

（3）社会环境的差异

社会环境包括的内容较广，往往和消费者的生活息息相关，如风俗习惯、宗教信仰、价值观、审美观及心理因素等。广告企业一定要重视对社会环境的研究，认识和适应目标市场的社会环境，才可能获得广告投入上的回报。如法国人喜欢素洁的白色，那么广告制作上是否考虑多采用一些白色要素；在一些非洲国家喜欢绿色而讨厌红色，因此可口可乐的瓶子标签颜色就把红色改为绿色。所以，广告主进行广告制作和投放时，必须考虑到社会环境的差异而做出相应的调整，否则就可能适得其反。

（4）文化环境

文化是一个非常宽泛的概念，既是一种价值观，又具体指向一个国家或民族的历史地理、风土人情、传统习俗、行为方式、思考习惯、文学艺术等林林总总。文化环境不同的国家，对同一广告的理解不同。因此，广告作为文化的一种，也必须和当地文化环境相匹配，才能事半功倍。例如，在文化教育程度高的国家可以多用报纸、杂志做广告，而文化水平低的国家则不行。

案例：立邦漆的“龙篇”广告

2004 年 9 月份的《国际广告》杂志第 48 页刊登了一则名叫“龙篇”的立邦漆广告作品。画面上有一个中国古典式的亭子，亭子的两根立柱各盘着一条龙，左立柱色彩暗淡，但龙紧紧攀附在柱子上；右立柱色彩光鲜，龙却跌落到地上。然而令广告主和广告公司始料不及的是，这则广告掀起了中国自 2003 年年底“丰田霸道”风波之后的又一起轩然大波。网友和媒体纷纷谴责这则广告戏侮了中国人的民族情感，认为代表中国的“龙”这一形象从漆有立邦漆的中国特色的红柱子上滑落，其中隐含的暗示，令中国人感情上绝对无法接受。更有媒体公开刊文《立邦漆滑倒中国龙，是创意还是挑衅？》进行质疑。显然，广告公司在制作这则广告的时候，忽略了广告与文化之间的联系，引发了民族情感上的矛盾，最终给广告主带来恶劣的影响。

（5）自然环境

各个国家的自然禀赋不同，因此对产品的需求也不相同，那么企业在进行广告宣传时就应该考虑这些不同。自然环境一般包括一个国家的气候和季节变化、经济地理、自然资源分布等方面的状况。譬如向寒冷的北极国家做关于冷气机的广告推广是不合时宜的。

综上所述，成功的国际广告活动不但要重视广告创意的新颖独特、通俗易懂，更应该遵守当地的法律法规，并努力做到适合当地的社会文化和自然环境。

（二）所面向消费者的特殊性

不同国家的消费者在文化背景、生活习惯和消费心理上的不同就会导致消费观念的不同。并且，随着时代潮流的变化，旧的消费观念被淘汰，新的消费观念形成，消费者的消费观念总是处于一个动态变化的过程。因此，相对于国内广告而言，国家广告所面临的挑战就更为艰巨。基于此，广告主或广告公司在开展国际广告时，就要考虑到以下几方面的因素。

（1）语言文字的不同

语言是广告信息传播的基本符号，更是国际广告沟通的重要环节。但由于不同的国家使用的语言不同，其语法结构也有不同，因此，在跨国广告的翻译过程中就容易出现差错。可口可乐的翻译就经历了一段插曲。1927 年，Coca-Cola 开始进入中国市场，但名字却被翻译成“蝌蝌啃蜡”。但进入中国市场一年后的业绩证明，“蝌蝌啃蜡”很难被消费者接受。于是，在第二年，Coca-Cola 公开登报，用 350 英磅的资金悬赏征求译名。最终，身在英国的一位上海教授蒋彝以“可口可乐”的翻译击败了所有对手，拿走了奖金。而该翻译也被广告界公认为是翻译得最好的品牌名，它不但保持了英文名的音译，还比英文名更有寓意，因此，无论从书面上还是口头上，“可口可乐”这个名字都易于传诵。

（2）价值观念不同

价值观念是人们对客观事物（包括人、物、事）的态度、评价和看法，是对什么是好的、是应该的总看法，是推动并指引一个人采取决定和行动的原则、标准，是个性心理结构的核心因素之一。个人的身心条件、年龄阅历、教育状况、家庭影响、兴趣爱好等方面存在不同，就会导致不同消费者的价值观念不同。例如，英国、美国的消费者更注重事实的权威性，在广告宣传中更注重用事实说话；而在中国，消费者对于名人代言的广告更容易相信。

（3）生活方式不同

生活方式指不同的个人、群体或全体社会成员在一定的社会条件制约和价值观念指导下所形成的满足自身生活需要的全部活动形式与行为特征的体系。正是由于不同国家的消费者所受的环境制约不同，因此生活方式也就不同。例如，美国人喜欢户外活动，中国人则更喜欢很多朋友在一起聚餐、娱乐。这种生活方式的不同就需要广告主或广告公司在选择媒体或内容上有所调整。

（4）风俗习惯不同

风俗习惯是各个民族长期实践形成的社会文化因素，主要指个人或集体的传统风尚、礼节、习性，是特定社会文化区域内历代人们共同遵守的行为模式或规范，如日本，追求新奇商品已形成社会风气，私人汽车平均使用两三年后，便要购买新的。而德国和法国的消费者比较保守，接受新产品比较慢。对有些国家，广告图案和商标设计要特别注意其宗教信仰和习俗。例如，在罗马尼亚，三角形和环形的图案更能吸引消费者；在柏林，方形比圆形效果更佳。

（5）教育程度不同

由于经济水平的不同或教育观念的不同，世界各国在文化教育上的差异是比较大。有的国家已经普及大学阶段的教育了，但有些国家可能仅仅普及到中学。这种教育程度的差异就会影响到该国人民对广告内容的理解和新媒体的接受速度与程度。

（6）消费能力不同

由于不同国家的经济发达程度不同，因此消费者的收入水平和消费能力也不同。有的消费者希望购买价格低廉的商品，讲究实惠；有的却以购买高价商品显示其地位与威望。但这并不能说明在经济欠发达的国家就一定不能做奢侈品广告。世界奢侈品品牌 LV 在进入印度市场时曾遭到内部许多高层反对，担心那样一个低收入国家可能很少有人买。结果印度市场的销售表现令人颇为惊讶。究其原因，并不单单是购买能力的问题，而是因为一些“土豪”们非常希望通过奢侈品的包装来提升自己的社会形象。

二、国际广告的意义

企业进入国际市场时，开展国际广告活动具有重要的意义，主要体现在以下几个方面。

（一）有利于开拓国际市场和塑造国际品牌形象

由于国际市场与国内市场的差异性，国际广告需要做更多的市场调研和更周密的广告策划，才能使消费者对产品有新的认识和较详尽的了解。企业能够投放和当地环境相匹配的国际广告可以让更多的国外消费者了解该产品并进而消费该产品，从而有利于开拓国际市场。

另一方面，成功的国际广告使广告主同消费者之间有了良好的沟通，提高了产品的知名度和美誉度，建立起良好的品牌形象，为产品真正进入国际市场奠定良好的基础，广告效果的累积效应也有利于塑造自身品牌形象。同时，成功的国际广告也会影响到国内消费者对该品牌的评价，认为该品牌已经是国际品牌了，从而进一步提升该品牌在国内的知名度和美誉度。

（二）有利于促进国际商品信息的交流和新产品开发

广告的本质是一种商品、服务或观念等相关信息的传播。开展国际广告，一方面，为国内产品走向世界提供了途径；另一方面，也为国内企业了解国外同类产品提供了途径，因此，大大促进了国际商品的交流。

很多情况下，广告本身的信息传播是一种双向交流。通过国际广告活动的开展，企业可以捕获有关世界商品生产和商品消费的现状及发展趋势，以利于广告主适时调整和改进自己的产品策略和广告策略；同时也可以从国外经销商和消费者方面得到有关自身产品信息的反馈。

（三）有利于增强我国国际贸易的竞争力

对外贸易是一个国家或地区经济发展的重要组成部分。国际广告的职能之一就是为我国商品的外贸出口进行促销推广，降低企业成本，为国家多创外汇。西方发达国家，为配合其对外贸易，投入国际广告宣传的费用每年高达上千亿美元。我国对外贸易的广告费用，虽然在近年有较大发展，但比起世界贸易强国来说，差距还是很大。因此，开展有效的国际广告信息传播，是一个国家或地区成功实施外贸商品出口贸易计划的必要条件和有力保障。

第二节　国际广告策略

所谓国际广告策略，就是企业进行国际广告活动的信息传播策略。由于国际广告活动面向的是国际市场，它必须要解决的一个重要问题就是如何以有效的策略执行并实施广告信息的传播。关于国际广告策略的讨论，目前主要有两种意见，即认为在国际广告传播中应该实行一体化策略或是本土化策略。

一、国际广告策略

（一）一体化策略

所谓一体化策略，又有学者称之为标准化策略，就是以统一的广告主题和内容、统一的创意和表现，在各目标市场的国家和地区执行基本一致的信息传播。坚持一体化策略的人们基于的假设是：尽管各国的文化有着显著的差异，但人性是共通的，人人都具有对美、健康、安全等的需要。既然人们在本质上对广告的追求是一致的，那就没有必要针对不同地区的目标市场做出差异化的广告。依靠一体化策略取得成功的经典案例有麦当劳等。万宝路的一体化策略成功源于人类都有对英雄崇拜的心理；而麦当劳的成功则源于人们对快乐和幸福的追求。

但是，并不是所有企业的一体化策略都能够取得成功，因为企业实行一体化策略需要具备一些条件，那就是：广告的产品必须和各地消费者的需求是一致的；进入各国市场的法律法规限制不多，不需要改变就可以符合本国的法律法规；各地的市场都能够接受统一的品牌形象和产品特征。

（二）本土化策略

所谓本土化策略，就是根据目标市场的国家和地区的特点，采用有针对性的广告策略，制作具有不同广告诉求、广告创意和广告表现手法的广告作品。坚持本土化策略的人们基于的假设是：由于各个目标市场法律不同、文化不同、社会环境不同、经济发展水平不同，因此消费者对广告的理解也不同，因此，他们认为国际广告活动只有遵从各目标市场区域的文化、国民心理等方面的特异性，才能使广告所传达的信息更易于为目标受众所接受。本土化策略实施的杰出代表有美国的宝洁公司、日本的松下电器等。

从国际广告的历史发展来看，国际广告运作正逐渐由早期的分权管理走向统一管理。即从 20 世纪 60 年代以来，越来越多的国际广告是由公司总部统一制订广告策略，再由各目标市场分部统一执行。1983 年，美国著名学者李维特发表的《市场全球化》一文，主张在国际市场趋于大同的时代背景下应推行国际广告划一策略，引起国际广告界的高度重视，加速了国际广告一体化策略的推广。

（三）混合策略

混合策略就是根据广告决策的需要来决定在某些国家采用一体化策略，而在某些国家可能采用本土化策略。从前面两种策略的论述可以发现，无论是一体化策略还是本土化策略都有成功的案例，也从某种程度上说明广告策略无绝对。

混合策略的采用关键是要把握一个度、平衡的问题。无论是一体化策略还是本土化策略，在具体的实施过程中，如果过分强调本土化，则会造成广告信息的分散和损耗，不利于建立统一的品牌形象；反之过分强调一体化，广告信息又会难以被各目标市场国接受，毕竟不管怎样，国家之间还是存有差异的。所以，企业在决策广告策略时到底是一体化策略还是本土化策略还应该根据广告的主要目的来确定。

当企业广告目的主要是为了树立全球统一的产品形象、品牌形象和企业形象时，就应该采用一体化策略。因为它保证了企业形象的一致性，也便于广告的实施。例如，麦当劳、肯德基，无论在哪个国家，其店面的装修、Logo 的使用都是统一的，消费者很远就能知道那是麦当劳或肯德基的店子。当企业广告目的是短期内获得产品销量的快速增长，快速占领市场时，就应该结合本地消费者的特点以及竞争对手的广告策略进行调整。例如，可口可乐混合策略的实施过程是一体化策略和本土化策略的融合与变通，即考虑到各国目标市场差异性的存在，企业在实行一体化策略时更多的是广告主题和广告基本模式的一体化，就是广告总部统一提出广告信息传播的主题和原则，确定广告的基本模式，由各市场国分部根据当地的具体情况来执行和实施。

二、我国对外贸易商品的广告策略

从 2009 年 11 月 23 日开始的 6 周之内，一条时长 30 秒、为“中国制造”量身定做的广告在美国电视有线新闻网（CNN）亚洲频道滚动播出。这则并未在中国国内媒体上播放的广告，在国内外引起了广泛的关注，并被认为是中国国家的形象广告。之后的 2010 年，从 6 月 28 日起至 8 月 8 日，该广告又在英国广播公司（BBC）世界新闻频道再次播放，累计播放次数将达到约 400 次。2011 年 1 月 17 日至 2 月 14 日，一部以中国知名人物为主题的国家形象宣传片在美国纽约市中心的时代广场开始播出，共将播放 8400 次。中国国家层面的一系列形象广告的播出，足以说明中国对国际市场的重视。

自我国实施改革开放的政策以来，我国的外贸出口获得了迅猛发展。世界 500 强名单里出现了越来越多的中国企业身影，联想、TCL、蒙牛等一些企业也把广告植入了好莱坞大片《变形金刚 3》。但面对国际市场日益严峻的竞争格局，我国面向国际市场的广告活动与海外企业相比还有很大差距。中国企业应该了解我国出口商品对外广告的策略和存在的问题。

贸易广告是我国出口商品对外广告的主要形式，又称为业内广告，其广告信息传播的主要针对对象不是个别的消费者，而是国内外的商品买家或渠道商，如进口商、批发商、经销商及大零售商等。贸易广告要能够体现出专业水准，多采用理性诉求的表现手法，提供有关产品的特点、性能等方面的实质性资料，以便于目标受众做出购买决定。贸易广告的理想媒介是印刷媒介特别是专业杂志。一般来说，在国际上发行的专业贸易杂志是国际贸易广告经常选用的传播媒介。贸易广告还可以采用直销广告形式，将广告信息通过邮件直接传递给目标受众。现代的网络信息技术使全球成为地球村，也使直邮广告更具针对性和有效性。这种形式的广告通常具备有几个要素，即名单、信息、创意、承诺和优惠。因直邮广告具有广告对象专一、广告发行灵活、广告信息专业性强、广告反馈灵活直接等优势，使它成为贸易广告中较有力的行销武器之一。

出口商品的对外广告最好是委托国外经销商进行，或者是委托一家双方都信赖的有实力的本土广告公司来进行。一般在一个国家只委托一家广告代理公司独家代理广告业务。广告费用可由出口企业承担或是从出口合同中提成或是以出口货物来代替。当然有实力的企业也可以直接在国外设立机构，根据自己的营销目标和国外市场的实际情况来灵活地开展广告活动。

中国企业要想成功地实施国际广告活动，就要注意研究国际市场的特点和规律，充分了解有关国际市场的消费习惯、需求特点及对我国出口商品的反映与要求，并综合考虑各民族间语言文化、风俗习惯、宗教信仰、价值观念、教育水平等方面的差异性，增强国际广告的针对性。

总之，应对激烈竞争的国际市场，在实施国际广告策略上应注意以下几点。

（1）要考虑到广告活动的整体性。整体性，就是既要服从企业营销战略的总体要求，又要符合广告战略的需要，充分考虑到以各种媒体为信息载体的广告能够做到相互补充、相互协调与相互配合，使广告活动的内容、创意达到一致。

（2）要考虑到广告的时效性。对任何企业而言，广告都是一笔不小的投入。因此，企业在开展国际广告活动时都应该考虑到产品的生命周期、不同国家和地区的销售淡旺季、广告市场的竞争状况、广告的主要目的等因素，从而保证以合理的投入获得理想的广告时效性。

（3）要考虑到广告的综合性。任何一则广告的效果都受到多种因素的影响，从广告的内容、设计与制作、媒体选择及投放等。企业必须综合考虑这些因素才能取得国际广告的成功。

第三节 海外广告业及其法规管理

世界广告最发达的国家和地区，是美国、加拿大和欧洲，其广告费支出约占整个世界广告市场的 80%。但 20 世纪 80 年代以来，日本广告业崛起，到 80 年代中后期已跃居世界第二位。我国香港地区和台湾地区，以广告营业总额所占国民生产总值的比例及人均广告费为评价标准，也已跻身世界广告的前 20 位。

一、典型国家的广告业及管理

（一）美国的广告业及广告管理

（1）美国广告业

美国是当今世界广告业最发达的国家，也是市场营销学的发源地，被公认为是世界广告的中心。而纽约又是广告中心的中心，目前最大、最具权威性的国际广告行业组织——国际广告协会和著名的世界广告公司的总部都设在纽约。纽约著名的麦迪逊大街是美国广告的象征，它也几乎成了世界广告中心的代名词。美国也是世界广告投资额、广告营业额、广告费用占国民生产总值的比例及人均广告费都居世界首位的国家，并且其广告费大约占世界广告费的 50%。因此，要了解世界广告的概况，就必须了解美国广告的情况。

美国广告业的发达与美国社会的经济与科技高度发达、企业主强烈的广告意识有着必然的联系。一般意义上，经济上越是发达的国家，其广告业也就越发达，这是因为广告是商品经济的产物，更是市场经济的产物。美国人普遍秉持“广告是对社会的一种有益的投资”的理念。美国广告业的发达离不开其发达的广告媒体。在美国，除了传统的四大媒体不断变革并且继续在信息传播中起主导作用外，新兴的广告媒体也总是在美国等发达国家首先出现。新型媒体的出现不但加速了媒体的发展，也提升了广告的容量和质量。当然，美国媒体业的迅速发展是因为美国的企业更愿意花钱租用媒体。据统计，美国报纸一般均有 60% ~ 70%的版面用于刊登广告，如美国三大报纸《纽约时报》《华盛顿邮报》《洛杉矶时报》的广告版面均占 70%左右。美国的电视广告已成为人们生活的组成部分，三大广播电视网即美国广播公司（ABC）、全国广播公司（NBC）、哥伦比亚广播公司（CBC）控制着全国的广播电视网络，大量的广告每天从早到晚充斥于各类节目中。

美国的广告公司已有一百多年的历史，是大广告公司最多的国家，并且大广告公司多为跨国公司，广告活动遍及全球。美国广告代理商协会（4A）是美国代理业中最权威的广告团体。代理商为了获得媒体承认，必须通过 4A 会员资格审查。美国广告公司成功的关键是在于能够创造性地采用新技术并以最高的质量满足广告客户的要求。一些国际广告中的经典大多来自美国广告公司的创作，如可口可乐等品牌的广告。

（2）美国广告管理

在美国，虚假广告极少，这主要是因为美国的广告管理严格且有法可依。美国的广告法律体系主要有三个：一是完备的法律法规体系，确保有法可依；二是有严格的政府管理，确保违法必究；三是拥有健全的行业自律管理，确保企业的自律和行业监督。

其一，健全的法律法规体系。全国性的广告立法制定得比较原则，而州立法律则较具体详细。这些法律法规包括最早的《印刷物广告法案》，以及随后的《联邦贸易委员会法》《侵权行为法（第二次）重述》《统一欺骗性贸易活动法令》《商标法》《联邦食品、药物和化妆品法》《公共卫生吸烟法案》等。这些完善的法律法规体系确保了企业违法时，可依法找到处罚企业的依据。

其二，健全的政府管理机构。制定了法律，要有人执行才行，而美国政府管理广告的机构众多且分工明确，确保了执法力量的充足。在众多的广告管理机构中，联邦贸易委员会（FTC）是官方广告管理最权威的机构，是根据《联邦贸易委员会法》建立的，依法对欺骗性广告进行认定和处罚。除 FTC 外，还有负责管理电视和电台广告的联邦通讯委员会（FCC），管理食品、药品、化妆品、医疗器械方面广告的食品药物管理局，管理烟酒广告的烟酒税务司等一系列部门。

其三，健全的行业管理组织。行业组织的自我管理成了美国广告管理的重要组成部分。美国广告联合会（AAF）是最重要的行业自我管理机构，是代表国内广告商、广告客户、广告媒体的联合组织，包括广告公司联合会、广告主联合会、广播电视联合会、报纸杂志联合会等，下设有全国广告审查委员会（NARB）、广告工作局和儿童广告审查委员会。它不但对本行业的广告进行监督管理，而且还对国家的广告活动提出意见，对政府制定的有关广告的法律法规做出反应。4A 协会即美国广告代理商协会，由专业广告公司组成，自我管理相当有成效。

除了上述法律约束、政府监管、行业监督外，美国广告公司、广告媒体单位、广告主的自律做得也非常好。大企业一般都设有专门的法律部门或配有法律顾问，对自己的广告先进行自审，然后再委托广告公司办理；广告媒体单位、广告公司一般也都设有法律部门或是法律顾问，对承接的广告及其内容进行严格审查，其中以电视广告的审查最为严格。

总之，正是由于外部约束和内部自律的完美结合，美国才拥有了一个非常健康的广告市场，美国的广告业才能在世界范围内独领风骚。

（二）日本的广告业及广告管理

（1）日本广告业

日本的广告业高度发达，是仅次于美国的世界第二大广告市场，被称为是广告的世界。日本东京是仅次于纽约的世界三大广告中心之一。在全球排名前 100 名的大广告代理商中日本就占了五分之一多。日本广告的真正崛起是在第二次世界大战后。20 世纪六七十年代，随着日本经济高速发展，日本广告业也得以迅速发展。日本广告业也实行广告代理制，最早的广告代理商出现于 1880 年，但日本广告代理制与美国广告代理制最大的不同是，美国的广告代理是较为全面的客户代理，而日本的广告代理较侧重于媒介代理。

在日本广告业，广告公司、广告媒体、广告客户三者之间的分工很明确，不论是国内广告还是进出口广告，全部由广告公司代理。组织健全，分工明确，专业化、现代化程度高是日本广告公司的主要特点。广告公司的宗旨就是一切为客户服务。公司内一般都设有策划局，为客户推销商品、开拓市场，不惜花巨资进行社会调查，收集包括有关消费心理和市场状况等方面的资料信息。

和美国一样，日本的广告业之所以发达同样是因为日本经济的发展。作为曾经的世界第二大经济体，日本的广告业获得了快速发展。作为广告业的基础，日本的广告媒体也很发达，这一方面体现在新技术的不断应用；另一方面体现在新媒体的不断出现。当然，即使如此，四大传统媒体仍然是日本广告业的支柱媒体。四大媒体的广告经营额也逐年递增，其中电视是最受欢迎的广告媒体。利用电视广告最多的行业是食品、饮料行业，其次是化妆品、洗涤剂、药品、服务行业、娱乐、家庭用品、电器等；而利用报纸广告最多的行业是出版、服务、娱乐、房地产等，此外还有大量的政治广告。

（2）日本广告管理

任何一个国家广告业的良性发展既要借助市场这只手，同样也离不开政府宏观调控和监管这只手。日本广告管理的框架和美国一样，也同样依靠完善的法律法规、健全的政府管理机构和行业自律。

其一，完善的法律法规。日本的广告法律一般由国会制定，政府也制定大量法规。日本民法中的有关条款规定了广告主、广告代理公司及广告媒体三者之间的权利与义务，为调节这三者之间的关系确立了基本法律规范。有关广告方面的立法主要有：《防止不正当竞争法》从制止经济活动中不正当竞争行为角度对生产经销企业虚假广告内容作了严格的法律责任的规定，包括商品的原产地、质量、制造方法、用途或数量等方面的广告不正当表示。《不当赠品及不当表示防止法》规定禁止做诱售的有奖广告和旨在引诱顾客、阻碍公平竞争的非法比较广告及其他含有上述意图的广告。《户外广告物法》规定了户外广告的基本原则和限制。

除了上述法律之外，日本还有《消费者保护基本法》，对消费者在广告方面的权利及其权利的保护做出了规定；《药品法》《食品卫生法》《家庭用品质量表示法》等，也分别对药品、食品、家庭用品等具体的商品或事项的广告传播做出了明确规定。另外，日本为保护在国际竞争中的日本企业的利益，还制定有《进出口保险法》，对日本企业到国外做广告的效果予以"海外广告保险"。

其二，健全的政府管理机构。政府作为管理机构，一方面负责制定一些法规，另一方面则是借助法律规范广告行为、调节广告活动所产生的各种社会关系。正是政府在广告管理方面的高效作为，使得政府制定的各项广告法规很好地配合了国家相关产业的发展。

另外，在日本对广告客户进行管理的是日本广告审查机构，其主要任务是提供咨询和处理、审查有关广告的意见，协调消费者团体与政府主管机关之间的关系，在广告客户、媒体、广告各自律团体间起联系沟通的作用，同时，对广告内容进行审查，如果发现问题立即与有关广告客户联系，责令整改等。

其三，严密的行业自律。日本广告业的自律发达而严密。其特点是广告行业组织团体多，自律规则条文严整。全日本广告联盟是日本全国性的自律机构。该联盟制定的《广告伦理纲领》是广告界制作广告必须遵守的最高准则。其他如日本新闻协会、日本广告主协会、日本民间广告联盟、日本国际广告协会等各类专业自律机构也十分健全，遍及日本广告行业的各个角落和部门，形成一个多层次的完整的行业组织。这些行业广告团体都有着各自的纲领和守则，如《广告伦理纲领》《广播的基准》等行业自律规则都是本行业广告活动应该遵守的。各行业广告团体主要执行行业自律和担负行业管理任务，并为广告行业的发展做出具体规划。其中广告主的自律，较之其他国家更为全面、具体。 除此以外，日本各行业协会也制定了本行业广告所应当遵守的准则。

综上所述，美国和日本之所以广告业如此发达，均源自完善的法律体系、健全的政府管理机构和严密的行业自律。在中国，其实也有上述三种力量在保护中国广告业的良性发展。但在政府的监管作为上、行业自律组织的监督上以及企业自身的社会责任意识方面都还存在许多问题。借鉴发达国家的经验，中国的广告业也一定会迎来新一轮的勃勃发展。

二、世界知名广告公司及经典广告

正如本节前面所述，当前世界上最大的一些广告公司主要分布在美国和日本。从这些世界性广告公司的发展历程上看，这些公司多是在具备了一定实力的基础上，借助经济全球化的趋势，利用自身资本优势、通过并购等手段提升了自己的能力，壮大了自己的规模，所以才有今天的世界地位。因此，了解这些国家的一些代表性广告公司及其作品，有助于我们更好地了解、体会国际广告业现状。

表 11-1 是世界排名前五的知名广告公司及下属公司。本节内容将选择前三名进行介绍。

表 11-1　　世界前五名广告公司及下属公司

名次	集团名称	下属公司
第一名	奥姆尼康（Omnicom）	天联广告、李岱艾、恒美广告、福莱公关、浩腾媒体等
第二名	WPP 集团	奥美、智威汤逊、达彼思（亚洲）、百帝广告、红线、电扬、精信广告、传立媒体、尚扬媒体、迈势媒体、灵立媒体等
第三名	IPG 集团（Interpublic）	麦肯、博达大桥、灵狮广告、优势麦肯、极致媒体等
第四名	阳狮（Publics）	盛世长城、李奥贝纳、阳狮恒威、实力媒体、星传媒体等
第五名	电通	电通

（一）奥姆尼康

Omnicom 集团，被译为奥姆尼康集团，又译宏盟集团，是现今全球最大的广告与传播集团，总部设在纽约。旗下拥有天联广告（BBDO）、恒美广告（DDB）、李岱艾（TBWA）世界排名前十的三大世界知名广告公司。奥姆尼康通过其全球网络和下属的众多专业公司在 100 多个国家为超过 5000 家客户提供广告、战略媒体规划和购买、直销、促销、公共关系和其他专业传播咨询服务。

在 2011 年韩国釜山国际广告节的参展作品中，其中的 9 名金奖有 4 名来自奥姆尼康集团，分别是菲律宾 BBDO 广告公司、澳大利亚墨尔本 BBDO、新加坡 Y&R 和 DDB 广告公司、泰国曼谷 TBWA 等知名的广告设计和创意公司。

天联广告作为奥姆尼康旗下的全资子公司，推出了一系列经典广告作品。其中为百事可乐服务长达 40 年之久。图 11-1 是天联广告为百事可乐设计的一幅广告作品。该作品中放置了两个自动售货机，其中一个是百事可乐的。两个售货机前的脚印形成了鲜明的对比，一个是没有脚印，一个是脚印变成了坑。如此巧妙的设计暗示了百事可乐的受欢迎程度，广告创意可见一斑。

图 11-1 百事可乐的广告设计

（二）WPP 集团

年收入 58 亿美元的 WPP 集团迫于市场压力，积极开展对外并购。继 2000－2001 年接连吞并扬雅（Young & Rubicam，世界排名第 14 位，2002 年收入 4.42 亿美元）和 Tempus 广告集团后，2003 年又以极低的代价买下 Cordiant。WPP 旗下拥有 60 多家传播服务公司，业务囊括了市场研究、公共关系、互动行销、视觉管理和咨询等领域。

继 2002 年 6 月集团旗下的奥美公关购并中国公关公司北京西岸，组成西岸奥美信息咨询服务公司（此举使奥美成为在中国最大的公关公司）后，WPP 又于同年 11 月收购上海广告有限公司（曾是中国最大的广告公司）25%股权。上海广告公司有关高管指出，根据 WTO 协议，2003 年后合资广告企业将可以由外资控股；2005 年后外商可建立独资公司，这必将吸引更多的跨国集团进入，市场竞争将更为激烈。

2003 年 3 月，WPP 下属广告公司之一，即拥有“亚洲最佳创意公司”美誉的新加坡百帝广告（Batey Ads，1997 年加入 WPP）中国办事处在上海开业；WPP 同期在华开业的子公司还有上海同盟广告公司。看来，WPP 集团正以“松散”的管理模式全力推进其中国业务。

2003 年 6 月，广告界传出重要消息：全球第 3 大广告集团 WPP 在与第 4 大广告集团“阳狮”及主要债权人“赛伯乐”（Cerberus）的竞标中胜出，以 4.45 亿美元收购陷入财务危机的 Cordiant（全球第 9 大广告集团，旗下“达比思广告”即 Bates Worldwide，曾为 M&M's 巧克力策划“只溶在口，不溶在手”的广告）。至此，WPP 的广告客户涵盖喜力啤酒、亨氏食品、诺基亚、罗氏制药、辉瑞、福特汽车、美国运通、AT&T、格兰素史克、IBM、雀巢、联合利华和菲利浦－莫利斯等超大型跨国公司的知名品牌。

（三）阳狮集团

下属主要公司：阳狮中国、盛世长城、李奥贝纳、实力传播、星传媒体等。

1926 年创建的阳狮集团（Publicis Groupe SA）在 20 世纪 90 年代中后期，通过一系列并购迅速跻身全球性广告与传播集团之列。2000 年 6 月该集团以价值 19 亿美元的股票平稳收购盛世长城（Saatchi & Saatchi），加强了集团的美国业务；2002 年 3 月，对广告集团 Bcom3（由李奥贝纳和达美高于 1999 年合并成立）30 亿美元的收购及入股电通 17%，使阳狮进一步巩固了在美、日的市场份额。然而此项交易也导致了达美高（D'arcy）在华客户光明乳业、上海家化、多普达手机（DOPOD）和南孚电池等转投奥美、天联和电通等 4A 公司怀抱。

1998 年，阳狮集团通过收购在华港资广告公司恒威（Ad-Link），在国际广告与传播集团中最晚进入中国市场。

实力传播于 1996 年进入中国，2001 年实力以 6.09 亿美元的媒介承揽额在中国市场位居榜首。目前，该公司在上海、北京、广州、香港和台湾等地设有办事处，大中华区员工超过 500 人。

实力传播从 2003 年开始向客户提出优化投资回报的承诺（Return On Investment），以整合传播为手段，帮助客户达成更好的投资效果，由此，公司正式从媒介公司转型为传播公司，关注对象从媒介转为客户的目标消费者，目标也从帮助客户用最低成本达到最广泛的传播变成为其实现最佳的营销投资回报。

第四节　国际广告的发展现状及发展趋势

国际广告作为国际贸易的产物，随着国际贸易的迅速扩大和增长，国际广告也迎来了高速发展时期并越来越受到各贸易国的重视。但由于各国广告业的发展受到各国经济发展和对外贸易水平等因素的影响，因此，国家之间的发展水平并不一致。以中国为例，随着中国经济的发展，过去一段时间，中国的广告业获得了快速发展，2012 年更是达到了 3100 亿元的市场规模并上升为国家政策产业，这意味着中国广告业仍然处于高速发展阶段。因此，要了解国际广告的未来发展趋势，就必须首先了解国际广告的发展现状。

一、国际广告发展现状

国际广告业的发展表现出以下几个特征，一是发展不均衡，二是发展中国家面临新的机遇与挑战。

（1）发展不均衡

就目前国际广告业的全球形势来说，发达国家或地区与发展中国家或地区之间的广告业发展极不均衡，广告业分布非常集中。发达国家或地区的国际广告业高度发达，在全球国际广告业中占绝对优势。在世界排名前 50 名甚至前 100 名的广告公司，几乎清一色的都是发达国家或地区的广告公司。相比之下，发展中国家或地区的国际广告业却过于弱小，发达国家或地区对发展中国家或地区广告市场的全面进军，使得发展中国家或地区本来就很弱小的广告业，面临着更大的市场冲击和压力，并且随着国际广告业的整体发展和国际广告业务的日趋集中化，二者之间的差距将越来越大。

（2）发展中国家面临新的机遇与挑战

新的机遇，是因为发展中国家的经济发展增速仍然保持较高水平，国际广告作为市场经济发展的产物，必然和经济发展具有同向性。以中国为例，尽管中国的经济增长已经开始放缓，经济增速从过去的 14%（2007 年）、9.6%（2008 年）、9.2%（2011 年）开始放缓至 2012 年的 7.8%，但相对于发达国家而言，仍然是一个非常高的增速。尤其是广告业被确定为国家政策产业以后必将迎来新的发展机遇。另一方面，中国已经成为全球第二大广告市场，但是中国的广告总量还不到美国广告市场的 40%；如果从中国的人均广告消费来讲，只有美国和日本的 1/10。并且很多数字表明，到 2015 年，中国将成为全世界最重要的一个消费市场。中国广告业拥有非常诱人的发展空间。

中国广告业发展也面临着新的挑战，这是因为随着中国经济发展速度的放缓，中国广告业发展的速度也已经明显放缓。中国广告市场曾经是 35%的年增长（2003 年），如今在 2012 年第一季度，有些报告说增长只有 1.5%，有些则说是负增长 1.5%，甚至有的媒体可能感受到了不只是-10%的衰退。面对一个空间巨大的市场，中国广告业的发展速度却急速放缓，这对于中国广告业而言，不得不重视这一现象并做好迎接挑战的准备。

二、国际广告未来发展趋势

由于全球经济一体化趋势不断加强，作为国际贸易开路先锋的国际广告，也正有力地支持着发达国家或地区参与全球性的市场竞争，有力推进着发达国家或地区对发展中国家或地区的全面经济渗透。在这样的国际背景下，国际贸易的新格局、高科技的新发展与信息传播的新方式，都对国际广告的发展具有重大而直接的影响。国际广告未来发展的趋势表现出以下特征。

（1）国际广告社会责任感加强

国际广告不单单承担着促销的企业责任，更作为一种文化，有着传播正确的价值观和消费理念的义务。国际广告的从业者必须从全人类的整体角度和长期利益出发来实施国际广告活动。尽管随着全球一体化、世界经济贸易的新格局及信息传播全球化的趋势日趋加强，国家、地区、民族之间的价值观念、生活方式等方面的差异正逐渐缩小，但是国际广告从业者必须认识到这种差距，并在尊重各国文化风俗的基础上积极传播社会正能量。

（2）国际广告传播媒介多样化

信息技术的发展促进了许多新媒体的出现，新媒体将与传统媒体相互融合、取长补短、共同繁荣。在如此一个媒体多元化的时代，国际广告传播有了更大的媒介选择空间。尤其是国际互联网的兴起与发展，网络作为一种新兴媒体迅速崛起，发挥着巨大的传播能量和影响力，为国际广告、营销及服务提供了一个潜在的大市场和渠道。除此之外，一些即时通信平台，如美国的 Twitter 网、中国的 QQ 空间、微信作为一种交流平台，也发挥着信息传播的重要作用。由郭敬明执导的电影《小时代》之所以能够成功，很大程度上要归功于微博和微信的信息传播。

（3）国际广告业日趋集中

经济利益的驱动，使得国家和地区间的区域性市场壁垒与贸易障碍被突破，促进了世界区域经济集团化发展趋势。这种集团化发展趋势进一步促进了国际广告业的并购潮，从而加速了广告公司的集团化趋势。无论是排名第一的奥姆尼康集团，还是排名第二的 WPP 集团，无不是借助资本优势，通过并购的手段快速扩大规模的。这一趋势在未来相当一段时间内，仍有进一步加强的趋势。

（4）国际广告业发展将更加不平衡

由于国际或地区间的发展极不均衡，国际广告业在国家或地区间的发展也极不均衡。发展中国家与发达国家在国际广告业上的差距将会进一步拉大。如何防止由于发展不均衡而造成的发达国家对发展中国家伴随广告传播而来的文化侵袭，是发展中国家或地区应该充分关注和重视的问题。同时，对于诸如中国、印度等发展中国家，由于其经济发展的快速增长，必然不甘心落人于后，并采取各种政策鼓励本国广告业的发展，这也将使国际广告市场变得更加复杂、竞争愈加激烈。

本章习题

1. 国际广告有什么特点？
2. 国际广告策略有哪些？分别需要具备什么条件？
3. 国际广告会表现出什么样的未来发展趋势？

章末案例

丰田霸道汽车广告

2003 年 11 月 5 日，一汽丰田的霸道、陆地巡洋舰上市。《汽车之友》刊登了霸道和陆地巡洋舰广告，如图 11-2 所示。

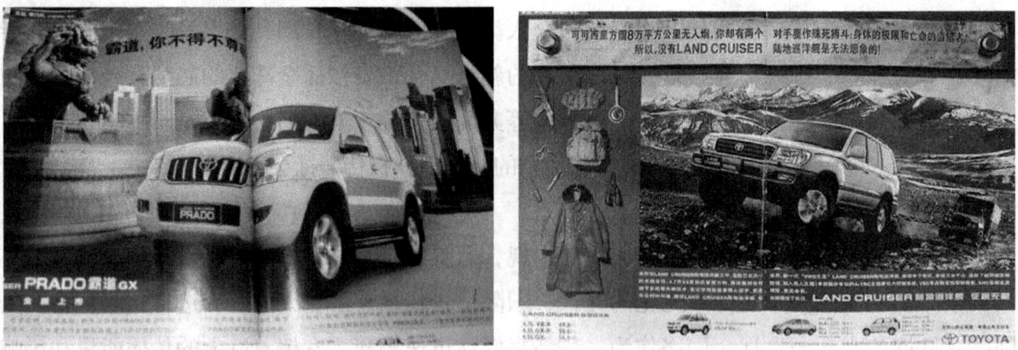

图 11-2　丰田汽车广告

霸道广告画面上，霸道越野车威武地行驶在路上，而两只石狮子蹲坐路旁，一只挺身伸出右爪向“霸道”车作行礼状，另一只则低头作揖。配图的广告语写道：“霸道，你不得不尊敬。”

陆地巡洋舰广告画面上，在可可西里无人区的崎岖山路上，一辆丰田“陆地巡洋舰”迎坡而上，后面的铁链上拉着一辆笨重的、看似“东风”的大卡车。在画面左侧，还挂着追捕盗猎者所用的大衣、冲锋枪等。

看到这两则广告后，立即有人在网上留言表示了异议和愤怒。认为石狮子在我国有着极其重要的象征意义，代表权利和尊严，丰田广告用石狮向霸道车敬礼、作揖，极不严肃。更有网友将石狮联想到卢沟桥的狮子，并认为，“霸道，你不得不尊敬”的广告语太过霸气，有商业征服之嫌，损害了中国人民的感情。

12 月 2 日，《汽车之友》在自己的网站上向读者致歉。还表示，将停发这两则广告，由于发行原因，将于明年 1 月在下一期杂志上正式刊登道歉函。12 月 3 日，国内最具影响力的媒体——新华社对“问题广告”进行了报道，随后，国内的许多媒体都不同程度地对此事进行了追踪。而在日本颇有影响的报纸——《朝日新闻》也用“有两盒香烟大小的版面”报道了此事，并带动了其他日本媒体的关注。

工商局也对这两则广告表示关注，并要求刊登广告的杂志社提交了书面材料。

各方的强烈反应，使整个事件从“问题广告”有向“日资企业在华经营风波”方向转化的趋势。全国各地的媒体纷纷把目光聚焦于此。12 月 4 日，这两则广告的制作公司——盛世长城国际广告公司也公开致歉。从 12 月 5 日起，丰田在全国 30 家媒体上刊登致歉信。丰田的诚恳态度得到了公众的谅解，12 月 5 日后，整个事件戛然而止。

在这次广告风波中，网友们在广告之外，还对“霸道”的中文车名（英文为 PRADO）提出质疑，认为，太过张扬。为了消除中国公众对丰田公司及“霸道”越野车的不良印象，2004 年 4 月 18 日，记者从一汽丰田销售有限公司获悉，在四川丰田生产的丰田 SUV“霸道”（PRADO）已经改名为“普拉多”。9 月份开始的一汽丰田众系列广告中，全部没有“霸道”的字眼，而是用上了“普拉多”。“霸道”这两个字在汉语带有一定的贬义，但应用在越野车方面，却有着不畏艰险的意思。一汽丰田此次换名，是丰田一种全球化战略。霸道的英文为 PRADO，原意为林荫大道，音译即为“普拉多”。丰田的豪华车 Lexus 在 2004 年北京车展上也宣布易名，由“凌志”变为音译的“雷克萨斯”。

一汽丰田方面的解释是：同凌志改名雷克萨斯一样，是为了和国际市场接轨。很显然，霸道的改名有着自己的隐衷，不过是想以此抹去霸道广告风波的负面影响。

（资料来源：《北京青年报》）

参考文献

1. 〔美〕阿伦斯，〔美〕维戈尔德，〔美〕阿伦斯．当代广告学（第 11 版）．丁俊杰、程坪、陈志娟等，译．北京：人民邮电出版社，2013.

2. 肯尼思•E．克洛，唐纳德•巴克．广告、促销与整合营销传播．应斌，王虹等，译．北京：清华大学出版社，2012.

3. 陈培爱．中外广告史教程．北京：中央广播电视大学出版社，2007.

4. 张龙德．广告法规案例教程．上海：上海大学出版社，2001.

5. 丁俊杰．现代广告通论．北京：中国传媒大学出版社，2007.

6. 李名亮．广告传播学引论．上海：上海财经大学出版社，2007.

7. 吕巍．广告学．北京：北京师范大学出版社，2006.

8. 田明华．广告学．北京：北京交通大学出版社，2013.

9. 陈培爱．现代广告学概论（第 3 版）．北京：首都经济贸易大学出版社，2013.

10. 李宝元．广告学教程（第三版）．北京：人民邮电出版社，2010.

11. 崔晓文．广告学概论．北京：清华大学出版社，2009.

12. 张建设．广告学概论．北京：北京大学出版社，2012.

13. 苗杰．现代广告学（第五版）．北京：中国人民大学出版社，2011.

14. 李东进，秦勇．现代广告学（第 3 版）．北京：中国发展出版社，2011.

15. 夏美英．广告实务．北京：北京大学出版社，2012.

16. 百度百科，http://baike.baidu.com.